中国艺术研究院基本科研业务费项目

（项目编号：2022-2-7）

激荡时代与个人抉择
—— 林风眠2022年度研讨会论文集

中国艺术研究院美术研究所　编

文化藝術出版社
Culture and Art Publishing House

图书在版编目（CIP）数据

激荡时代与个人抉择：林风眠2022年度研讨会论文集 / 中国艺术研究院美术研究所编 . —— 北京：文化艺术出版社 , 2023.12
ISBN 978-7-5039-7556-1

Ⅰ.①激… Ⅱ.①中… Ⅲ.①林风眠(1900-1991)-人物研究-文集 Ⅳ.① K825.72-53

中国国家版本馆 CIP 数据核字（2023）第 249825 号

激荡时代与个人抉择 —— 林风眠2022年度研讨会论文集

编　　者	中国艺术研究院美术研究所
主　　编	杭春晓
副 主 编	杨　肖
责任编辑	柏　英　邓丽君
责任校对	董　斌
封面设计	马夕雯
出版发行	文化藝術出版社
地　　址	北京市东城区东四八条52号（100700）
网　　址	www.caaph.com
电子邮箱	s@caaph.com
电　　话	（010）84057666（总编室）　84057667（办公室） 　　　　　84057696—84057699（发行部）
传　　真	（010）84057660（总编室）　84057670（办公室） 　　　　　84057690（发行部）
经　　销	新华书店
印　　刷	国英印务有限公司
版　　次	2024年4月第1版
印　　次	2024年4月第1次印刷
开　　本	710毫米 × 1000毫米　1/16
印　　张	17.75
字　　数	280千字
书　　号	ISBN 978-7-5039-7556-1
定　　价	89.00 元

版权所有，侵权必究。如有印装错误，随时调换。

前　言

　　2022年的最后一天，"激荡时代与个人抉择——林风眠2022年度研讨会"终于落地，得以举办。这个命途多舛的会议，从构想到召开，足足耗费了三年多的时间。曾经，2021年8月，所有参会老师前往广东梅州的机票都已订好，却由于各种原因不得不戛然而止。于是，一个为了纪念林风眠而召开的小型学术会议，也仿佛被抛到了一个"激荡的时代"。

　　或许，每一代人面对的时代，都是激荡的岁月。每一个个体，也都将面对瞬息万变的时代之流，做出属于自己的抉择。林风眠，如此；我们，亦然。只是，林风眠面对的时代波动，远大于今天我们所面对的。他的激荡岁月，漂泊在更大的开合之中。从少年丧母之悲愁，到青年执时代之牛耳，以至中年后远离"中心"的背影，乃至晚年动荡不安的孤独，林风眠的一生不仅经历了剧烈的时代变迁，也充满了丰富而沉郁的个体化情感。我的老师郎绍君先生在相关研究中曾用"孤寂"一词界定林氏，据说当年便曾得到林风眠本人的确认。

　　孤寂，意味着什么？在画面上，它可以表达为某种构图、某种色彩倾向，但若将这一词汇指向林风眠的内心，又会带来怎样的认知体验？身处20世纪的世事纷扰中，孤寂意味着一种不合时宜的清醒与坚守。抑或说，无论林风眠面对怎样激荡的时代变迁，他总是以一种精英主义的视角与责任，专注于艺术本体的表述能力，乃至社会介入价值。从某种角度看，自1928年蔡元培淡出中国政治中心，林风眠的"坚守"便开始呈现与世俗权力之功用主义不相兼容的倾向，并且愈演愈烈，以至于最终走向一种"隔绝"。这或许是林风眠个人的悲剧，同时也使他成为20世纪艺术史中较为突出的精英艺术"样本"。时至今日，应该如何看待这种精英主义的坚守，仍然具有重要的理论价值。因此，中国艺术研究院美术研究所在2019年便与广东梅州林风眠研究会协商，计划于林风眠诞辰120周年举办一场小型研讨会。不承想，这样一个"小目标"也落入时代的浪潮中，以致先后与先生诞辰120周年（2020年）、逝世30周年（2021年）擦肩而过，直至2022

年的最后一天，方才实现。这一看似偶然的"结果"，冥冥之中成为林风眠先生一生波折的"隐喻"。

从某个角度看，时代命题在林风眠的身上，往往是隐而不彰的。在近代中国艺术史中，有着太多的论争与高音，吸引着后世研究者的目光，林风眠在历史的一遍遍冲刷后，终似被裹挟的沙砾，在历史的转角处慢慢"沉淀"。今天，当我们再次面对他时，希望看到的不是简单表述他在时代的急流与暗流中如何自处，而是希望从他的身上找到一种将现有认知重新"问题化"的可能。庆幸的是，参与本次会议的老中青三代学者的思考，对此都有所推进。他们从形式探索、观念与实践、政治与艺术等诸多议题入手，为我们带来了全新的、独具视角的精彩讨论。在此，我要向参与本次研讨会并赐稿的各位专家学者表达诚挚的感谢。

本论文集总计收录与会文章14篇，蔡涛在会上做了宣讲，但由于其他原因未能收录其文章。另，王伟、李永强、鲁明军等老师参与并主持了会议，李伟铭、胡斌、李公明、蔡涛四位老师为学术汇报做出了精彩评议。于此，一并感谢。最后，我还要感谢我的同事李振老师、中国美术学院的王犁老师、广东梅州林风眠研究会的林勇军先生以及我的学生雷浩，他们或在会议的筹备、举行，或在论文集的编辑出版等诸多事务性工作中，辛劳付出。正是因为他们，这本论文集才得以面世，在此一并致以衷心的谢忱。

中国艺术研究院美术研究所副所长（主持工作） 杭春晓
2023年11月

目 录

CONTENTS

理性与情绪的平衡

  ——林风眠研究札记　李伟铭　　　　　　　　　　　001

林风眠《致全国艺术界书》阅读札记（一）

  ——关于写作时间和早期发表版本及过程等问题　李公明　　012

林风眠的困境

  ——一位精英主义者的理想与现实　杭春晓　　　　　　023

林风眠与形式主义

  ——一段话语关系的考察　胡　斌　　　　　　　　　　064

"为艺术战"、"形式美"与"意派"

  ——中国现代主义艺术的三个时刻及其关联　鲁明军　　　088

中西之间的跨媒介互诠

  ——林风眠的戏曲人物画与立体主义　杨　肖　　　　　106

从"为社会的艺术"到"为艺术的艺术"

  ——林风眠早期（1921—1949）的艺术转向　李永强　　　125

《傅雷家书全编》中的林风眠　王　犁　　　　　　　　　　　　142

离开林风眠之后

  ——助手苏天赐的"青岛困惑"　臧　杰　　　　　　　163

林风眠在激荡的1927年　徐宗帅　　　　　　　　　　　　　　176

历史与机遇

  ——林风眠和他的梅州籍艺术家"朋友圈"解读　张　华　　189

艺术何为
　　——克罗多与北京艺术大会　方小雅　　　　　　　　　　195
塔中的十字街头
　　——北京艺术大会期间林风眠"艺术社会化"的曲折探索　冯嘉安　229
从"运动"到"展览"
　　——"北京艺术大会"与林风眠角色分析　雷　浩　　　　245

理性与情绪的平衡

——林风眠研究札记

李伟铭[*]

摘　要：20世纪二三十年代，林风眠提出促成"中国绘画复活"的三个"最重要"的条件。在他漫长的艺术生涯中，他抱持的这个变革中国绘画的初衷始终没有改变。强调理性与情绪在绘画实践中的平衡作用，是林风眠的思想中一个异常活跃的因素，而"绘画底本质是绘画"则是其唯一的支撑点。把林风眠的这些思想放在文学的背景中，更容易得到理解。

翻开1934年4月广州"民间画馆"印行的《画冢》一书，可见石印林风眠赠题手迹：

> 由复杂的自然物象中，寻求它显现的性格、质量和综合的色彩之表现，由细碎的现象中，归纳到整体的观念；对于绘画的原料、技术、方法，应有绝对的改进，俾不再有束缚或限制自由描写的倾向；绘画上基本的训练，应自自然界采取对象，绳以科学的方法，使物象正确地重现，以为制作的基础。
>
> ——南海黄少强先生从事绘画甚久，人谓其得高家昆仲衣钵。自谓尝服膺李嗣真"法古而变今"一语以作画，与眠意颇多相合者，因自拙著《重新估定中国绘画之价值》一文中，摘数语以就正，不知以为然否？少强先生有道，弟林风眠谨题。

---

[*] 李伟铭，广州美术学院教授。

《画家》名义上是黄少强（1901—1942）画集，全书302页，234页以前和287页以后，全部是时人赠题手迹，作者几乎囊括了当年国内所有的政界要人和学界名流。从形式上来看，赠题略可分为五类：署检、序言、题词、画像、传略。主旨集中于表扬黄氏"写民间之疾苦，谱家国之哀愁"的悲天悯人情怀。林风眠则明显不同，主要从绘画语言变革的角度，表达了他对黄氏选择的艺术方向的认同感。

林氏题词中提到的《重新估定中国绘画之价值》，初刊于杭州国立艺术院月刊 APOLLO（《亚波罗》）1929年第7期，题为《重新估定中国的画底价值》，1936年收入正中书局版《艺术丛论》时，改题为《中国绘画新论》。史料表明，1929年4月，黄少强曾以第一次全国美术展览会作品入选人资格，与高奇峰的另外两位弟子张坤仪、何漆园应邀由穗赴上海参观展览，顺便游览杭州，拜访名流，题词可能即得于游杭期间。[①] 虽然林氏题词个别字眼与文章刊行本有异，但整个的意思并无不同。

《中国绘画新论》是继《东西艺术的前途》（1926）之后林氏平生关于中国画艺术问题篇幅最长的专题论文。此文的成因、旨趣及其在林氏绘画理论中具有的重要性，在林氏为1936年版《艺术丛论》所写的"自序"中可略见一斑：

> 绘画底本质是绘画，无所谓派别也无所谓"中西"，这是个人自始就强力地主张着的。诸位也许知道，在中国，有一个"国粹绘画"同"西洋绘画"剧烈地论争着的时期。——我敢说，就是在眼前，这种论争也还在继续着。这是件很不幸的事情！因为，在中国从明清以后，所谓"国粹画"的中国固有方法是无可疑义地快要走入歧途了；所谓"西洋画"的舶来方法也不过是个嫩嫩的新芽；我以为，大家论争的目标应该是怎样从两种方法中间找出一个合适的新方法来，而不应当互相诋毁与嫉视的。《中国绘画新论》就是根据这样的立场写成功的。我希望：果然是很固执地以为"非是中国画不能算好的绘画"的人，应该知道什么是所谓"中国画"底根本的方法，不要上了别人底当还不知道；果然是很以"西洋画"为好的人，也要知道"中国画"有

---

① 参见黄少强《自传》，载《黄少强诗钞》，广东佛山南海黄少强纪念馆印本，1995年。

它可以成立的要素，这要素有些实可补足所谓"西洋画"之所缺少的。因为这论争我以为还不会泯灭，所以我也把这篇《中国绘画新论》收在这里，算是我们研究的一点管见。[1]

这也就是说，在林风眠看来，绘画就是绘画，孰优、孰劣，与绘画之民族属性无关。换言之，只有抛弃狭隘的民族主义偏见，回到艺术的"本质"的立场上来，才能发现中西绘画真正的奥妙，进而才能从彼此那里获得真正有意义的启发。

这种"自始就强力地主张着"的观念，在林风眠早年的艺术实践中已获得证验——在20世纪30年代中期所写的《我的兴趣》这篇文章中，林风眠这样谈到他的艺术生涯的起点：

> 一方面在课内画着所谓"西洋画"，一方在课外也画着我心目中的中国画，这就在中西之间，使我发生了这样一种兴趣：绘画在诸般艺术中的地位，不过是用色彩同线条表现而纯粹用视觉感得的艺术而已，普通所谓"中国画"同"西洋画"者，在如是想法之下还不是全没有区别的东西吗？从此，我不再人云亦云地区别"中国画"同"西洋画"，我就称绘画艺术是绘画艺术；同时，我也竭力在一般人以为是截然两种绘画之间，交互地使用彼此对手底方法。[2]

我们注意到，在《中国绘画新论》成文当年，筹备多年的现代中国第一次全国美术展览会正在上海举行，围绕这次展览会，关于中国绘画前途问题的讨论也正在媒体上如火如荼地进行。徐悲鸿与徐志摩的"惑"与"不惑"之争固然激动人心，但另一种声音可能更堪玩味，譬如，以郑曼青为代表，其在《绘画之究竟》这篇文章中，复述中国画之妙处之后，指出：

---

[1] 林风眠：《艺术丛论》，正中书局1936年版，"自序"，第3页。
[2] 林风眠：《我的兴趣》，《东方杂志》1936年第33卷第1号。

西画之短处，不独限于人之天分与工力，其下笔不胜其色，填色不厌其繁，疲神而役于形，近视而眩其目，此诚法之不良，而品格斯为之卑下，是则西画之较短也。以此观之，中西画派之得失，不待智者而知矣。至如东洋画者，则又不如西画之比。西画盖有所自来也；而东洋画，则祖述于中国，而羼杂于西洋，既不能了解中画之韵味，又不能深领西画之生趣，妄欲矫揉中西为一体，忘其本，而求其末，此无异以犬羊之质，而蒙虎豹之皮矣。夫绘画之所以可贵者，以其能尽一生之心力，率写其至性。法不必变，旨趣惟一。融古今之众长，而独出其机杼，当以扩张艺林，美化社会，而达于阐扬国光，是为能得画界之上乘。今者不然，以西抹东涂为贵，指怪状奇形为美。余观于全国美展之出品，则知其趋势使然矣。总而言之，大致不杂以东洋之色彩，即袭取西洋之皮毛者，十居六七，五光十色，错综杂乱者，十居二三。盖作者既不自知其丑，而观者亦莫名其所为，胆怯者不敢责其非，识浅者不能辨其劣。其犹结纳朋从，互相标榜，欲盖掩世人之耳目，其心性之鄙薄，岂可问耶。或有与余言曰，近代之画，不兼东西洋画法者，即无世界之眼光。余答曰，西人之不取法于中国，亦未闻谓之无世界眼光。易地以思，当亦哑然失笑矣。或又曰，彼欲以中西画而沟通之也。余答曰，此无异为中西人之杂种者，举世轻之，彼何为独欲为是哉。盖以国画者，自有神妙独到之处，岂可杂西画以乱其类耶！专学西画则何尝不可，尽心力而为之，用其法，取其长，必欲穷其妙，出其头地，而后述其趣情，释其义理，以供国画家之借镜，此之谓有心于艺术，而亦不失国体也。若朝习西画，略知其梗概，暮即非议国画，妄言为之改造，谓非沟通中西画而不可，及出其所作，谓之中也则非中，谓之西也则非西，自欺欺人，岂不腾笑中外乎？学东洋画，则不然，专心致志，累月穷年，纵使有成，于国画为乱宗之子，于西画为寄食之奴，不足与论艺术也。[1]

郑氏的绘画"究竟论"，也可称为绘画"血统论"。其早期理论形态，当然也可追溯到晚明的画学南北宗说。正像致力于在"野狐禅"与"南宗嫡裔"之间开挖

---

[1] 郑曼青：《绘画之究竟》，《美展》1929年第8期。

一道不可逾越的鸿沟以确保中国画学"血统"的纯洁性——确保以董氏为代表的画学宗主地位,是董氏及其追随者的终极理想一样①,在世道递变之际,确立"国画"在中国画坛甚至世界画坛的"宗主"地位,也正是郑曼青者流所持绘画"究竟论"的动机之所在。值得指出的是,类似郑氏的绘画"究竟论",更早的时候在广东已经有人提出——此前一年,署名"秋山"者在一篇题为《混血儿的画》的文章中,在将近代日本绘画鄙称为"混血儿的画"的同时指出:

> 但此混血儿的画,生息未尝不盛,子孙未尝不庶。即我国人,亦有欲为其子孙而不可得,乃甘为彼抱养之义儿,且归而荣耀于故乡,于老祖宗祠堂内,上了创作的匾子,制了新字的衔牌,并且欲夺了正统子孙所得一块的胙肉;而一班门外汉,目不识丁,一唱百和,竟有为之宣扬其作品,而高抬其声价。无怪乎正统的子孙,日日集祠议事,商量那驱除异类保存宗族种种之大问题。②

众所周知,把所有的观念、行为规范提高到纲常伦理的高度来认识,是一种源远流长、根深蒂固的观念。由洋务运动到戊戌变法再到五四运动,由师夷制夷到体用之争再到民主与科学,文化变革的锋芒一旦触及"正统主义"这根神经,潜意识中的纲常伦理观念就会在"血统"之争的刀光剑影中一变而为出奇制胜的武器。即如康有为在《万木草堂藏画目》中论述中国画学"正宗""别派"之说时,尽管立意在于"改良",但逻辑上仍然援用了传统宗法教规中的"嫡""庶"观念。③今天的情形如何,这里不想多说,但可以肯定,林风眠立论的根本原因之一——正如他在前引自序中所说的——"这论争我以为还不会泯灭"!

毫无疑问,这种正在发生的"很不幸的事情",是林风眠作为一位中国美术家无法回避的"现实语境",也正是其为文的根本出发点。因此,在《中国绘画新论》中,林风眠一开始就把抛弃狭隘的正统主义、民族主义偏见,从绘画就

---

① 正如滕固所说:"他(董其昌)将唐宋以来的画家,分为南北二宗;以南宗为文人之画,隐隐中绍述此派的正统以自居。其实他分南北二宗,没有多大的意义,不过拥护自己罢了。"(滕固:《中国美术小史》,载沈宁编《滕固艺术文集》,上海人民美术出版社2003年版,第92页)
② 秋山:《混血儿的画》,《国画特刊》1928年第2号。
③ 参见申松欣、李国俊编《康有为先生墨迹丛刊》之二《万木草堂藏画目》,中州书画社1983年版。

是绘画——艺术的本质——的立场来讨论中国绘画的发展问题作为该文立论的前提。从逻辑上来说，《中国绘画新论》也是林风眠前此三年发表的《东西艺术之前途》表述的价值理念的进一步展开。在前一篇文章中，林风眠强调，对东西艺术前途的瞻望必须立足于东西艺术异同点的考察；而这种考察又必须确立清醒的历史意识，从不同的历史框架及其发展的过程中去把握其异同，进而才能谈到借鉴互补的问题。

通过对东西艺术的"构成"及其发展历史的分析，林风眠得出这样的结论：

> 西方艺术是以摹仿自然为中心，结果倾于写实一方面。东方艺术，是以描写想象为主，结果倾于写意一方面。艺术之构成，是由人类情绪上之冲动，而需要一种相当的形式以表现之。前一种寻求表现的形式在自身之外，后一种寻求表现的形式在自身之内。方法之不同而表现在外部之形式，因趋于相异；因相异而各有所长短，东西艺术之所以应沟通而调和便是这个缘故。①

林风眠的分析、判断是否合乎历史的发展，这是另一个问题；必须指出的是，林氏"历史考察"的对象，主要是19世纪以前的东西艺术。他把形式构成之倾向于"客观化"、形式过于发达、阻遏情绪的表现、最终陷于机械制作，视为西方近代古典绘画和自然主义末流呈现衰败之相的内在原因。同理，在林风眠看来，东方艺术特别是中国绘画，由于过分追求主观情绪的表现，形式发展迟滞，最终效果适得其反——"反而不能表现情绪上之所需要，把艺术陷于无聊时消倦的戏笔，因此使艺术在社会上失去其相当的地位（如中国现代）。"②显而易见，林风眠的分析选择了"物极必反"的因果逻辑，潜在台词是：在艺术中，任何一种形式如果一直按照其惯性运行，最终都有可能导致生命活力的终结——无论是倾向于"写实的"西方绘画还是倾向于"写意的"中国绘画！③

很容易发现，强调情绪与理性在艺术实践中的平衡作用，在林氏那里是一

---

① 林风眠：《东西艺术之前途》，载《艺术丛论》，正中书局1936年版，第13页。
② 相关问题的分析，参见李伟铭《世用为归：试论引进西方传统写实绘画的初衷——以国粹学派为中心》，香港中文大学中国文化研究所编《二十一世纪》2000年6月号。
③ 参见林风眠《东西艺术之前途》，载《艺术丛论》，正中书局1936年版，第14页。

种异常清晰的思维逻辑。林风眠反复强调,艺术伟大时代都是情绪与理性调和的时代,"艺术构成之根本方法,与宗教适相反。宗教与艺术同原始于人类情绪上之一种表现。艺术则适应情绪流动的性质,寻求一种相当的形式,在自身(如舞蹈歌唱诸类)或自身之外(如绘画雕刻装饰诸类)使实现理性与情绪之调和","世界艺术之伟大与丰富时代,皆由理智与情绪相平衡而演进","埃及希腊艺术之伟大时代,皆理智与情绪相平衡时代……文艺复兴时代之根本精神,简而言之,实是理性的伸展,以理性调和情绪而完成艺术上之伟大。直至近代古典派末流,以理性为中心,使艺术陷于衰败之地位;浪漫派又以狂热之情绪而调和之而开一代之作风。总之,艺术自身上之构成,一方面系情绪热烈的冲动,他方面又不能不需要相当的形式而为表现或调和情绪的一种方法。形式的构成,不能不赖乎经验;经验之得来又全赖理性上之回想"。[1]

耐人寻味的是,林风眠固然强调艺术源于"人类情绪之冲动",但在理性与情绪之间并没有扬此抑彼之意,相反,他认为,无论是片面地强调理性或片面地强调情绪,都有可能使艺术的发展陷入自我窒息的衰败之境。因此,他不仅把唐宋艺术的伟大成就归于由印度佛教间接输入的"西方艺术摹仿自然构成形式的方法"的影响;他还强调"八卦的形式,全是想象的产物","中国八卦形式的几线条,含着一切变易之意,为中国文化一切之原始。由此观察起来,中国人富于想象,取法自然不过为其小部分之应用而已";"中国现代艺术,因构成之方法不发达,结果不能自由表现其情绪上之希求;因此当极力输入西方之所长,而期形式上之发达,调和吾人内部情绪上的需求,而实现中国艺术之复兴。一方面输入西方艺术根本上之方法,以历史观念而实行具体的介绍;一方面整理中国旧有之艺术,以贡献于世界"。[2]

"西方艺术上之所短,正是东方艺术之所长;东方艺术之所短,正是西方艺术之所长。短长相补,世界新艺术之产生,正在目前,惟视吾人努力之方针耳。"[3]林所提出的这种以"互补"求变革的折衷主义方案,在文化哲学的意义

---

[1] 林风眠:《东西艺术之前途》,载《艺术丛论》,正中书局1936年版,第6—7页。
[2] 林风眠:《东西艺术之前途》,载《艺术丛论》,正中书局1936年版,第11、12、15页。
[3] 林风眠:《东西艺术之前途》,载《艺术丛论》,正中书局1936年版,第14页。

上当然也可以纳入戊戌变法以来强调"世用为归""义主调融"的中国社会思想主流,但林风眠不是康有为,不是刘师培,也不是高剑父、徐悲鸿。人生形式不同,知识背景有异,因此,同样是调和中西,高剑父最终趋近传统的线条风格,徐悲鸿在素描结构中找到笔墨的归宿,林风眠则在西方现代艺术中获得更强烈的共鸣:

> 中国绘画中的风景画,虽比西洋发达较早,时间变化的观念,亦很早就感到了。但是最可惜的,只倾向于时间变化的某一部分,而并没有表现时间变化整体的描写的方法。中国的山水画,只限于风雨雪雾和春夏秋冬,自然界显而易见的描写。描写的背景,最主要的是雨和云雾,而对于色彩复杂,变化万千的阳光描写,是没有的。原因还是绘画色彩原料的影响所致。因为水墨的色彩,最适宜表现雨和云雾的现象的缘故。
>
> 西洋的风景画,自十九世纪以来,经自然派的洗刷,印象派的创造,明了色彩光线的关系之后,风景画中,时间变化微妙之处,皆能一一表现,而且注意到空气的颤动和自然界中之音乐性的描写了。我们觉得最可惊异的是,绘画上单纯化、时间化的完成,不在中国之元明清六百年之中,而结晶在欧洲现代的艺术中。这种不可否认的事实,陈列在我们目前,我们应有怎样的感慨。[①]

林风眠在20世纪20年代末期发出的这种"感慨",在某种程度上已暗示了他一生努力的目标:强调时间的整体性而非笼统的象征性,强调色彩、光线的关系与"空气的颤动和自然界中之音乐性的描写",强调单纯化与时间化——所有这一切,不也同样适用于林风眠艺术风格成熟期的描述吗?如果我们不准备因为敬重林风眠而把林风眠的传统中国画修养抬举到一个不适当的高度的话[②],就必须承认,较之高剑父、徐悲鸿,林风眠在传统书法和传统绘画方面浸淫未深,他之所以倾向于从青花彩瓷平滑流利而又单纯简洁的笔法线条及其独特的

[①] 林风眠:《中国绘画新论》,载《艺术丛论》,正中书局1936年版,第132—133页。
[②] 林风眠的同乡、同学和同事李金发曾提到,林风眠留法期间,在绘画基本功方面并未得到十分系统扎实的训练。(参见李金发著,陈厚诚编《李金发回忆录》,东方出版中心1998年版,第52页)

色彩透明感中寻求启发，固然缘乎他早年在法国东方博物馆和陶瓷博物馆流连忘返的经历，也未尝不能视为他在语言技巧上扬长避短、迂回趋近西方现代艺术的稚拙感的理智选择。事实正好证明，正是这种选择，使林风眠在传统的民间风格与西方现代艺术交汇之处，找到了真正属于自己的"理性"与"情绪"的平衡点。

中国不是世界的中心，也不是世界的边缘，中国是世界的一部分；当然，中国文化——包括中国绘画——也是世界文化和世界绘画的一部分。林风眠的"绘画本质论"，是一位在观念上从"中国"走进"世界"、从狭隘的民族主义立场移位于人类共同体的智者对聚讼纷纷的"绘画血统论"最强有力的回应。在实践中，他不仅逾越了中国画学正统主义的禁区，从传统民间风格中获得灵感，而且，直接从西方现代主义绘画中吸取经验。在他生活的时代，他的理论和实践方式，再次验证了只有真正的智者才能够发现隐藏在"垃圾"中的瑰宝这个道理。

作为一位艺术家，林风眠最令人怀念的地方，也许并不限于在调和中西的实践中取得了迄今为止最为令人满意的成果，而在于以其全部的人生经验证验了"绘画底本质是绘画"这一朴素的论断。易言之，"绘画底本质是绘画"，也完全可以视为林风眠一生追求的理性与情绪的平衡的唯一支撑点。正是这个支撑点，使他无论是在喧闹还是在孤寂甚至在风雨飘摇的岁月中，均能获得自我心平气静的疏离感。我们必须承认，无论如何高度评价这种论断的意义，都不会过分！

1999年8月15日初稿于青崖书屋[1]
2004年5月23日二稿于青崖书屋

---

[1] 初稿原载林风眠百岁诞辰纪念画册文集编辑委员会编《林风眠与20世纪中国美术国际学术研讨会论文集》，中国美术学院出版社1999年版。

补 记

  上文拘于"抄书",就事论事,未暇对林风眠置身其中的思想史背景及相关的问题展开充分的讨论。

  林风眠对"一战"后流行的欧洲现代绘画当然非常熟悉,深受影响;回国后,以他为主角的北京国立艺术专门学校同人在筹备大学院主办第一次全国美术展览会的时候,曾与日本艺术界有接触,并成功地征集到日方作品参展;1930年暑假,林风眠和王子云、潘天寿等杭州艺术专科学校教师应日本文部省邀请赴日考察,同时在东京举办杭州艺术专科学校教师作品展,林风眠晚年还数次应邀到日本举办画展。对此,我们是否可以提问,在这个过程中,林风眠是否曾以某种方式借鉴了现代日本美术的经验?他是否注意到日本民艺运动?在绘画实践中,林风眠采纳了瓷绘、皮影和戏剧脸谱等民间艺术元素,这是否与日本民艺运动存在逻辑上的联系?

  可以肯定,新文学理论及实践,特别是"五四"以后精英知识分子对民间文艺的关注,深刻地影响了林风眠的趣味选择。在这里,我觉得把林风眠的《中国绘画新论》置换成周作人的《新文学的要求——1920年1月6日在北平少年学会演讲》[①],似乎更容易使我们关心的问题获得豁然开朗之感。

  周氏心仪之"新文学"也称"人道主义的文学"或"人生的文学",与艺术上的所谓"艺术派"及"人生派"不同——用周的话来说,前者"重技工而轻情思,妨碍自己表现的目的",后者"容易讲到功利里边去,以文艺为伦理的工具,变成一种坛上的说教"。所谓"新文学",即"一、这文学是人性的;不是兽性的,也不是神性的。二、这文学是人类的,也是个人的;却不是种族的、国家的,乡土及家族的"。新文学以人为本位,因此排拒"兽性"与"神性"。这一项很好理解。第二项,换照周氏的解释,"古代的个人消纳在族类的里面,个人的简单的欲求都是同类所共具的,所以便将族类代表了个人。现代的个人虽然原也是族类的一个,但他的进步的欲求,常常超越族类之先,所以便由他代

[①] 参见周作人《艺术与生活》,群益书社1930年版,第31—41页。

表族类了……古代的文学纯以感情为主,现代却加上多少理性的调剂。许多重大问题,经了近代的科学的大洗礼,理论上都能得到了解决。如种族国家这些区别,从前当作天经地义的,现在知道都不过是一种偶像。所以现代觉醒的新人的主见,大抵是如此:'我只承认大的方面有人类,小的方面有我,是真实的。'人类里边有皮色不同,习俗不同的支派,正与国家地方家族里有生理、心理上不同的分子一样,不是可以认为异类的铁证……这样的大人类主义,正是感情与理性的调和的出产物,也就是我们所要求的人道主义的文学的基调。"周氏的结论是:"这新时代的文学家,是'偶像破坏者'。但他还有他的新宗教,——人道主义的理想是他的信仰,人类的意志便是他的神。"林风眠早期作品如《人道》《人类的悲哀》《死》等,大概都与这种人道主义精神有关;当然,林风眠晚年在栖居香港岁月中完成的《噩梦》《痛苦》《孤独》《基督》,也可以视为早期作品中表现的悲天悯人情怀的延伸。

除了那些避祸销毁、我们无法目验的作品,现在所见林氏存世之作描绘的多是夜雾远山、池塘孤舟、白鹭鱼鹰、瓶花以及超然出尘的仕女和传统戏剧图像,形式上,它们是人间之物,但精神属性,却与现实世相存在遥远的距离感——"孤寂",是大家关心的林氏绘画主题,这没有错,但我更倾向于将其解读为生活于特殊时期的一位清醒的"偶像破坏者"的内心再现。这与他在名满天下的晚年,拒绝为其修建美术馆的精神属性无疑是一致的。

20世纪30年代中期,郑振铎领衔的《文学季刊》社同人有一种说法:"胡适之先生的《文学改良刍议》,开始了文学革命运动;周作人先生的《人的文学》,奠定了新文学的建设基础。"[1] 我不知道林风眠是否读过周作人的著作,但他肯定感受过五四新文学的脉搏。不消说,人道主义精神一开始就是林氏的绘画主题,林氏始终珍视个人的感觉,主张超越种族的限阈(这一点可能也正是与国粹学派"提倡国粹""激励种姓"的价值取向有别的地方),从人类共同进步的立场来追求美学的完善,其论与周氏揭示的价值逻辑,实在没有什么不同。

2023年3月26日

---

[1] 郑振铎:《发刊词》,《文学季刊》1934年第1卷第1期。

林风眠《致全国艺术界书》阅读札记（一）

——关于写作时间和早期发表版本及过程等问题

李公明[*]

摘　要： 本文为阅读林风眠《致全国艺术界书》的札记。在林风眠研究中，《致全国艺术界书》因其为林氏归国后第一篇理论长文，同时也由于其写作问世之时正是林风眠处于离开北京国立艺术专门学校（简称"北京艺专"）南下的重要转折期间，故而在林氏生平或艺术思想等相关著述中多有征引或阐释。然而以笔者寡闻，迄今似未见对这篇艺术文献做专题研究或阐释之作。本文不揣浅陋，谨录阅读札记数则，以记浮光掠影之遐思云尔。[①]

一、写作时间

比较多见的选本和在文章中引用《致全国艺术界书》者均以1927年为该文的写作时间，这基本上是目前学界的定论。但是也有些美术文选、论文集给该文标注的写作时间是1928年。例如《民国美术思潮论集》、《二十世纪中国美术文选》（上卷）在收录该文时在文末均标注"本文作于1928年，选自

---

[*] 李公明，广州美术学院美术史系教授。
[①] 笔者对林风眠没有做过专门研究，承蒙杭春晓教授约稿、催促，不胜惶恐。在本文写作中承春晓兄赐示书稿《缝隙中的航道》，其中关于林风眠研究的论述对本文启发之处甚多，专此致谢。另外，几年前承林风眠美术馆馆长、《林风眠全集》编委姚远东方女士寄赠全集，一并致谢。还有就是，在本文写作中，周欣欣女士帮我下载资料，胡斌、冯嘉安在研讨会期间向我提供《致全国艺术界书》的不同版本，亦致谢意。最后，本文所引《致全国艺术界书》文本依据林风眠著、朱朴主编《林风眠全集4. 文集》，中国青年出版社2014年版，第18—29页。

《现代文艺评论集》，世界书局出版"①，故仍有必要略作辨析、记述。

据查，世界书局出版的《现代文艺评论集》编者为范祥善，民国十九年（1930）初版。②但是查世界书局版《现代文艺评论集》所收《致全国艺术界书》的文末并没有注明写作时间，而是注明了该文来源是《贡献》，可见在此之前《贡献》杂志已经发表了该文。（图1）

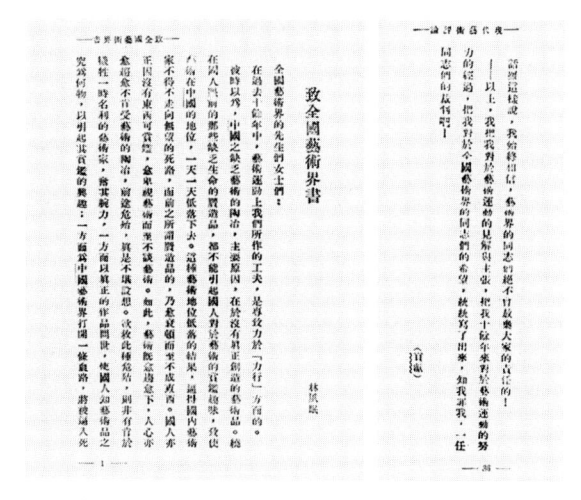

图1 《现代文艺评论集》所收《致全国艺术界书》

《贡献》（旬刊）主编是孙伏园，该杂志1927年12月5日创刊于上海，1929年3月停刊。林风眠《致全国艺术界书》发表于《贡献》第1卷第5期（1928年1月15日）。因此，认为《致全国艺术界书》发表于"1928年"的说法疑或源于《贡献》的发表日期。（图2）

此期《贡献》杂志还同时发表了王代之关于创办国立艺术大学的计划书，并特地发表了一则《贡献编辑部启事》，全文如下：

> 林风眠先生致全国艺术界书及王代之先生创办国立艺术大学计划书，对于中国艺术今后的新发展，是极重要的两篇文字。全国艺术界诸君子，读后必有许多新意见和新计画，可以供国立艺术大学创办之参考的，本刊极愿代为披露，各艺术家如肯将作品摄影及最近玉照见寄者，本刊尤所欢迎。③

---

① 素颐编：《民国美术思潮论集》，上海书画出版社2014年版，第169页；郎绍君、水天中编：《二十世纪中国美术文选》（上卷），上海书画出版社1999年版，第175页。
② 其影印版收入《民国丛书》第三编第58册，上海书店1991年版。
③ 《贡献编辑部启事》，《贡献》1928年第5期。

图2 《贡献》1928年1月15日第1卷第5期所收《致全国艺术界书》

林风眠在1926年回国后很快就认识了孙伏园。[①]当时孙氏是《京报副刊》的主编(1924年12月初孙伏园接受邵飘萍的邀请,主编《京报副刊》。1926年4月24日《京报》被查封),当林风眠于3月中旬在北京艺专举办个人画展时,《京报副刊》发表了十多篇介绍林风眠及其画展的文章。因此林风眠把《致全国艺术界书》交给孙伏园的《贡献》发表是很自然的事情,但是林风眠是何时把文章交给《贡献》杂志的,尚待查。应该说,这是《致全国艺术界书》第一次公开发表,然后被范祥善收入1930年世界书局出版的《现代文艺评论集》之中。

《林风眠全集4.文集》(以下简称"《文集》")收录《致全国艺术界书》一文时附注:"本文是1927年林风眠留法回国后最长一篇言论,当时曾印专册分送。"[②]前半句的写法或会引起歧义,其意思应是"本文写于1927年,是林风眠自1926年回国后所写最长的一篇文章"。但是,此处没有注明所录原文的版本出处,而《文集》所收林氏其他论著均有标注"原载"出处。

另据《林风眠全集5.年谱》(以下简称"《年谱》")"一九二七年"条:

9月……林风眠任职期间,发表《致全国艺术界书》……林风眠曾将

[①] 据彭飞《孙伏园、孙福熙兄弟对林风眠的支持——林风眠研究之八》,林风眠与孙氏兄弟相识的介绍人是王代之,时间是1926年2月27日,地点在王代之的客厅。(参见《荣宝斋》2007年第3期)另有一说认为孙福熙在法国里昂中法大学攻读艺术史期间,就与霍普斯会创办者林风眠、刘既漂、林文铮和李金发等人结识并成为好友。(参见张晓筠、谭榜眼《〈艺风〉月刊与中国留法艺术学会关系之考略》,《美术观察》2021年第3期)待考。

[②] 林风眠著,朱朴主编:《林风眠全集4.文集》,中国青年出版社2014年版,第19页。

此文收录在《艺术丛论》中:"这篇文字是民国十六年写的,当时曾印专册分送。现在看起来,文字的形式同内容,不免有许多可议之处。不过,这差不多是本人回国后最大片段的一个言论,且从中可以看出些八年前中国艺术界的情况。"①

但是"这篇文字……中国艺术界的情况"这段话的出处未详。从《年谱》该条所引的行文来看,无疑是林氏自述,应是出自收录《致全国艺术界书》的中正书局版《艺术丛论》。因为据《年谱》"一九三六年"条:

3月,林风眠将自留法回国后的部分文章,辑录成册,出版单行本《艺术丛论》,由南京中正书局出版。辑录文章有……《致全国艺术界书》……林风眠在出版该书的自序中逐一说明其每篇文章的写作初衷……②

据此,"一九二七年"条的"这篇文字是民国十六年写的,当时曾印专册分送"这段文字似乎应该是出现在中正书局版《艺术丛论》的自序中。但是,查《文集》收入的《〈艺术丛论〉自序》,并没有这段文字。③ 又据《文集》的注释标注,所收的这篇自序原载于《学校生活》1935年第111—112期合刊,并非选自1936年中正书局版的《艺术丛论》。④

查我手头的1947年6月上海中正书局版《艺术丛论》⑤,在《自序》之下标明"(1935)",其文字与《文集》所收、原载于《学校生活》1935年第111—112期合刊的《自序》完全相同。说明《自序》在收入1936年中正书局版《艺术丛论》之前就已经单独发表。另外,在该版《艺术丛论》的"目次"中,《致全国艺术界书》后标明"(1927)";在该文标题之下,再次注明"(1927)"。在该文结

---

① 朱朴编著:《林风眠全集5.年谱》,中国青年出版社2014年版,第83页。
② 朱朴编著:《林风眠全集5.年谱》,中国青年出版社2014年版,第128—129页。
③ 参见林风眠著,朱朴主编《林风眠全集4.文集》,中国青年出版社2014年版,第112—113页。
④ 参见林风眠著,朱朴主编《林风眠全集4.文集》,中国青年出版社2014年版,第113页。
⑤ 1947年6月上海中正书局版《艺术丛论》影印版收入上海书店1991年版《民国丛书》第四编第61册;未知该版与1936年版是否有改动,待考。

束后，另有林氏补写的一段话：

> 这篇文字是民国十六年写的，当时曾印专册分送。现在看起来，文字底形式同内容，不免有许多可议的处所。不过，这差不多是本人回国后最大片段的一个言论，且从中可以看出些八年前中国艺术界的情况，所以也一并收在这里。民二十四风眠志。①

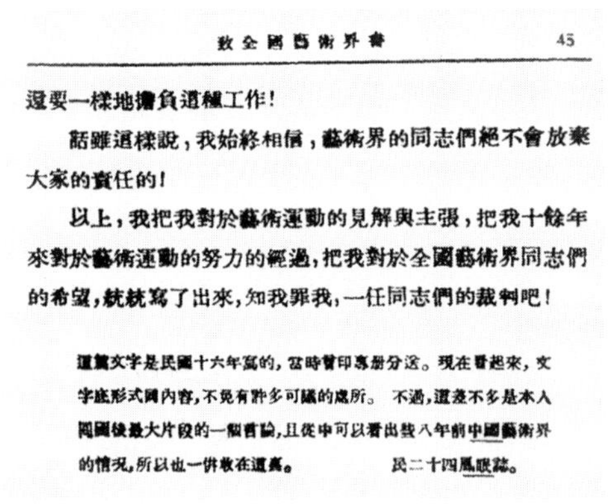

图3 1947年6月上海中正书局版《艺术丛论》文末

这段在文后补充的文字正好与《自序》中第一句话所言"时间过得很快，离开我写《致全国艺术界书》马上就是八年"相印证。

至此，《致全国艺术界书》写于1927年这个问题已经很清楚，最直接的证据均来自作者自己辑录的中正书局版《艺术丛论》所收的该文：一是在《艺术丛论》的"目次"中以及在正文的该文标题之下先后两次标注"（1927）"，二是《〈艺术丛论〉自序》的第一段话，三是在该文文末的作者补充说明。

至于在1927年的具体写作时间，《年谱》"一九二七年"条没有明确表述，只是谈道：

> 9月，林风眠辞去北京国立艺术专门学校校长兼教授之职，应蔡元培之聘，赴南京任国民政府大学院艺术教育委员会主任委员，聘李金发为秘书、林文铮为委员兼秘书。林风眠任职期间，发表《致全国艺术界书》。②

---

① 林风眠：《致全国艺术界书》，载《艺术丛论》，中正书局1947年版，第45页；影印版收入《民国丛书》第四编第61册，上海书店1991年版，第45页。
② 朱朴编著：《林风眠全集5.年谱》，中国青年出版社2014年版，第83页。

此处谓林风眠于9月辞职，赴南京就任国民政府大学院艺术教育委员会主任委员，有误。查大学院是在10月1日成立，11月大学院艺术教育委员会才宣告成立。我推测《致全国艺术界书》的写作时间是在林风眠于11月就任大学院艺术教育委员会主任委员以后。依据首先是该文中的这些文字：

> 南下以来，一方面因时间匆促，一方面昔日相信需要"力行"的观念未除，故对艺术运动上的主张与方法，仍少有具体之言论。便在这个时期，引起了不少南方艺术界同志们的误会，有的形诸文字，有的闻诸口传，疑似我们从南下以后，便同其他诸大人先生一样，专意在得高位拿巨俸上做功夫，完全忘记了艺术运动的职志！艺术界的同志们这样热心地为艺术运动而警告我们，使得我们更感到便是为了纯洁的艺术运动，仍有时时说话的必要。①

"南下以来"是具体的时间标示。在蔡元培于6月13日被任命为中华民国大学院院长后，林风眠于6月17日晨从天津"放舟南下"，此行的目的应是与蔡元培共同谋划未来的大学院艺术教育委员会事宜。② 事情还没出来，以至在9月2日北京政府教育总长刘哲与林风眠的谈话中，刘哲认为林风眠"本年暑假曾到南京谋事，因无相当位置，故又北来"③。因此只有在11月大学院艺术教育委员会宣告成立、林风眠正式出任主任委员之后，才会"引起了不少南方艺术界同志们"产生"疑似我们从南下以后，便同其他诸大人先生一样，专意在得高位拿巨俸上做功夫生"的误会。因此，为了澄清误会、宣扬"艺术运动的职志"而有"说话的必要"。

另外，12月27日大学院艺术教育委员会议决通过了《创办国立艺术大学之提案摘要》：

---

① 林风眠：《致全国艺术界书》，载《艺术丛论》，中正书局1947年版，第19页；影印版收入《民国丛书》第四编第61册，上海书店1991年版，第19页。
② 杭春晓认为："且南下之时机，恰逢蔡氏出任大学院院长后数日，联系林氏11月就职大学院教育委员会委员来看，两者似应存在着某种关联。"
③ 《刘哲昨与林风眠谈话　匿名信所攻击林者全已了解》，《晨报》1927年9月3日。

> 中国鼎革以来，各种学校日渐推广；惟国立艺术学校，仅于民国七年在北京设立一校，然几经官僚之把持，军阀之摧残，已不成其为艺术学校矣；况经费困难，根本组织即不完善耶！我国民政府，为厉行革命教育方针，尤不可不注意富有革命性之艺术教育；急谋所以振兴之。除北伐成功，将北京学校收回扩大，以为发展华北艺术教育之大本营外；以中国地域之广，人口之众，教育当务之急，应在长江流域，设一国立艺术大学以资补救，而便提倡；此本会向中华民国大学院建议创办国立艺术大学之最大理由也。①

该提案由蔡元培起草，所表述的无疑是蔡元培和林风眠针对北京国立艺术学校的评价和对建设国立艺术大学的共识，无论其观点或文字均与《致全国艺术界书》颇有相通之处。可以设想此时《致全国艺术界书》已经写完。另外，该文能在《贡献》1928年1月15日第5期刊出，完成时间应该也不会超出12月底。

二、发表版本

关于《致全国艺术界书》的早期发表版本（此处以1949年以前为"早期"）问题，从上述关于写作时间的论述中，可以初步归纳为：

第一，1927年该文写完后即"印专册分送"，但是印数、赠送者、文字内容与后来发表版本的异同等问题未知是否已有人考证清楚，在此待查。

第二，该文第一次正式发表应为《贡献》1928年1月15日第1卷第5期。

第三，收入民国十九年（1930）世界书局版《现代文艺评论集》，编者为范祥善，文末注明来源为《贡献》杂志。

第四，收入民国二十五年（1936）中正书局版《艺术丛论》。

第五，收入民国三十六年（1947）中正书局版《艺术丛论》。

第六，1936年《〈艺术丛论〉自序》先发表于《学校生活》1935年第111—112期合刊。

---

①《创办国立艺术大学之提案摘要（大学院艺术教育委员会提）》，《大学院公报》1928年第1卷第2期。

在上述发表版本中，中正书局版《艺术丛论》为林氏本人辑录，在《〈艺术丛论〉自序》和文末说明中谈到了相关问题，应该是最好的版本。

三、关于《致全国艺术界书》的写作时间与发表过程的一些思考

笔者起初只是对有些选本把该文的写作时间标注为"1928年"感到有点好奇，结果把一个很小的问题搞得好像有点复杂。但是在这过程中却想到了一些问题。

第一，《致全国艺术界书》的写作与发表过程反映了林风眠回国之后对于国内艺术状况的了解以及个人的艺术抱负。"南下以来"产生的业界误会只是促成其马上动笔的近因，其实早在1926年回国后结识朋友的过程中就已经反映出林风眠对舆论工作的重视。林风眠于2月26日晚到达北京，马上要前来车站迎接的王代之联系孙伏园、孙福熙兄弟，说第二天就要去见他们。[①] 这时的孙伏园是影响很大的《京报副刊》主编，孙福熙是上海北新书局编辑。第二天大家在王代之家见面，林风眠说："北方的舆论要以艺术家来办艺术学校，我想，我们应该协力，谋这事的成功……现在我还没有去过学校，一切问题还不知道。第一个问题当是经费问题。"[②] 应该注意的是，林风眠是在2月6日才回到上海，马上对办学与媒体、经费等问题的关系如此重视，可以说明他并非完全不谙国情现实的人。孙福熙在他的文章中说："我暗暗的想，这不问世事的艺术家竟已晓得了在中国与别处的不同，是有所谓经费问题的……"[③] 在接下来的3月10日至16日，林风眠在北京艺专举办个人画展期间，得到孙氏兄弟在媒体上的大力

[①] 参见彭飞《孙伏园、孙福熙兄弟对林风眠的支持——林风眠研究之八》，《荣宝斋》2007年第3期。关于林风眠抵京的时间，《年谱》称"2月19日下午，林风眠乘招商局新铭轮船赴津转道入京"，依据是原载《申报》1926年2月20日发布的《艺专新校长林风眠昨日赴京》。既然是乘船赴津然后转道入京，中途耽搁几天是有可能的。详情待查。

[②] 孙福熙：《林风眠先生》，《京报副刊》1926年3月2日，转引自彭飞《孙伏园、孙福熙兄弟对林风眠的支持——林风眠研究之八》，《荣宝斋》2007年第3期。

[③] 孙福熙：《林风眠先生》，《京报副刊》1926年3月2日，转引自彭飞《孙伏园、孙福熙兄弟对林风眠的支持——林风眠研究之八》，《荣宝斋》2007年第3期。

支持。很显然，获得媒体支持的经验使林风眠在12月底前写完《致全国艺术界书》之后，立即"印专册分送"给同行朋友，并尽快在1928年1月15日由孙伏园主编的《贡献》第5期刊出。另外，他在1935年把各种文章辑录为《艺术丛论》并交付中正书局出版的时候，先把该书的《自序》发表于《学校生活》1935年第111—112期合刊，也同样说明林风眠对于舆论宣传的重视。

第二，《致全国艺术界书》第一次正式发表于《贡献》，林风眠与孙伏园以及《贡献》杂志的关系及其意义值得思考。我们除了要知道林风眠回国后的一系列活动得到孙氏兄弟的大力支持这个事实之外，从中还可以思考林风眠与孙伏园在思想上的相互影响等问题。关于林风眠艺术中的思想性，俞剑华在针对林风眠于1928年2月在上海举办的个人画展的评论中说："与其认林先生为画家，勿宁以林先生为思想家较为适当……"[1] 他是批评林风眠画展中的作品思想性大于艺术性，但是他所言的"思想"指的是"画外的哲理"，无外乎是"愤世嫉邪，发大慈悲，度人救世"[2]。应该说还没有进入此期林风眠思想的真实语境之中。受杭春晓关于必须"将林氏置于政治语境、文艺理论以及人际交往的历史网络中"的启示，我认为林风眠与孙伏园在民国政治思想语境中有共识，对于林氏的艺术与社会观念的独特性有深刻影响。

孙伏园其人作为民国报业的"副刊大王"，对新文化运动的大力推动以及与鲁迅的深厚关系毋庸赘言，但是我们还需要对1927—1928年孙氏兄弟与林风眠的关系有更多的认识。有近代史研究者在1924—1928年中国革命中的小资产阶级这个研究视角中注意到林风眠与孙氏兄弟，并且在分析中引述了林风眠《致全国艺术界书》中的原话：

> 文艺的道路看似软弱，却并非全然逃避。它反映了那些恐惧残酷阶级斗争的知识分子的社会理想。1928年3月，林风眠、孙伏园、孙福熙、樊仲云等12人发起"文艺通讯社"，意在唤起人间的相互同情，扩展人的同情

---

[1] 俞剑华：《林风眠个人展览会一瞥》，《贡献》1928年第2卷第3期，转引自朱朴编著《林风眠全集 5·年谱》，中国青年出版社2014年版，第89页。

[2] 俞剑华：《林风眠个人展览会一瞥》，《贡献》1928年第2卷第3期，转引自朱朴编著《林风眠全集 5·年谱》，中国青年出版社2014年版，第89页。

心。林风眠认为，引起人间种种纠纷的原因在于人的自私，相互不能同情，而艺术恰恰"能把彼此的甘苦交换"，能"传达人类的情绪，使人与人间互相了解"，使人的自私在同情与美感下消失。如此，"人类社会的各种纠纷与苦恼，大半可以不再发生了！"①

把林风眠的《致全国艺术界书》放在"恐惧残酷阶级斗争的知识分子的社会理想"的语境中解读，是否有一定道理呢？这位研究者对孙氏兄弟及《贡献》杂志的分析同样紧扣着这个问题：

> 国共分裂后，孙伏园与孙福熙、曾仲鸣创办《贡献》旬刊。从《中央副刊》到《贡献》旬刊，这一群体始终对汪精卫为首的国民党"左派"抱持同情，歌颂民主政体，呼吁言论自由。《贡献》曾刊登过《给我们言论的自由》《德莫克拉西研究》等文章，及汪精卫的多封书信。他们赋予文艺崇高价值，认为文艺的使命是润泽"人类的心灵，宇宙的哲理，文化的光彩"。他们希望艺术的美，能如春风感动草木般，陶冶中国人的性情，带给人们战胜私欲和物欲的"伟大勇猛的力量"。②

文中关于文艺使命和力量的引言分别出自陈醉云《文艺的主观与客观及其争夺》和孙福熙《以西湖奉献林风眠先生》，先后刊登在《贡献》第2卷第2期（1928年3月15日）和第2卷第3期（1928年3月25日）。我们知道，《贡献》是一份综合性杂志，所刊发的文章涉及国内政治局势、军事、经济、文化教育、社会动态等领域，学术思想、文学艺术创作作品也是其重要的发表面向。政治语境、思想语境和文艺创作的关联是这本杂志的重要面貌特征，作为作者的林风眠选择它来发表《致全国艺术界书》，除了与孙氏兄弟的关系之外，对于杂志的思想倾向和传播影响应该不会没有考虑。

---

① 李志毓：《中国革命中的小资产阶级（1924—1928）》，《南京大学学报（哲学·人文科学·社会科学）》2015年第3期。
② 李志毓：《中国革命中的小资产阶级（1924—1928）》，《南京大学学报（哲学·人文科学·社会科学）》2015年第3期。

无论如何，我认为在《致全国艺术界书》的写作与发表过程中，林风眠关于现实局势的看法及政治理想的观念应该引起研究者的重视，他与《贡献》杂志的关系是其中一个有意义的研究视角。这个问题涉及水天中老师所讲的那个作为"自由主义艺术家的林风眠"，因此有必要在对《致全国艺术界书》做文本分析的时候再进一步讨论。另外，1927年9月2日北京政府教育总长刘哲与林风眠的谈话也是研究作为"自由主义艺术家的林风眠"的一份重要文献，杭春晓所说的那个"真实的林风眠"在这里有所呈现，与《致全国艺术界书》有解读上的互文性。

最后想到的是，1927—1928年蔓延全国的白色恐怖氛围与林风眠在1927年创作的《人道》以及林文铮对该画的评论[①]、1929年林风眠创作的《人类的痛苦》之间是否有某种真实联系呢？杭春晓认为：

> 我们完全有理由质疑1950年代的林氏"回忆"，进而发现所谓《人类的痛苦》一作，与《摸索》《人道》等作品一样，都是全景式的精神表达。甚至它还与《人道》共享了完全一样的"画面角色"——充满象征意味的手臂。它们所表现的"残杀"，并非具体化的社会事件，而是形而上的有关人类整体精神之检讨。

一方面，我认为杭春晓指出林风眠在1957年接受李树声采访时谈及1929年所创作的《人类的痛苦》一作，便将创作动机联系于当时的共产党员遇害的"表述"，"毫无疑问吻合了彼时社会结构所需要的政治正确"，这是非常正确的。另一方面，林风眠当时创作这些"残杀"题材作品，固然并非指向具体的事件，但是否完全与当时的现实无关，则还可以讨论，这也有助于对《致全国艺术界书》的思想性及其政治语境的思考。

最后顺带有个提议：如有可能的话，对现有的《年谱》《文集》进行修订再版。

2023年1月7日修订，2023年3月2日定稿

[①] 参见朱朴编著《林风眠全集5.年谱》，中国青年出版社2014年版，第87页。

林风眠的困境
——一位精英主义者的理想与现实

杭春晓[*]

摘　要： 作为现代艺术的早期代表人，林风眠的命运沉浮通常被视为艺术史的内部现象。本文以北京艺术大会引发的"艺术与社会"之命题为线索，将林氏置于政治语境、文艺理论以及人际交往的历史网络中，以期在整体史的视角下检讨"写实—现代"框架的局限性，进而揭示艺术政治一体化的时代脉络中，持现代精英主义立场的现代艺术所面对的现实困境。

一、艺术与社会的时代命题

1927年5月11日，北京艺术大会在北京国立艺术专门学校（以下简称"北京艺专"）开幕。次日，《晨报》以《艺术大会开幕盛况　艺专校景一新　观者甚为踊跃》为题，《世界日报》以《如火如荼　昨日之艺术大会　观者千人　批评极佳》为题，给予了大体一致的报道。这两份新闻稿都刊登了北京艺术大会的标语口号：

　　打倒模仿的传统艺术！打倒贵族的少数独享的艺术！打倒非人间离开民众的艺术！提倡创造的代表时代的艺术！提倡全民的各阶级共享的艺术！提倡民间的表现十字街头的艺术！全国艺术家联合起来！东西艺术家联合起来！人类文化的倡导者世界思想家艺术家联合起来！[①]

---

[*] 杭春晓，中国艺术研究院美术研究所副所长、研究员。
[①]《如火如荼　昨日之艺术大会　观者千人　批评极佳》，《世界日报》1927年5月12日。

值得注意的是，标语口号在当天传播中就出现了一些用词甚至内容上的差异。诸如同天刊登在《晨报》的记载就与《世界日报》有所出入。[①]相对而言，《世界日报》所载"三打倒、三提倡、三联合"更为准确。《海灯》1927年第1期为《北京春季艺术大会特刊》，曾以《艺术大会之使命》为题，刊登了与《世界日报》几乎一致的标语口号。[②]（图1）从打倒、提倡到联合，北京艺术大会发出掷地有声的宣言，释放了狂飙突进的创造热情。如果将它和1932年决澜社的现代

图1 《海灯》1927年第1期第48页刊登的《艺术大会之使命》

图2 林风眠、杨适生、王代之等人于北京艺专二校门前合影，《晨报·星期画报》1927年第2卷第84号

---

① 《晨报》的记载为："打倒模仿的传统的艺术，打倒贵族的少数独享的艺术，提唱（倡）全民的各阶级共享的艺术。提唱（倡）民间的表现十字街头的艺术，全国艺术家联合起来！东西艺术家联合起来！人类文化的唱（倡）导者，世界思想家艺术家联合起来！！"（《艺术大会开幕盛况　艺专校景一新　观者甚为踊跃》，《晨报》1927年5月12日。按：北京艺术大会的口号在开幕当天即出现传播"差异"是一个颇有趣味的现象。这表明公众在当时对这一口号的理解与接收，就已然参差不一）

② 《海灯》杂志所刊的运动口号与《世界日报》所刊内容，仅有两字之差，"提倡全民的各阶级共享的艺术术"，多出的一个"术"字，当为《海灯》排版之误。参见《艺术大会之使命》，《海灯·北京春季艺术大会特刊》1927年第1期。

主义宣言①比较，我们会发现两者精神气质完全相同：以创造为方向，强调打倒一切旧艺术的勇气与激情。（图2）

北京艺术大会的标语口号，仿佛现代主义在中国美术界的早产儿，充满律动激情而略显突兀，却又符合逻辑。以"三、三、三"结构进行归纳，艺术大会的目标非常明确：以打倒模仿的旧艺术为基础，提倡创造未来的新艺术，强调全世界思想家与艺术家的联合。该主张之精神内质，与霍普斯会宣言、中国美术展览会征稿启事一脉相承。或可说，创造话语犹如1924年霍普斯会至1927年艺术大会的内在线索，也是林风眠成为林风眠的重要逻辑。然而这么刚猛、直接的革新口号，在当时似乎有些水土不服。林风眠便曾因标语口号一事遭遇教育总长刘哲的"质询"：

> 刘谓：若就此点说起，余不能不就所闻，向足下说明，自鄙人就任教长之日起，外间抨击足下者，除上述三项外，有谓足下系蔡元培李石曾死党，本年暑假曾到南京谋事，因无相当位置，故又北来。然办学以人才为前提，足下既为艺术界人才，无论有无党派关系，只要能实心办学，与学生前途不生妨碍，当然置之不理。惟就艺专过去现象而论，如前次艺术大会打倒字样到处粘揭，此等字样用之于下等社会，促其易解，或可说得下去，若用之于学校之中，姑不论白话文应否废止，但青年脑筋中弥布此种打倒不合作之刺激名词，必收不良之结果。盖某事可以打倒，其他无不可打倒也。余初闻此讯，即派刘司长（风竹）到校查勘，并令撕去，中国有中国之国性，其所以能维持四千年之历史而不堕者，亦惟有此国性，打倒若与改善改良同，当时为何不易用。②

这次谈话发生在1927年9月2日，距艺术大会开幕不过短短数月。其间，

---

① "我们厌恶一切旧的形式，旧的色彩，厌恶一切平凡的低级的技巧。我们要用新的技法来表现新时代的精神……二十世纪的中国艺坛，也应当现出一种新兴的气象了。让我们起来吧！用了狂飙一般的激情，铁一般的理智，来创造我们色·线·形交错的世界吧！"（决澜社同人：《决澜社宣言》，《艺术旬刊》1932年第1卷第5期）
② 《刘哲昨与林风眠谈话　匿名信所攻击林者全已了解》，《晨报》1927年9月3日。

林风眠受到了匿名信的攻击，艺专校长的工作面临挫折。其实匿名信并非林氏遇挫的真正原因，刘哲的谈话表明，更主要原因还是蔡元培的政治动向。1927年的中国政局剧烈震荡，在南北对峙中相继发生"四一二政变""宁汉合流""国共合作破裂"等重大政治事件。这一年，已经南下的蔡元培，以国民党元老的身份参与了南方政权的诸多活动，成为北方政权的"敌对势力"。这使得与蔡氏渊源颇深的林风眠，遭遇职业生涯的一次危机。当然，党派问题似乎不便成为处理他的理由。于是艺术活动中的不当行为就成为攻击他的理由，而艺术大会的标语口号正是其中最为重要的理由。另外，刘哲与林风眠的谈话还显现出，蔡元培、胡适等"五四"参与者南下后，北京出现了一次"五四逆流"。刘哲对"白话文"及"打倒"的态度，清晰表明了反对变革的保守立场。因此，林风眠在当时遭遇到了政治与文化的双重压力。今天的我们很难想象，刘风竹撕去艺术大会标语口号时，林风眠的内心是怎样一种失落感。不谙政治的林风眠，其失落之心态并不关乎个人命运，而指向了内心的艺术理想。面对刘哲的质询，他以艺术家的思维回答：

> 艺术之范围至广，所谓打倒者，系以铲除旧的，促进新的为主，当时因打倒二字易惹人注目，故袭用此语，绝无别的作用。[1]

在林风眠的内心深处，艺术是一项至高而单纯的事业，并没有太多世俗世故的东西。抑或因此，他在欧洲即为蔡元培所看重，从而有机会回国施展自己的艺术抱负。他也确实没有让蔡元培感到失望。因为无论身处怎样的环境，林风眠始终都保持了他们相识之时的初心：以创造中国的未来新艺术为己任。北京艺术大会，不仅是霍普斯会在中国的延展，也可以说是林氏对蔡氏之期盼的某种回应。[2] 应该说，北京艺术大会试图打倒的旧艺术，并非特指中国的旧艺

---

[1]《刘哲昨与林风眠谈话　匿名信所攻击林者全已了解》，《晨报》1927年9月3日。
[2] 蔡元培曾表述："夫欧洲美术参入中国风，自文艺中兴以还日益显著；而以今日为尤甚。足以征中西美术，自有互换所长之必要。采中国之所长，以加入欧风，欧洲美术家既试验之；然则采欧人之所长以加入中国风，岂非吾国美术家之责任耶？"蔡元培：《中国美术展览大会目录序》，《中国美术展览大会目录》一书，今已难见。但蔡元培这篇序言，却被李凤《旅欧华人第一次举行中国美术展览大会之盛况》全文转录。李文载于《东方杂志》1924年第21卷第16期，本文所引，见第33页。

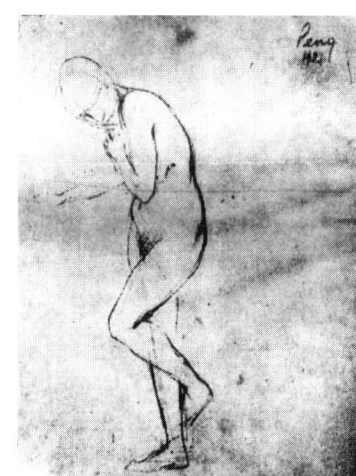

图3 北京艺术大会参展作品,《晨报·星期画报》1927年第2卷第85号（左上：[法]克罗多《雪景》；左下：林风眠《民间》；中上：刘开渠《万寿山》；中下：彭沛民《速写》；右：齐白石《归帆》）

术,而是世界范围内的旧艺术;其试图创造的新艺术,亦然。(图3)此次大会的重要参与者克罗多便曾宣称:

> 艺术并没有什么国界的区别,中国画,或俄国画,法国画,这种名词,实在不能成立在艺术上。这种分类,系一种限制的不活动的死的,都是没有什么关系的艺术,除假的艺术应当铲除之外,我们只有直捷(截)明白的说一句,"绘画"而已。①

消除国界,是艺术领域最为彻底的"世界主义"。作为林风眠的得力外援,

---

① [法]克罗多讲:《艺术大会的评价》,李树化译,《海灯·北京春季艺术大会特刊》1927年第1期。

克罗多显然与林氏共享了这一观点。从某种角度看，该观点也恰是霍普斯会宣言的另一种表达："将来西方可因此而产生新的艺术，东方亦可因此而产生特别的艺术，两方面之新艺术，又可调和再生，以至于无穷，这便是世界艺术将来之新生路。"由此可知，林风眠为20世纪20年代中国美术界带来的，是基于世界主义的创造之路。有趣的是，这再次印证了创造观念流行于中国的全球化背景。从1923年到1924年，人在本土的刘海粟与远在欧洲的林风眠，共同构成了艺术领域世界化、网络状的有关"创造"的话语生产。[1] 在他们看来，创造是可以超越中西区隔，实现"全世界思想家与艺术家联合起来"的有效手段。

克罗多的外国身份，仿佛是北京艺术大会口号——"全世界思想家与艺术家联合起来"的生动注脚。时人杨适生在批评北京艺术大会未达"艺术集中"之目标时，向我们透露出克罗多在这场声势浩大的运动中曾经起到过的某种"引导性"作用：

> "艺术集中"这是对民众宣传的绝好手段。但此处所谓集中，不是量的种类的集中，乃是有创造精神的画风的集中。此次本校发起之北京艺术大会，本系取法于法国沙龙（Saloon）办法。其不同处，沙龙在法国社会，已有一种权威，凡愿参加展览者，须受该会之审查，一经该会展览则声价十倍。我国社会情形略有不同，文人相轻，自古已然。一般画家，平日既少联络，且门户之见太深，勇于创作者尤少。艺术大会初时本拟成立一强有力之审查委员会，严格审查出品，终以习尚不惯，仍采克罗多教授之建议，所有作品混合陈列，此本系一种迁就办法。但既抛弃"画风集中"原则，艺术运动的效率便因之减少。[2]

杨适生之所以强调"艺术集中"，源自他对艺术大会所寄予的厚望是出于理想主义的"想象"。但在实际操作中，这个目标却很难实现。在当时的北京无法

---

[1] 有关刘海粟的相关论述，参见杭春晓《石涛的"民国声誉"——基于全球视野的知识考察》，《文艺研究》2020年第8期。
[2] 杨适生：《整个的艺术运动》，《海灯·北京春季艺术大会特刊》1927年第1期。

出现如其所想的集中性的作品。关于北京艺术大会参展作品的质量,克罗多亦坦然承认:

> 其中的作品好的当然很多,但坏的亦属不少。第一的缺点,在作品中很少能表现有音乐的意味的及基础很坚固的,但其中有以清淡的墨色谐和的音调表现其个性的特别的一种作风。其他最使人可惜的地方,就是以其青年热烈的兴趣,而压迫在传统的方法之下,变为纯粹摹仿的艺术。①

"音乐的意味",是克罗多基于现代主义立场而强调的带有形式主义特征的风格。这类作品在北京的匮乏,并不让人意外。而把北京艺术大会办成"林风眠们"预想的"艺术集中",几乎没有任何可能。克罗多所批评的"纯粹摹仿的艺术"才是当时的主流作品。对这类画作,李朴园的批判更为尖刻:

> 那些老先生们是没有办法了,去便让他们去吧;独有一般学国画的青年们,自己年纪正轻,正好立定脚跟,竖起脊梁,既学艺术,便应当睁开眼睛,放开肚皮,先看看你的目标在那里,再看看你脚下的路线对否;如果不管三七二十一,低着头,垂着眼皮,只管跟着别人的脚踪儿走,假使你的老师走错了路,难道你一定以身殉之才好吗?话虽然不好一概而论,究竟大多数学国画的青年都是一个样子的!②

面对"一个样子"的北京画坛,杨适生所希望的"画风集中"只是空中楼阁的奢望。似乎早已意识到这一局面,克罗多预见性地提出"迁就办法",且最终被组织方接受。其实,这股新势力站在中西调和的立场上,并非一味地排斥中国的传统,正如克罗多对齐白石的认可以及他所谓"特别的一种作风"。但是,刚回国的他们对中国画基于临摹的演进史缺乏了解,加之"创造话语"所带来的关乎"摹仿"的负面判断,从而对旧艺术的批判过于简单,整体上有些水土

---

① [法]克罗多讲:《艺术大会的评价》,李树化译,《海灯·北京春季艺术大会特刊》1927年第1期。
② 李朴园:《艺术大会与艺术运动》,《海灯·北京春季艺术大会特刊》1927年第1期。

不服。从某种角度看,"中西调和"所蕴含的世界主义思维,在理论上具有重要的价值,但在实际操作层面上不如"全盘西化"或"坚守传统",因为后者更为直观、明确。甚至,它与似乎同样采用了中间路线的"中体西用"也不一样。显然,"中体西用"有着更为明确的主次关系,有着"中国中心主义"的基本立场,在操作层面上也就自然更为具体化。

"中西调和"在执行上,显然更容易面对"怎样的东"与"怎样的西"的质疑。虽然它在理论上消解了××中心主义的束缚,使艺术家面对中西资源时可以采取更加开放、自由而灵活的姿态。但遗憾的是,林风眠所处的20世纪20年代缺乏相关人文思想的深度检讨,缺乏相关理论的系统阐释。"中西调和"在"西化"与"传统"的夹缝中,很容易陷入进退维谷的尴尬。即便今天,后现代理论在人文社科领域全面开花,全球化已从世界主义的历史实践上升为明确的理论意识,然而在具体的文化场域中,我们还是会面临百年前林风眠曾经遭遇的"困境":长时间段内显现功效的"全球化"与短时间段内就要成效的"区域需求",构成一种操作上的矛盾。亦如,林风眠主导的北京艺术大会,"全世界思想家与艺术家联合起来"的口号响彻云霄,但具体执行又该如何?简单组合在一起,差强人意;追求"画风集中",又难以实现。更有甚者,具体到一件作品,什么样的中西调和才是恰当的?这些问题成为热衷于运动以推动艺术进步的青年林风眠的阿喀琉斯之踵。振臂一呼的激情,固然给人们带来希望,但万千呼应却需要具体的执行方案。或许,中年后的林风眠在看似沉寂的人生中,正是以持续性的绘画实践来医治年轻时的阿喀琉斯之踵。

是故,推动北京艺术大会的林风眠,不仅面临着前述政治、文化之双重压力,还面临着"中西调和"在实现方式上的尴尬际遇。他在遭遇保守势力诘难的同时,还要面对革新团体内部的失望情绪,这使得北京艺术大会难以圆满:

> 在这样散漫的没有纪律的展览会里,我们所希望艺术大会的一种热烈的革新的空气!新派画风的集中,完全失望了。多数观众自然得不到什么鲜明的启示,就是校内多数徘徊歧途的青年作家,他们渴望着艺术大会能够给他们一种慰藉,指导。结果,这样的模糊,毫无一些刺激的力量,他们多么抱怨呵!

春季艺术大会眼看着失败了？这失败的原因，还是在艺术大会组织上不能贯澈原来的主张。①

这种失望似乎无法避免。否则，前述之"迁就办法"就不会出自曾与马蒂斯共同办展的克罗多。（图4）深入中国现场的克罗多，深知北京这样的文化场域无法复制自己的异国经验，故而提出"所有作品混合陈列"。这种被批评为"迁就"的方法，表面上是无法"贯澈原来的主张"，实际上却是更为务实的选择。殊不知，杨适生所期望的纯粹艺术大会不过是理想主义情怀下的空想。任何试图将理想落地的决策者，都不得不面对现实作出调整。彼时林风眠正是如此。不仅艺术大会这么系统性的工程需要如此，就连聘请克罗多来华任教一事，他也无法"一人独断"，不得不另想办法：

图4　克罗多像，《晨报·星期画报》1926年第2卷第54号

外传余借支薪水，实因法人克罗多住在舍下，学校无钱供给，若请克由学校支薪，又恐他人援例，故余不得已，以己之薪，转给伊用，此层请总长原谅，并调查真相。②

在向刘哲作出的解释中，林风眠聘请克罗多的方式竟然是"借支薪水"。那么聘请克罗多有无价值？《第一次春季艺术大会》曾以官方口吻肯定了这一

---

① 杨适生：《整个的艺术运动》，《海灯·北京春季艺术大会特刊》1927年第1期。
②《刘哲昨与林风眠谈话　匿名信所攻击林者全已了解》，《晨报》1927年9月3日。

选择：

> 本校自林风眠先生主持校务后极力发挥艺术家办艺术学校的精神，延聘专家改订课程实行专科教室制，一时东西艺术家，荟萃于吾校，尤以法国之克罗多影响最大；彼之画风与教法，具有独到之处，故学生研究兴趣，因之提高。①

但即便如此，聘用克罗多仍需要曲线救国——因担心他人反对而无法"由学校支薪"，不得不采用非常规处理办法。这表明林风眠面对的现实，是一张错综复杂的网络，绝非年轻而缺乏资历的他可以完全掌控。故而在北京推动新艺术运动，对林风眠而言是一项充满挑战的工作。甚至，原定5月1日开幕的设想，也曾因警察干涉而推迟。②种种迹象表明，林风眠在当时的工作中曾遭遇多重挫折。问题在于，我们该如何看待这些挫折？如果将成功定义为"北京艺术大会能如其所愿般地成为法国沙龙展一样的展览"，林氏毫无疑问失败了。恰如杨适生所说——"我国社会情形略有不同"，在北京举办一场巴黎样式的沙龙展，无论如何也达不到预设目标。然而将这场新型展览的出现，放在北京乃至中国的具体场域，我们或会发现：林氏充满激情的努力，虽未达到预期效果，却也有着彼时之特定价值。北京艺术大会的一张海报，形象地描绘了当时的"现实"：整齐排列且蔓延无尽的床铺之上，全是熟睡不醒的人们；艺术大会被比拟为巨大的晨钟与太阳，在"病床"上空带来声响与光明。（图5）海报配文，亦如艺术介入社会的"宣言"：

> 艺术好似晨钟，要唤醒一般梦中的民众，艺术好似太阳，要在这样的社会里给人们一线曙光。③

---

① 《第一次春季艺术大会》，《海灯·北京春季艺术大会特刊》1927年第1期。
② "校长林风眠及教授王代之等所发起、后经该校评议会通过、即组筹备委员会由教员与学生合作、筹备一切、原定春秋两季举行、春季定于五月一日、因受警厅干涉、遂得延至今日……"《北京艺术大会·点缀上林风光》，《大公报》1927年5月12日。
③ 《北洋画报》1927年第98期。

这张充满浪漫主义情绪的海报，仿佛美术界迟到的五四运动——宣称艺术可以如科学、文学一样，参与社会改造。这个观点在林风眠半年后发表的《致全国艺术界书》中，得到了更为清晰的表达：

> 九年前中国有个轰动人间的大运动，那便是一班思想家文学家所领导的"五四"运动。这个运动的伟大，一直影响到现在；现在，无论从哪一方面讲，中国在科学上文学上的一点进步，非推功于"五四"不可！但在这个运动中，虽有蔡孑民先生郑重告诫，"文化运动不要忘了美术"，但这项曾在西洋的文化史上占着了不得的地位的艺术，到底被"五四"运动忘记了；现在，无论从哪一方面讲，中国社会人心间的感情的破裂，又非归罪于"五四"运动忘了艺术的缺点不可！

> 不论"五四"在文学同科学上的功劳多大，不论"五四"在艺术上的罪过好多，到底"五四"还是文学家思想家们领导起的一个运动！全国的艺术界的同志们，我们的艺术呢？我们的艺术界呢？起来吧，团结起来吧！艺术在意大利的文艺复兴中占了第一把交椅，我们也应把中国的文艺

图5 《北洋画报》1927年第98期上的北京艺术大会海报

复兴中的主位，拿给艺术坐！①

艺术与社会的关系，是20世纪中国文艺最为重要的命题之一。或可说，从洋务运动以器物之用改造社会、辛亥革命以制度之用改造社会，到五四运动以思想之用改造社会，不断深化的"改造维度"构成了中国近代社会演变的递进逻辑。胡适1935年的一篇文章曾再谈五四运动：

> 我们在民国八九年之间，就感觉到当时的"新思潮""新文化""新生活"有仔细说明意义的必要。无疑的，民国六七年北京大学所提倡的新运动，无论形式上如何五花八门，意义上只是思想的解放与个人的解放。②

其中所谓五四运动之要义是"思想的解放与个人的解放"，可以理解为通过"人的改造"实现社会改造。那么，如何实现"人的改造"？显然，"人的改造"需要介入"人得以生产"的系统，实现人在社会中的"被塑造过程"从旧机制中"解放"出来。而决定人"被塑造"的重要因素，即意识形态。职是之故，五四运动实际上就是一场意识形态的改造运动。那么，问题在于：怎样塑造全新的意识形态？答案有很多，文学艺术毫无疑问是其中最重要的手段。胡适在谈"健全的个人主义"时，便列举了易卜生的文学作品：

> 我们当日介绍易卜生（Ibsen）的著作，也正是因为易卜生的思想最可以代表那种健全的个人主义。③

因此，以白话文为载体的文学革命，成为意识形态改造的重要手段。但这场"轰动人间的大运动"中，原本应与文学同样发挥作用的艺术，却被遗忘

---

① 林风眠：《致全国艺术界书》，《贡献》1928年第5期。
② 胡适：《个人自由与社会进步：再谈五四运动》，《独立评论》1935年第150号。
③ 胡适：《个人自由与社会进步：再谈五四运动》，《独立评论》1935年第150号。

了。蔡元培意识到了这一点，呼吁这场运动"不要忘了美育"。[①]但蔡氏略显孤独的声音，收效甚微。五四运动中的美术，终究未曾深入社会运动，以至林风眠将之批评为该运动的缺点——"无论从哪一方面讲，中国社会人心间的感情的破裂，又非归罪于'五四'运动忘了艺术的缺点不可！"之所以如此批评，显然是因为他对"艺术介入社会"的现状有所判断，并有所自期："我们也应把中国的文艺复兴中的主位，拿给艺术坐！"

基于此，青年林风眠热衷于艺术运动。从欧洲的中国美术展览会到北京艺术大会，他都一以贯之地试图创造新艺术以推动社会变革。（图6）这使得发生在中国的艺术大会，获得了一张世界性的地图——由留学生绘制的从西方流到东方的路径。彼时之东方与西方，也因此具备了联动性。同时，因为强调艺术介入社会，林风眠不得不面对一个问题：是为艺术而艺术，还是为社会而艺术？创作中强调自我的林风眠，曾发表《艺术的艺术与社会的艺术》一文，向世人给出了答案。该文开篇就抛出了这一看似棘手的问题：

图6　林风眠（第三排右三）参加中国美术展览会的合影（《东方杂志》1924年8月25日第21卷第16号）

---

① "在这种环境中讨生活，什么能引起活泼高尚的感情呢？所以我很希望致力文化运动诸君，不要忘了美育。"（蔡元培：《文化运动不要忘了美育》，《晨报》1919年12月1日"周年纪念增刊"，转引自高平叔撰著《蔡元培年谱长编（中册）》，人民教育出版社1996年版，第258页）按：蔡元培原文为"不要忘了美育"，至林风眠表述时才变为"不要忘了美术"。

> 我们研究艺术的人，应当首先决定我们的态度，我们从事艺术上之创造，究竟是为艺术的还是为社会的呢？①

其实，这就是20世纪20年代中国文学界最为激烈的争论议题——"为艺术"还是"为人生"。现行历史叙事常将这场争论简化为：代表"艺术派"的创造社与代表"人生派"的文学研究会"水火不容"。确实，这两个文学社团在20世纪20年代初就此发生过热烈争论。1931年，鲁迅在《上海文艺之一瞥》中就曾谈及此事：

> 这后来，就有新才子派的创造社的出现。创造社是尊贵天才的，为艺术而艺术的，专重自我的，崇创作，恶翻译，尤其憎恶重译的，与同时上海的文学研究会相对立。那出马的第一个广告上，说有人"垄断"着文坛，就是指着文学研究会。文学研究会却也正相反，是主张为人生的艺术的，是一面创作，一面也看重翻译的，是注意于绍介被压迫民族文学的，这些都是小国度，没有人懂得他们的文字，因此也几乎全都是重译的。并且因为曾经声援过《新青年》，新仇夹旧仇，所以文学研究会这时就受了三方面的攻击。②

鲁迅以皮里阳秋的笔法，将创造社类比为鸳鸯蝴蝶派的才子文学。这极大地刺激了郭沫若，导致他撰写《创造十年》予以反击：

> 总之，我应该感谢鲁迅先生，我读了他那篇《一瞥》，才决心来写这部《十年》。但我在这儿还要附带着声明一笔，我这《十年》倒并不是小说——记得国内另一位小说家宣言过：我是没有做小说家的资格的，因为我的笔太直，不曲，没有象鲁迅先生的那样曲。是的，这层我自己是很承认的，假使要曲才配做小说，那我实在是不配做小说家。据说小说是"寒带"，那么只

---

① 林风眠：《艺术的艺术与社会的艺术》，《晨报·星期画报》1927年5月22日第85号。
② 鲁迅：《上海文艺之一瞥》，载林贤治评注《鲁迅选集·杂感Ⅰ》，广西师范大学出版社2018年版，第261—262页。

适宜 Eskimo（爱斯基摩人，居住于北美洲北部寒带。——原注）那样的小人去住，我也就敬谢不敏。①

郭沫若以"小人"回敬鲁迅，是当年文坛最为引人注目的裂痕。如此裂痕，并非简单之敌对阵营所能概括。对为人生还是为艺术的分歧，郭沫若并不认可：

> 文学研究会和创造社并没有什么根本的不同，所谓人生派与艺术派都只是斗争上使用的幌子。雁冰在当时虽有些比较进步的思想，他的思想便不见得和振铎相同。文学研究会的几位作家，如象鲁迅、冰心、落华生、叶圣陶、王统照，似乎也不见得是一个葫芦里的药。……在我们现在看来，那时候的无聊的对立只是在封建社会中培养成的旧式的文人相轻，更具体地说，便是行帮意识的表现而已。②

一句"行帮意识"，郭沫若以自嘲的方式，消解了创造社与文学研究会的理论分歧。何以如此？因为为艺术还是为人生，看似对立，却互为校验。早在1921年，唐隽在《艺术独立论和艺术人生论底批判》中就曾指出：

> 我以为艺术的本旨原是独立的，原是与人生有关系的。说他与人生有关系也可以，说他要独立也可以，但两者不可立于绝对的地位互相反对。所以不能说艺术对于人生发生关系，便失了独立的价值。又不能说艺术独立便与人生没有关系。③

唐隽试图消除为艺术、为人生的二元对立，将其视为一种互补关系：

---

① 郭沫若：《〈创造十年〉发端》，载单演义、鲁歌编注《鲁迅与郭沫若》（徐州师范学院1979年学报增刊），第66页。
② 郭沫若：《创造十年》（节录），载单演义、鲁歌编注《鲁迅与郭沫若》（徐州师范学院1979年学报增刊），第67页。
③ 唐隽：《艺术独立论和艺术人生论底批判》，《东方杂志》1921年第18卷第17号。

> 我确是以为这两个论调是相谋而成的，并不是极端相反的。①

唐隽为我们补充了一种更为整体化的思想视域：艺术派与人生派的争论，不是根本立场上的"非此即彼"，而是各有侧重的"强调"——出于具体原因的论争策略，也即郭沫若所说的"斗争上使用的幌子"。对此，郭氏在1925年上海大学的演讲中也曾有所呼应：

> 有人说文艺乃有目的的，此乃文艺发生后必然的事实。为艺术的艺术与为人生的艺术这两种派别大家都知道是很显著的争执着。其实这不过是艺术的本身与效果上的问题。如一株大树，就树的本身来说并非为人们要造器具而生长的，但我们可以用来制造一切适用的器物。科学亦如此：如自然科学，纯粹科学的研究，是在探讨客观的真理，人类即使不从而应用之，其所研究之真理是仍然存在的。②

身陷争论中心的郭沫若，用本质、功用关系调和了看似对立的"观点"——譬如树木自我生长与人类之利用、科学之客观真理与人类之应用。而在"为人生"还是"为艺术"的论战发生现场，类似的看法并不罕见。后世在描述这一论争时，调和观往往被忽略，对立论则被放大，并以此形成整体上非此即彼的火爆场景。事实上，人生派并不忽视自身的语言建构，艺术派同样也会注重社会功用。基于如此语境审视林氏之《艺术的艺术与社会的艺术》，我们会发现：热衷艺术运动的林风眠，对艺术与社会关系的思考，恰是那个时代文艺理论争鸣在美术界的"延长线"，因为他对该命题的认知也是一种调和论。该文抛出问题后，引证了西方学者的不同看法，并认为：

> 从前欧洲的学者在艺术上争论之点，总离不了"艺术的艺术"和"社会的艺术"两方面，极端争执，视为无法调和，而变成两不相容之态度，其实

---

① 唐隽：《艺术独立论和艺术人生论底批判》，《东方杂志》1921年第18卷第17号。
② 郭沫若讲，李伯昌、孟超合记：《文艺之社会的使命》，《文学》1925年第4期。

这种过于理论的论调，愈讨论愈复杂，如同讨论美的问题，竟谈到上帝上面去了。①

显然，站在艺术家立场的林风眠，认为这种理论争论没有太大意义。他态度鲜明地宣称艺术创作的独立性。②那么，看似为艺术而艺术的林风眠，又如何看待艺术与社会的关系？

由作家这一方面的解释，我们就同时想到其他方面的影响，因为艺术家产生了艺术品之后，这艺术品上面所表现的就会影响到社会上来，在社会上发生功用了。由此可见倡艺术为艺术者，是艺术家的言论，"社会的艺术"者，是批评家的言论。两者并不相冲突。③

就此，他用了类似郭氏之"本质—功用"的关系，消解了由西方理论之争延伸至中国的"冲突"——"这种无谓的争执，据我个人的观察，渐渐由西方偷过到东方来了。"④但以本质与功用的关系理解"为艺术"与"为社会"，看似调和了对立，却也存在着理论上的陷阱。诸如，郭沫若列举的树木与科学研究，其本质的产生并非人所创造。这一点与艺术截然不同。因为艺术是人的创作行为，发生之初就隐含着目的。从某种角度看，"为人生"还是"为艺术"的争论，指向了艺术家创作发生时的立场，而非将创作行为与社会影响分隔后的本质与功用。似乎，林风眠意识到了这一点，在谈完本质与功用两不冲突后，补充了艺术创作应该具有的"人类精神"：

艺术家为情绪冲动而创作，把自己的情绪所感到而传给社会人类。换一

---

① 林风眠：《艺术的艺术与社会的艺术》，《晨报·星期画报》1927年5月22日第85号。
② "艺术根本系人类情绪冲动一种向外的表现，完全是为创作而创作，绝不曾想到社会的功用问题上来。如果把艺术家限制在一定模型里，那不独无真正的情绪上之表现，而艺术将流于不可收拾。"林风眠：《艺术的艺术与社会的艺术》，《晨报·星期画报》1927年5月22日第85号。
③ 林风眠：《艺术的艺术与社会的艺术》，《晨报·星期画报》1927年5月22日第85号。
④ 林风眠：《艺术的艺术与社会的艺术》，《晨报·星期画报》1927年5月22日第85号。

句话说：就是研究艺术的人，应负相当的人类情绪上的向上的引导，由此不能不有相当的修养，不能不有一定的观念，我们在过去的艺术史中所得来的经验是什么呢？我们可以说艺术是创造的冲动，而决不是被限制的；艺术是革新的，原始时代附属于宗教之中，后来脱离宗教而变为某种社会的娱乐品。现在的艺术不是国有的，亦不是私有的，是全人类所共有的，愿研究艺术的同志们，应该认清楚艺术家伟大的使命。[1]

林氏之答案，隐含着精英主义的立场。他不认为创作应该服务于具体的现实。[2] 艺术家应独立于社会，为艺术而艺术。那么，如此方向之下，又该如何保证创作能够作用于社会呢？此时，一个抽象的概念——"人类精神"，成为两者之间的桥梁。在林风眠看来，既非国有亦非私有的艺术，"应负相当的人类情绪上的向上的引导，由此不能不有相当的修养，不能不有一定的观念"。艺术，也因此成为脱离了社会具体现实，用以表达人类整体之抽象精神的"创造的冲动"。它的"革新"，指向全人类共有的思想蓝图。应该说，林风眠用抽象的社会性取代了具体的社会现实。关于这一点，时为艺专学生的刘开渠，说得更直接："艺术是以人生为内外，但是这种人生是不涉人生的人生，是经过一种东西的溶化的人生。不是现实世界的肤浅的人事。"[3]

二、走向民众——精英主义的历史挑战

艺术所服务的人生，并非具体之现实人生，而是被抽象了的"溶化的人生"。基于此，林风眠在倡导艺术介入社会的同时，也就能够力保艺术自身之独立性，并在"本质—功用"的基础上，进一步就艺术发生之初的目的，解答了艺术与社会的关系。然而，就在看似解决了郭沫若的理论陷阱时，他却为艺术赋予了浓厚的精英主义色彩：视艺术家为"人类精神"的发现者，并因此而

---

[1] 林风眠：《艺术的艺术与社会的艺术》，《晨报·星期画报》1927年5月22日第85号。
[2] "如果是这样，艺术家将变为多数人的奴隶，而消失其性格与情绪之表现。"林风眠：《艺术的艺术与社会的艺术》，《晨报·星期画报》1927年5月22日第85号。
[3] 刘开渠：《严苍浪的艺术论》，《晨报副刊》1927年2月24日。

具有宣传、教化之伟大使命。前述北京艺术大会的那张海报，被比拟为晨钟与太阳的艺术，正如此。它悬在熟睡的普罗大众之上，以唤醒大众并给予人们希望。这种艺术观是崇高的，带有理想主义的浪漫气质。它塑造了作为精英阶层而存在的艺术家形象，秉承着改造社会大众的历史使命。它不同于中国传统艺术的内向性自我塑造——精英阶层在审美趣味上的共识、把玩，而强调主动面对社会的外向性责任。这表明20世纪的中国艺术作为一种概念获得了重构。其最显著的逻辑，是从私密空间向公共空间的转换——无论是作品的收藏、展示系统，还是它被创作的目标乃至方式。当林风眠声称表现十字街头的艺术时，他已改变中国关乎艺术的理解方式，使之成为显性的、社会化的意识形态。这也是20世纪中国艺术试图改变自己在文化结构中的地位的一次呐喊——"艺术在意大利的文艺复兴中占了第一把交椅，我们也应把中国的文艺复兴中的主位，拿给艺术坐！"

但理想与现实，总是有所出入。当林风眠发现五四运动遗忘了艺术，试图振臂一呼，向公众宣扬艺术的价值时，无论是画家的创作还是公众对艺术的理解，都无法支撑他的理想。对普通人来说，艺术虽然从高门大院走向十字街头，却仍是远距离的猎奇对象，而非思想更新的认知对象。林风眠强调精神体验的精英化艺术，相对话剧小说之类的文学作品，乃至此后出现的木刻版画类的美术作品，在传播上还是有些"曲高和寡"。应该说，这类作品在当时中国尚属陌生的"外来者"，很难成为思想的引领者。公众与艺术产生互动，绝非朴素之理想所能推动。现实场域中，精英艺术往往需要神话的光环，才能在大众瞩目中成为意识形态的建构者。年轻的林风眠缺乏这样的光环，其自期的目标过于沉重。稍值庆幸的是，不谙世故的林风眠，意外获得蔡元培的青睐，留学归来即执掌当时唯一的国立艺专。虽然现实存在着诸多龃龉，难以随心所欲，但艺专校长这一身份，还是让他能够调用一定资源，推动艺术对社会的"介入"。北京艺术大会正是这种能力的显现。这场林氏之首秀虽然难称完美，甚至还遭到各方批评，却也在一定程度上引发了公众对于艺术的关注。各类媒

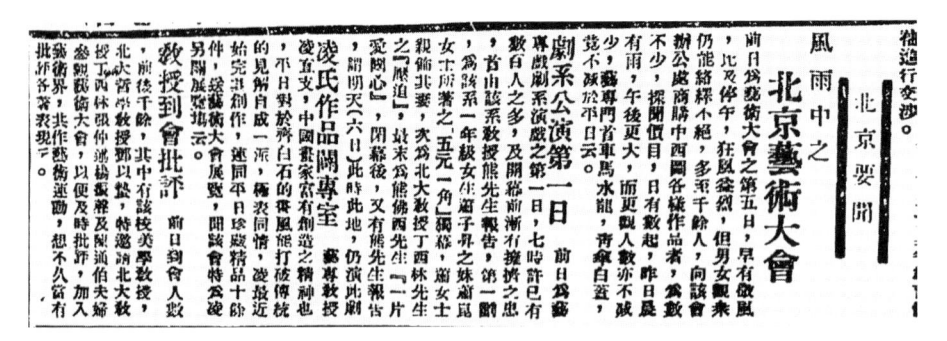

图7　1927年5月17日《天津益世报》关于艺术大会的报道

体都对它进行了及时的报道，艺术大会在当时俨然成为社会性的公共事件。①（图7）

　　大量新闻在媒体中出现，或有一定之主动宣传的原因，却也从一个侧面显现了当时的艺术大会盛况。它虽然无法像小说、戏剧一样引发全社会的强烈反响，但作为新事物在招致批评的同时，也还触发了一定的反思。尤其它的口号——打倒贵族艺术，创造全民共享的艺术，表现十字街头的艺术，很符合文艺功能论的时代议题，也自然容易引发相关讨论。北京大学教授邓以蛰看展后，在《现代评论》发表《民众的艺术》。②该文虽以"为北京艺术大会作"为副题，然其正文却与艺术大会完全无关。通篇读下来，邓文不仅没有认同"本质—功能"之模糊逻辑，甚至也不认可所谓抽象的人类精神。邓氏分别讨论了两种民众艺术——民众自身创造的艺术与为民众创造的艺术，认为精英艺术无法成为民众艺术：

　　　　为艺术而有艺术的艺术只是艺术家同鉴赏家的艺术；民众的艺术，必得

---

① "前日为艺术大会之第五日，早有微风，比及停午，狂风益烈，但男女观众仍能络绎不绝，多至千余人，向该会办公处商购中西图各样作品者，为数不少，探闻价目，日有数起，昨日晨有雨，午后更大，而更观人数亦不减少，艺专门首车马水龙，青伞白盖，竟不减于平日云。"《风雨中之北京艺术大会》，《天津益世报》1927年5月17日。
② 邓以蛰参观北京艺术大会，《天津益世报》曾有报道："前日到会人数，前后千余，其中有该校美学教授，北大哲学教授邓以蛰，特邀请北大教授丁西林张仲述杨振声及陈通伯夫妇参观艺术大会，以便及时批评，加入艺术界，共作艺术运动，想不久当有批评各著表现云。"（《风雨中之北京艺术大会》，《天津益世报》1927年5月17日）

民众自己创造的，给民众自己受用的才是呢。①

因此，无论传统中国画还是现代新派画，都不符合邓氏之民众艺术的标准。对这两类作品，邓以蛰评述：

> 中国现今的艺术只是艺术家的艺术，不是民众的艺术了。何以言之？因为它只是艺术的艺术：一切用艺术的眼光来批评都是对的。譬如一钩一画都有它特殊的笔法，推而及之一木一石，一幅画，百幅画乃至千幅万幅都是特殊的。特殊的说法，是言其超过自然而另有一境界；换言之，不同乎民众自然的感情。自然的感情可以人人相通，可以不假言诠自然相通的……欧洲此刻也正提倡为艺术而有艺术，不是为别的，所以有未来派立体派种种运动。意境虽高，只也是特殊的了。②

邓氏对传统文人画与欧洲现代主义，并无极端否定之观点。他认为它们有意境，但并非"不假言诠自然相通"，是"特殊的""不同乎民众自然的感情"的艺术。邓以蛰认可的是一种去精英化的艺术——既不同于为艺术而艺术，也有别于为人生而艺术：

> 民众的艺术非得从民众自身发出来的不可；从外面强塞进去的艺术也罢，非艺术也罢总归是不成的。③

这一看法预示了20世纪中国文艺最为重要的革命方向：从去精英主义走向反精英主义。该进程伴随着抗战救亡、艺术政治化的时代潮流，逐渐成为此后

---

① 邓以蛰:《民众的艺术》,《现代评论》1927年第6卷第131期。
② 邓以蛰:《民众的艺术》,《现代评论》1927年第6卷第131期。
③ 邓以蛰:《民众的艺术》,《现代评论》1927年第6卷第131期。

岁月的主旋律。① 当然，这是后来的历史进程，并非强调"民众自身发出"的邓以蛰的观点。就邓氏而言，去精英化的目标，是改变艺术难以介入社会现实的局面。单论这一目标，他与林风眠是一致的。林氏之所以热衷艺术运动，就是为了提升艺术参与社会之意识形态的建构能力。但是两人对用怎样的艺术介入社会，答案却是不同的。林氏基于绘画训练，以精英立场强调艺术对社会的引导性；而留美学习哲学的邓以蛰从"民众艺术"概念入手，认为居高临下的"强塞进去的艺术"不能实现艺术介入社会之最终目标。是以，邓氏虽认同艺术大会的口号、目标，却不认可实际展出的结果。《民众的艺术》一文正是这种态度的曲折显现。该文注明"为北京艺术大会作"，却对活动只字不提，仅从理论层面探讨"民众艺术"的实践方向，委婉表达了邓氏对于北京艺术大会的批评：

---

① 艺术领域中的精英主义动向，在20世纪的中国是一个颇具研究价值的问题。毫无疑问，传统文人画的精英立场，在晚清画坛即因商业发展带来的"雅俗共赏"而有所松动。然而，即便19世纪晚期上海流行的带有大众趣味的画作，其发生机制还是文人阶层的画家因商业需要而对"大众"的适应，与清代扬州画派并无根本区别，基本仍属传统绘画审美样式的嬗变。进入20世纪，这种情况有所改变。艺术与大众的关系不再局限于商业机制，而更体现为建构新社会所需要的意识形态。因此，走向大众成为艺术的政治自觉，并由此带来了精英主义的历史变迁。诸如"为人生"与"为艺术"表面看是文艺功能之争，实际却是服务社会之功能化艺术观，对精英主义之自娱艺术观的一次"冲击"。因"为人生"所蕴含的外向于社会生活的潜在逻辑，艺术与大众的关系越来越成为显性话题。概括而言，它大致经历了"去精英主义"与"反精英主义"两个阶段。前者，往往是具有精英意识的知识分子因为社会理想而进行的主动选择，从"五四"文学革命到邓以蛰的"民众艺术"，乃至林风眠的"走上十字街头"，皆如此。值得注意的是，这类努力并非精英群体对精英主义的自我放弃。恰恰相反，他们是因精英身份而做出适应现代社会转型的"转变"。从某种角度看，现代社会为"大众"的政治内涵带来了全新含义，也为精英群体的社会责任带来了全新注脚。基于此，从"五四"开始，知识分子很难彻底回避文艺与大众的关系，并多以批判传统士大夫文艺的方式实现这种面向大众的"转身"。但知识分子的主动"转身"，并非将自己变为真正的大众，而是多将大众假设为文艺的功能目标，以反思、检讨传统士大夫文艺来实现一定程度的"去精英主义"。这便导致他们的根本出发点仍然是精英主义，并不得不面对出发点与目标之间的矛盾："这就造成了文学革命诸人难以自拔的困境：既要面向大众，又不想追随大众，更要指导大众。"（罗志田：《道出于二：过渡时代的新旧之争》，北京师范大学出版社2014年版，第140页）应该说，这种情况伴随文艺政治化的时代趋势而逐渐获得改变。从文学革命（美术革命）经由左翼文艺运动发展为革命文学（革命美术）、抗战文学（抗战美术），乃至政治运动中的各种艺术命题，文艺与大众的关系逐渐由精英知识分子的"主动选择"转变为"被动选择"，成为文艺不得不面对的重大问题。与此相应，"去精英主义"也逐渐发展成为"反精英主义"。"大众"不再只是假设的目标，而成为文艺的根本出发点。它决定了文艺创作的方式方法、形式表达，乃至审美品质与阅读模式。

参展作品无法代表展览提出的口号。

相对邓以蛰，朱应鹏的批评更为直接："不是开山水花卉画的展览会，开'平沙落雁'一类音乐的奏演会，只要在街头巷尾，贴了许多标语，就算是'民众艺术运动'了。"[①] 这篇名为《致林风眠》的公开信，发表在1927年5月7日的《艺术界》。此时，北京艺术大会因故推迟未开幕，但朱氏之檄文却已发表。有关北京艺术大会的资讯，朱氏从何获取？文章发表在开幕前，说明组织策划者中有人与朱氏关系密切而有所交流。他们似乎有着一致的看法：虽然尊重林风眠，敬佩"致力文艺运动"的行为，且认可大会宗旨："你在灰色的北京城里，居然不断的努力于中国文艺运动，举行'艺术大会'，令我十分钦佩。不过我有许多意见，不吐不快，现在写下来，请教先生。"[②] 但对展览的操办却有异议："这个大会既然把'打倒非民间的离开民众的艺术'，'提倡全民的各阶级共享的艺术'，'提倡民间的表现十字街头的艺术'，各种口号提了出来，那末便应该切切实实去做。"[③]

何谓"民众艺术"？朱应鹏与邓以蛰持相似之观点：

> 所谓民众艺术，一定要是一般平民——即为自号为"士大夫"者所看不起的人——让他们自己出来创造，让他们自己去享受。这才是真正民众的艺术。[④]

基于此，他甚至对展出"旧画"爆以粗口：

> 这一次的艺术会，加上了许多旧画家古乐家，这是根本错误之事，旧画之提倡山林隐逸思想，古乐家只能替孙传芳一类人物去"润饰鸿业"，（？）是我们应该明白的。这类东西，在民众方面，真是"干你妈的屁事"，如何也可以用来冒充？[⑤]

---

① 朱应鹏：《致林风眠》，《艺术界》（周刊）1921年第16期。
② 朱应鹏：《致林风眠》，《艺术界》（周刊）1927年第16期。
③ 朱应鹏：《致林风眠》，《艺术界》（周刊）1927年第16期。
④ 朱应鹏：《致林风眠》，《艺术界》（周刊）1927年第16期。
⑤ 朱应鹏：《致林风眠》，《艺术界》（周刊）1927年第16期。按：引文中的（？）为原文所有，其意不详。

朱氏之骂，今天看来实在有些失礼，很难想象林风眠读后又当如何。然朱氏之激烈措辞，恰恰显现出林氏所面对的某种困境。一般而言，我们很容易将他后来的诸多人生逆境，视作现代主义艺术在中国的不合时宜。确实，林氏"中西调和"的作品，很难让当时的观众直观理解。但更深层的原因，却在于他的精英主义立场所带来的世俗之困：一方面，他因内心之精英自期而与世俗权力相处不洽，践行理想往往取决于蔡元培的个人状态；另一方面，这种立场与"去精英主义"的大方向相悖，难能顺势成为中国文艺的主流形态。或可说，北京艺术大会引发了诸多反应，教育总长刘哲代表了前一种情形，邓以蛰、朱应鹏的批评则属于后者。前一种情形，如若获得蔡元培一般的掌权者的理解、支持，尚可在一定程度上加以协调；而遭遇后者，则表明林风眠热衷的精英主义艺术运动与预设的民众主义目标，实是相互抵触。在当时的社会环境中，这种矛盾难以调解。

精英主义自期赋予林氏独特之人格魅力的同时，也为他带来了诸多的现实困境。无论人事经营抑或文艺观念，他的理想情怀都与当时之现实脱节。在20世纪艺术史中，林风眠仿佛孤独的彗星，瞬间耀眼后便流浪在寂暗的夜幕中。北京艺术大会是他的第一次闪烁，带着狂飙突进的青春冲动，他试图将在欧洲感受到的艺术感染力"搬运"到沉闷的北京，以践行艺术介入社会之目标。虽然这次努力未达预期之效果，但未减损他坚持艺术介入社会的热情。或许，艺术大会口号的广为传播，也算得上是一种慰藉。更重要的还在于，蔡元培在南方政权获得了新的话语权，可以给予他新的帮助。

北京艺术大会开幕后不久，蔡元培出席了国民党中央政治局会议第一〇二次会议，提案变更教育行政制，推动以大学区为教育之行政单元。最终提案获得通过，国民党中央政治会议当即咨请国民政府办理。[1] 成立大学院，推行大学

---

[1] 参见高平叔撰著《蔡元培年谱长编　下册（1）》，人民教育出版社1997年版，第51页。按：国民党中央政治会议咨文如下："为咨行事：第一百〇二次政治会议，准蔡委员元培提出教育行政委员会呈文一件，请变更教育行政制度，以大学区为教育行政之单元，区内之教育行政，由大学校长处理之。凡大学，应设研究院，为一切问题交议之机关。特拟具大学区组织条例八项，及大学行政系统表，请核议施行等语。当经决议：由国民政府核议施行。相应录案，并检奉原呈附件，咨请查照办理。此咨。"（出处亦本注书目及页码）

区制，并非蔡元培的一时之兴，而是基于他关乎教育之独立的长期思考。早在1922年的《教育独立议》中，相关设想即已成形："分全国为若干大学区；每区立一大学；凡中等以上各种专门学术，都可以设在大学里面，一区以内的中小学校教育，与学校以外的社会教育，如通信教授，演讲团，体育会，图书馆，博物院，音乐，演剧，影戏……与其他成年教育，盲哑教育等等，都由大学办理。"① 但它为何到1927年才能践行？原因也很简单，1912年出任民国第一任教育总长的蔡元培，其实很快就退出了权力中枢。自1917年执掌北大后，其社会身份只是大学校长，难以推行全国教育行政系统的改革。1927年6月13日，他被任命为中华民国大学院院长，并于10月1日主持成立大学院。②

蔡元培的政治生涯看似与艺术无关，却在当时影响甚至决定了艺术生态的格局之变。理解这种微妙的互动关系，一个细节值得注意：蔡元培被任命为大学院院长后，1927年6月17日晨，林风眠从天津"放舟南下"。林氏南下之目的，时报刊载《艺专校长过津记》（图8）云：

> 十六日初夜，闲谈于武越许，忽有笺自大华饭店来，云有北京艺专教授在彼候武越往谈，初未知为谁氏也。予以为或为王石之等，故亦偕往，既至直上楼头，皓月凉风，爽气袭人衣袂，座间数人，欢然握手，则知有艺专校长林风眠先生，来笺所云，为汪申先生，艺专图案系主任，武越留学法国时旧友，邀同林汪同来大华者，为高阳李叔陶君，符先生之哲曾嗣也。谈次知林君将取海道赴沪，殆为艺术事业而旅行者，略谈艺专近况，谓共有五系，即中画，西画，戏剧，图案，音乐，内中学生以习西画者为最多，戏剧系主任为熊佛西君，音乐系主任前为萧友梅，今辞职他就，尚无人继任云。汪君云，将于津门举行一艺术展览，出品为极有价值之绘画等件，多为艺专同人精心结撰之品，将来大华饭店中又增一赏心悦目之集会，其盛况可预卜也。旋由武越请汪君为予速画一像，极能传神阿堵，至为心感，比散去已夜半矣。林先生已于次晨放舟南下，汪君则留津筹备展

---

① 蔡元培：《教育独立议》，《新教育》1922年第4卷第3期。
② 参见高平叔撰著《蔡元培年谱长编 下册（1）》，人民教育出版社1997年版，第1页。

览云。①

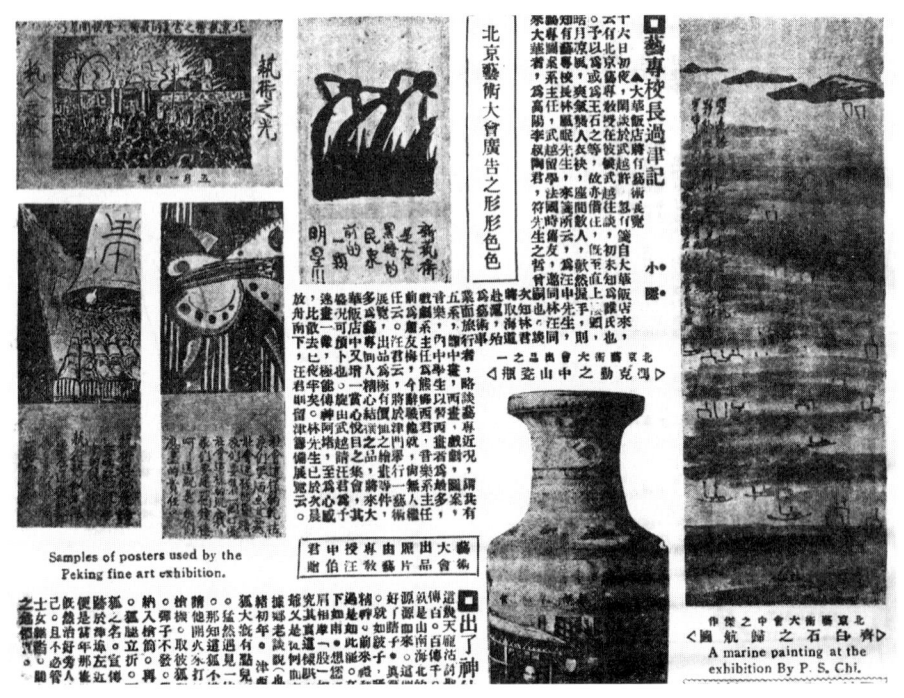

图8 《北洋画报》1927年6月25日第98期第3页，在刊登北京艺术大会的一些参展作品与海报的同时，还刊登了《艺专校长过津记》

至于具体事业为何，作者未曾言明。当时南北尚未统一，身为北京艺专校长的林风眠选择南下，其目的显然与艺专无关。且南下之时机，恰逢蔡氏出任大学院院长后数日，联系林氏11月担任大学院教育委员会委员来看，两者似应存在着某种关联。对此，刘哲与林风眠在9月2日的对话提供了辅证：

> 足下系蔡元培李石曾死党，本年暑假曾到南京谋事，因无相当位置，故又北来。②

刘哲认为"林氏南下"就是为了"谋事"。这种看法虽属猜测，却表明林风

---

① 小隐：《艺专校长过津记》，《北洋画报》1927年6月25日。
② 《刘哲昨与林风眠谈话 匿名信所攻击林者全已了解》，《晨报》1927年9月3日。

眠因蔡元培而有"南下"之机会在当时并非秘密。刘氏认为林氏北归是因为没有获得与艺专校长相当之位置，是因为对蔡氏艺术之教育布局缺乏了解。当他与林风眠谈话时，蔡元培虽已出任大学院院长，却未展开真正的工作。大学院直到10月1日方才成立。其后月余，大学院艺术教育委员会宣告成立，林风眠正是这一委员会的主任委员，并于11月27日、12月27日出席艺术教育委员会的第一、第二次会议。由此推论，林氏北归并非没有相当之位置，而是因为大学院艺术教育工作尚未开始。在大学院的正式会议记录中，林风眠排名仅次于蔡元培[1]，可见新设之委员会中的林氏地位。两次会议的讨论事项，主要围绕举办全国美展与创办国立艺术院，皆由林风眠负责。相关提案中，大学院教育委员会对彼时北京艺专的评价颇为不堪：

> 中国鼎革以来，各种学校日渐推广；惟国立艺术学校，仅于民国七年在北京设立一校，然几经官僚之把持，军阀之摧残，已不成其为艺术学校矣；况经费困难，根本组织即不完善耶！我国民政府，为励行革命教育计，尤不可不注意富有革命性之艺术教育；急谋所以振兴之。除北伐成功，将北京学校收回扩大，以为发展华北艺术教育之大本营外；以中国地域之广，人口之众，教育当务之急，应在长江流域，设一国立艺术大学以资补救，而便提倡；此本会向中华民国大学院建议创办国立艺术大学之最大理由也。[2]

该评价以官方口吻出现在提案中，应是蔡元培、林风眠的共识。刚从艺专辞职的林风眠直言艺专"几经官僚之把持，军阀之摧残，已不成其为艺术学

---

[1] 第一次会议地点为上海法界马斯南路九十八号，出席人员为蔡元培、林风眠、王代之、杨杏佛、高鲁、周峻、李金发、吕彦直、萧友梅。参见《大学院艺术教育委员会第一次会议录（一六年十一月二十七日）》，《大学院公报》1928年第2期。第二次会议地点为南京成贤街大学院会议厅，出席人员为杨杏佛（代表蔡元培）、林风眠、吕澂、李金发、高鲁、王代之、杨杏佛（代表萧友梅）、王代之（代表李重鼎）。参见《大学院艺术教育委员会第二次会议录（一六年十二月二十七日）》，《大学院公报》1928年第2期。按：两次会议地点的变化，体现了大学院成立初期的活动中心为上海，直至1928年12月方才转至南京。这一点可与6月林风眠南下上海相印证。
[2]《创办国立艺术大学之提案摘要（大学院艺术教育委员会提）》，《大学院公报》1928年第2期。

校",可谓尖锐。很难想象,刘哲看到如此评判后该如何回忆自己的趾高气扬。显然,刘哲正是那些所谓的"官僚"之一。当他评判林氏"无相当位置"时,林氏内心已有南下事业之蓝图——创建更高级别的国立艺术大学。无疑,这一场景对刘哲而言颇具嘲讽意味,因为他居高临下质询的对象对他并不以为意。在希望"派一妥人续办艺专"后,林风眠明确表示"余自今以后,拟切实研究学术,著点画册以自治,并无想在艺专讨生活之心"[1]。言辞间,对刘哲这样的世俗权力,林氏不仅没有任何弱势心态,反而有着某种潜在的心理优势。想来,数月后对艺专的讨伐的回应,他在面对刘哲时就应成稿于胸了。

得到蔡元培支持的林风眠,面对刘哲自然有着如此之底气。短短两个月后,他成为南方政权艺术教育委员会的重要成员,开始负责全国美展的筹办及国立艺术院的创办。这两项事业,相对北京艺专校长的位置毫不逊色。甚至在未来的规划中,北京艺专只是华北艺术教育的大本营,而国立艺术院才是代表国家的教育机构。从某种角度看,蔡元培的呵护使林风眠在保持内心骄傲的同时,还能获得世俗层面的发展空间。于是,林氏以艺术运动介入社会的热情,并未因为北京艺专的挫折而折损。南下办学计划与全国美展的推行,反而给了他更大的空间。这是刘哲在质询林风眠时无法预见的"未来"。[2]但面对世俗权力,拙于交往的林风眠不会永远如此顺心如意,尤其在蔡元培的政治生涯受挫后。

从某种角度看,和世俗权力不善交道的林风眠,得到蔡元培的青睐,并在20世纪20年代成为中国美术场域的主角,是一桩幸运的意外事件。他的人生不会永远这般幸运。《天津益世报》1928年2月14日有一则国立艺术院的消息,报道了蔡元培委任林风眠为艺术院院长后的规划:"该院设立于西湖、风

---

[1] 《刘哲昨与林风眠谈话 匿名信所攻击林者全已了解》,《晨报》1927年9月3日。
[2] 1957年5月10日,林风眠接受李树声的采访,曾回忆他与刘哲的这段对话:"张作霖进入北京,他说艺专是共产党的集中地。后叫刘哲(当时的教育部长)找我谈话。这次谈话形成一种审讯的样子,各报记者均在,报纸曾以半页的篇幅报道了这次谈话。时间是在张作霖执政的时候,李大钊同志死后不久。记得当时刘哲曾问:'你既是纯粹的学者,为什么学校里有共产党?'自从这次谈话之后,我只好悄悄离开北京,到南京投靠蔡元培,然后到杭州创办国立艺术院。"(李树声:《访问林风眠的笔记》,《美术》1990年第2期)

景天然、为东亚之冠、将来大学院并拟划该处为艺术区、期望林氏本其创造之精神、努力完成此最高艺术学府、倡兴东亚艺术、为人类文化上作有力之贡献云。"[1] 在蔡、林的构想中，国立艺术院是隶属大学院的最高学府，重要性远非艺专可比。但艺术院后来的发展却非如此，期望与结果的落差，表明林风眠不再幸运的现实困境。《上海评报》1930年刊登了一篇名为《蒋梦麟奚落林风眠》的文章，为我们描述了世俗权力下的林风眠：

> 及蔡去蒋来、便把艺专看不起、时扬言要停办、合并于浙大、缩小范围、不一而足、后只将艺院改为艺专、亦云幸矣、时因西湖博览会让屋事、林氏过于强硬、又大为张静江所不满、楚歌四面、幸有蔡氏令媛及其塆（婿）从中干（斡）旋、始得相安无事、今年是蒋部长整顿学校的年头、亦曾垂青到西湖艺专、又扬言要再贬其校格、林氏原是热心教育的、受不过他的奚落、亦说纵贬至初中程度、我还是要干、林氏有如此以软受硬之才、恐蒋氏亦无法对付也。可惜此次林氏冒然偕西湖教员以作品赴日展览、日方无大好感、蒋梦麟更有机可乘了、想以后林氏回国又多增障碍也。[2]

蒋梦麟是蔡元培的学生，从北京大学到南京国民政府一直追随蔡氏，本应自然地成为林风眠的支持者。但事实却让人惊讶，蒋梦麟与林风眠的关系非常紧张，以至为时媒所津津乐道。由此可见，林风眠未得世俗交往之要义。其归国之初的事业顺遂，取决于蔡元培的胸襟与眼光。一旦失去这样的前提，林氏便进退失据，甚至动辄得咎。除与蒋梦麟的关系紧张外，他还得罪了国民党元老之一张静江。也就是说，他不仅不善于营造权力网络，而且时常面对四面楚歌的困境。若非蔡元培女儿——留学归来并任教艺专的蔡威廉及其丈夫（也是林风眠同乡同学）林文铮的"斡旋"，恐怕蔡元培游离权力中枢后不久，林氏的校长职位就已终结。但即便得到"蔡氏令媛及其婿"的帮助，他的校长生涯也不甚如意——被嘲为"以软受硬之才"。

---

[1]《国立艺术院内容 已委林风眠为院长》，《天津益世报》1928年2月14日。
[2] 选科生：《蒋梦麟奚落林风眠》，《上海评报》1930年8月10日。

林风眠之所以身陷如此困境，或是因为专注于艺术、过于坚持自己而拙于交际。这种性格可被视为文人风骨，但在处理世俗事务时却非优点，甚至还会带来麻烦。1957年，林风眠接受李树声的采访时曾专门提及一次危机：

> 《痛苦》画出来后，西湖艺专差一点关了门。这张画曾经陈列在西湖博览会上，戴季陶看了之后说："杭州艺专画的画在人的心灵方面杀人放火，引人到十八层地狱，是十分可怕的。"戴季陶是在国民党市党部讲的，这番话刊登在《东南日报》上。①

戴季陶之所以如此评价林风眠治下的杭州艺专，固然基于两人不同的认知背景，但也不排除林氏与世俗权力相处失当之缘由。作为精英主义者的林风眠，与世俗权力的关系是一个颇有趣味的话题。精英主义者，通常既是世俗权力的代表者又是世俗权力的对立面。他们身份的双重性，显现出一种微妙的互动与制衡机制。诸如作为艺专校长的林风眠，既是世俗世界的权力掌控者，也是蒋梦麟等人所代表的权力的"对应者"。蒋梦麟也如此，面对林风眠时是权力的掌控者，面对民国政府所代表的权力时则又是"对应者"。显然，林风眠缺乏方式与手段的直率、强硬，在蔡元培看来这是艺术家性情，却难为蒋梦麟、张静江、戴季陶等人所接受，最终只能从自己一手创办的杭州艺专黯然离场。

1938年3月14日晨，林风眠致信赵太侔、常书鸿，宣告自己执掌杭州艺专的职业生涯彻底终结：

> 风眠服务艺术界十余年矣，本欲尽其绵力使艺术教育发扬光大。不图时局影响，两校合并，十年基础毁于一旦，言之痛心。兹幸两校员生均已安全抵达，新校亦已组织就绪，艺术之一线生机，尚望两兄努力维持，勿令完全毁灭也。风眠体力素弱，不胜繁剧，经呈部辞职。惟杭校员生随弟多年，不无念念。务希两兄力予维护，勿使流离。是所感盼，专此顺颂。政安。②

---

① 李树声：《访问林风眠的笔记》，《美术》1990年第2期。
② 林风眠：《林风眠长短录》，中国青年出版社2014年版，第192页。按：标点为笔者所加。

信中所谓之"时局影响",指1937年卢沟桥事变后的全面抗战。日军8月13日进攻上海并逐渐占领江浙之地,杭州艺专被迫内迁。林风眠率艺专师生沿浙赣线,经贵溪龙虎山,过长沙、常德,至1938年年初安顿于湖南沅陵。此时,北平国立艺术专科学校亦退于此。教育部为使内迁学校集中力量继续办学,着手诸校合并事宜,其中便包括南北艺专合并。关于林风眠在两校合并中的经历,彭飞通过国家历史档案馆所藏当事人如林风眠、常书鸿、李朴园等写给教育部部长陈立夫及主持艺专合并事宜的国民党内政部次长张道藩的信件,较为详细地还原了数次"倒林"之风波。彭飞的研究表明,此事由张道藩谋划,目标不仅针对林风眠,还指向杭州艺专的"蔡元培派":

> 林风眠离去后,教育部便于六月恢复国立艺专校长制,另委张道藩的留德同学——德国柏林大学哲学博士,原中央大学教授、美术史家滕固为校长。滕固就职后,第一件事就是裁员,林文铮、蔡威廉等教授都被辞退,杭州艺专教师基本上都走了,仅剩下方干民、赵人麟、李朴园、雷圭元、王子云等几位教师,北平艺专的教师基本上没走,滕固是按照张道藩的意图行事。张道藩的目标不完全是林风眠,而是蔡元培。①

在这一过程中,林风眠试图掌握主动权。他曾致信陈立夫言明两校合并乱象源于权力不集中,要求教育部赋予自己更大权力:

> 倘钧座仍认风眠回校较为适宜,敢请钧座提高主任委员职权,最低亦希望给主任委员用人进退权,风眠方有办法解决风潮。回忆风眠在北平杭州为艺校校长十有三年,办事顺利,所有教职员学生从无谰言。推言其理,以风眠有权故。今则主任委员形同木偶,格于校务委员会章则连进退一书记亦不可能,遑论其他应办事务?②

---

① 彭飞:《一九三八年林风眠辞去国立艺专主任委员始末——林风眠研究之五》,《荣宝斋》2006年第1期。
② 林风眠:《致陈立夫信函》(现藏国家历史档案馆),转引自彭飞《一九三八年林风眠辞去国立艺专主任委员始末——林风眠研究之五》,《荣宝斋》2006年第1期。

在给教育部部长的信中，林风眠对风潮缘由的分析是准确的。但他却没有看到：何以不设权力集中的校长制？何以在合并中采用校务委员会制？并非陈立夫、张道藩等人不明其理，恰恰相反，混迹官场的他们深谙此道。之所以用权力架空的"主任委员"任命林风眠，目的就是让他"形同木偶"。林氏离去后，他们立即恢复了校长制，意图几乎不再掩饰。遗憾的是，林风眠未能了然于此。

若将这次离职对比1927年，我们会发现当事人的心态截然不同。1927年离开北京艺专时，林风眠从容淡定，因为背后站着蔡元培，他可以提供更大的机会。但1938年的林风眠，却不再有着十年前的"南下空间"。此时的蔡元培已远离权力中枢，寓居香港。丧失世俗权力的支持，林风眠不再有机会开辟新事业。他虽然再次拜会蔡元培，却无法解决现实之困境。这次会面，反倒像他们在美术教育领域之合作的闭幕式。1939年3月10日，无路可循的林风眠致信曾批判自己的戴季陶，争取重返国立艺术专科学校（以下简称"国立艺专"）：

> 兹有恳者风眠，自前年冬率杭州艺校西迁，历经湘赣诸地，于去年春到达沅陵。奉令与北平艺校合并，改为国立艺术专科学校。不幸当时因迁移问题发生风潮。风眠为该校前途计，不得已向教部自请辞职，来港暂息。近闻该校正在迁移昆明途中，而新校长又有他就之意。风眠自思在该校十有余年，总愧无建树，惟值抗战建国期间，正应发奋努力为民族艺术复兴立永久之基础。故敢请先生在立夫先生处，代为一言，使风眠再往主持该校。或请，先生俾以其他工作，则私心感德，毕生不忘。[①]

在这封情真意切的信中，林风眠的心理优势荡然无存。（图9）精英主义的骄傲，面对世俗权力俯身低头，几近恳求的措辞令人嗟叹不已。可即便如此，这封信依旧石沉大海，没有任何回响。林氏重返国立艺专的愿望如幻影一般破灭，最终只是在陈布雷的帮助下，出任国民党政治部设计委员会委员，

---

① 林风眠：《致戴季陶信》，现藏中国第二历史档案馆，宗卷号：五/2855，"国立艺术专科学校教员辞职就职及资格审查的有关文书"，第153—154页。按：标点符号为笔者所加。

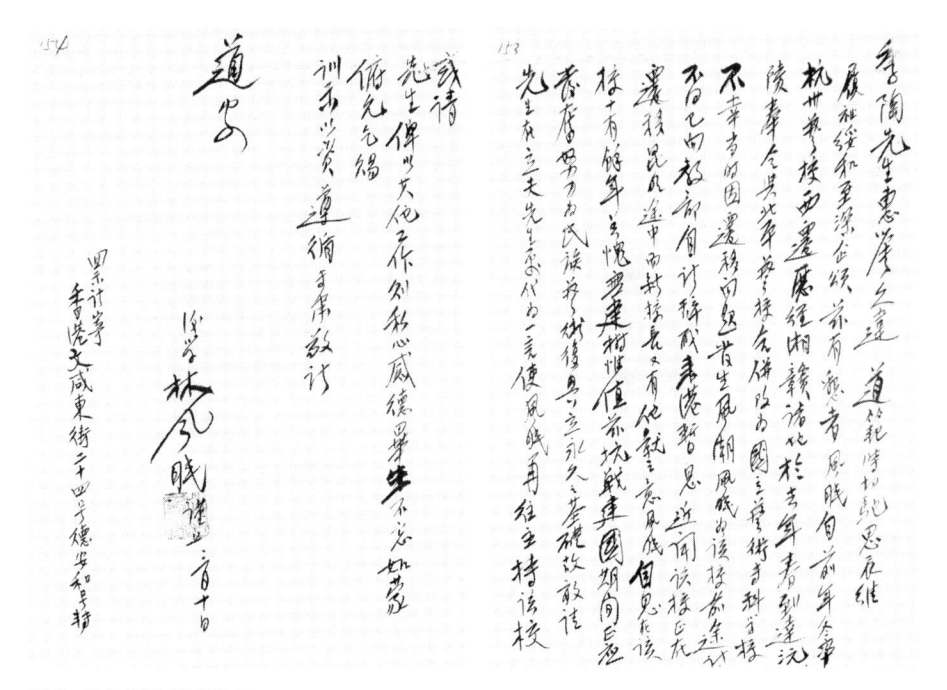

图9　林风眠致戴季陶信

获得用以谋生的些许薪金。[1]但设计委员这一虚职，远离了他回国后一直热衷的事业——艺术教育与艺术运动。仿佛从舞台中心突然消失的身影，他在缺乏光照的角落，开启了独自探索的孤寂之路。应该说，这次转折不仅是林风眠个人的命运转折，也如一面镜子折射了彼时中国文艺路径的变化。就在林风眠离开国立艺专后，新任校长滕固开启了教学改革，重要举措就是取消绘画系，将国画、西画分科。而艺术无国界，新绘画需站在中西交互的基础之上，曾是林风眠个人艺术践行全球化方向的路径，也是国立艺术院创办之初引以为傲的办学方针：

> 本校绘画系之异于各地者即包括国画西画于一系之中。我国一般人士多视国画与西画有截然的鸿沟，几若风马牛之不相及，各地艺术学校亦公然承认这种见解，硬把绘画分为国画系与西画系，因此两系的师生多不能互相了

---

[1] 参见汪涤《林风眠之路——林风眠生平、创作及艺术思想述评》，载林风眠百岁诞辰纪念画册文集编辑委员会编《林风眠之路：林风眠百岁诞辰纪念》，中国美术学院出版社1999年版，第55页。

解而相轻，此诚为艺界之不幸！我们假如要把颓废的国画适应社会意识的需要而另辟新途径，则研究国画者不宜忽视西画的贡献，同时，我们假如又要把油画脱离西洋的陈式而成为足以代表民族精神的新艺术，那么研究西画者亦不宜忽视千百年来国画的成绩。总之，一切艺术，即如表面上毫无关系的音乐与建筑，在原理上是完全贯通的。现代西方新派绘画已深受东方艺术的影响，而郎世宁的国画又岂非国画可受西方影响的明证？根据历史与西方现代艺术的趋势，我们更不宜抱艺术的门罗主义以自困。①

蔡元培1924年在欧洲观看中国美术展览会时，也持有同样观点。或因于此，蔡元培、林风眠在中国美术教育领域开启了亲密无间的合作。林文铮在有关杭州艺专教育大纲的文章中，贯彻了这样的观点，将国画、西画的"鸿沟"视作"艺界之不幸"，并认为"本校绘画系之异于各地者"是打破了这种区分，"根据历史与西方现代艺术的趋势"寻求绘画超越区域历史限制的"完全贯通"。但蔡元培远离权力中枢，林风眠失去主导权，甚至林文铮也丢掉了国立艺专教职，这种开放性便戛然而止。国立艺专迁至昆明，清除林氏思想的行动随即展开。滕固在1939年2月15日的《改进校务情况及关于发展国画艺术培养中小学艺术师资的意见》中指出：

> 查国画为我国先民制作之所遗，国际声望之所在，前杭校对于此点颇多忽略，前平校国画方面之师生多未随来。本校现有选习该科之学生，不及十人，用是不能多延名师。拟于暑期招生，特予注意，并设法收纳有天才及素养而资格年龄不相当者，予以特种之训练；俾吾国固有之艺术赓续发扬，以增加民族至高之文化，至精之信念。②

所谓"前杭校对于此点颇多忽略"，正是指林风眠单设绘画系的教学主张。

---

① 林文铮：《介绍国立杭州艺术专科学院 本校艺术教育大纲》，《亚波罗》1934年3月第13期。
② 滕固：《改进校务情况及关于发展国画艺术培养中小学艺术师资的意见》，载沈宁编《滕固艺术文集》，上海人民美术出版社2003年版，第414页。

1939年暑期，由潘天寿主持的国画系正式招生，宣告林风眠、林文铮引以为傲的绘画系终结。表面上看，这种改变是不同个体有关美术教育的观念分歧带来的。实际上，更深的原因来自世俗政权的文化取向。滕固推动国画、西画的分科，目标非常清晰："俾吾国固有之艺术赓续发扬，以增加民族至高之文化，至精之信念。"言辞间，其民族主义取向与20世纪20年代出现的世界主义截然不同。何以如此？答案隐藏在1927年中国政局的变化中。南京国民政府的成立，标志着中国政治结构的重大转变：从北洋时期军阀政权向国民党统治政权的转变。相对北洋政权在文化上的"无为而治"，南京政权在文化上提出了明确的方向，并推动三民主义文艺运动（1929）、民族主义文艺运动（1930）、新生活运动（1934）等诸多文化运动。

诚如布迪厄所言：

> 由于文学场和权力场或社会场在整体上的同源性规则，大部分文学策略是由多种条件决定的，很多"选择"都是双重行为，既是美学的又是政治的，既是内部的又是外部的。[①]

美学与政治的双重"选择"，使南京政权治下的文学艺术与社会权力的关系尤为密切。它使得文艺越来越依赖"外部因素"，而非"内部因素"。当然，所谓"内部""外部"之别，是基于后世艺术史的学科意识加以区分的。历史现场中，"既是内部的又是外部的"才是"文学策略"的真实状态。"学科界定"常常遮蔽作为整体存在的现场，忽视学科意识之外的社会因素对于艺术现象的"介入"。正如林风眠代表的现代主义的命运，在20世纪中国常被置于艺术的传统、现代之争，实际上看似与此无关的南京政权却可能是更为重要的参与者。换言之，中国早期现代主义的式微并非艺术史内部的风格竞争所决定的，而更取决于艺术史外部的权力运作。20世纪30年代后，现代主义被视作颓废的艺术。身处如此趋势之中的林风眠，自然遭遇各种否定、非议：

[①] [法]布迪厄：《艺术的法则——文学场的生成和结构》，刘晖译，中央编译出版社2001年版，第248页。

激荡时代与个人抉择

> 林风眠自任西湖国立艺专校长以还、成绩极为平庸、所育人材、均不能出人头地、徒然排除异己巩固地盘、刻下该校教授除一二人为艺坛所重外、均为极平庸人之作家、似此状况、焉能满足目前中国环境之需求、故该校之忠实学生多抱悲观、而教育当局亦多不满、林地位之摇动、不自今始、客岁汪氏秉政、曾一度拟以高剑父接充斯职、而高即以组织中央艺术院为请、汪已应允、推想其意、亦不过将西湖国立艺专改组为"中央艺术研究院"、而内部另设一研究班、以收纳各美术专门学校之毕业生、共冶于一炉、专学高氏所创之新派画而已、闻汪意、本拟今春实行拨款三十万与高氏创立该院、及改组西湖国立艺专、岂料惨遭剧变、故该院不得不保留现状、而林风眠又安然渡过难关、仍可在湖上高枕无忧矣、林氏深感位高必危、乃想奋斗与人争一日之长短、故美事叠兴、有足以一记者：于四月五日至十二日、曾举行春季艺术大会、内容计分展览、音乐、戏剧、一周来参观者不下万人、闻收效极大、林氏高兴不已、更决定本年秋赴京、举行秋季艺术大会、内容扩大、展览部份将有大幅之民族主义之历史画陈列、歌剧则演浮士德、话剧则选世界各剧及民族性之历史剧、又于五月二日开联欢会、晚间全体师生湖上提灯、并放焰火、九时后登陆聚坐操场举火炸烽火会、火光下表演游艺、同时由李朴园负责每周撰稿、专发表大捧林氏、及该校主要教授、藉以获取舆论之同情、惟闻西画科主任李超士自经文学家何勇仁批评其作品带有月份牌气味后、该校学生对彼已不信任、林不得不进行物识在京沪负有盛名之作家继任云云。[①]

这篇报道为我们描述了一个风雨飘摇中的林风眠。在《林风眠奋斗挣扎》的标题之下，身为杭州艺专校长的林风眠，显得一无是处。面对"学生多抱悲观、而教育当局亦多不满"，其"地位之摇动"由来已久。虽不排除该文因立场而有所夸张，但所涉之事实应非杜撰。就戴季陶对杭州艺专的评判看，南京高层对林风眠的不满恐怕不是什么秘密。而引发戴氏批评的正是林风眠1929年创作的《人类的痛苦》。（图10）关于这件作品，1957年的林风眠接受李树声采访

---

① 愚公：《林风眠奋斗挣扎》，《上海报》1936年5月27日。

图10　林风眠:《人类的痛苦》，布面油画，发表于《上海漫画》1929年第59期

图11　林风眠:《人道》，布面油画，发表于《晨报·星期画报》1928年第119号

时提出因共产党员遇害而创作的说法[1]，成为后世分析该作的重要前提。

林氏早期之巨幅油画，因杭州艺专西迁不便携带而留在杭州，并最终毁于战火。现幸有民国印刷品，虽难以辨析细节，却能观其大概。从《摸索》[2]到《人道》（图11）、《人类的痛苦》等，基本都是横向构图的巨制，这成为当时林风眠主题性创作的稳定样式。

郎绍君先生将这类构图形式概括为"横长迫塞"：

---

[1] "后来又画了《痛苦》。这个题材的由来是因为法国的一位同学到中山大学后被广东当局杀害了。他是最早的共产党员和周恩来同时在国外。周恩来回国后到黄埔，那个同学到中山大学。国民党在清党，一下被杀了。我感到很痛苦，因之画成《痛苦》巨画，是一种残杀人类的情景。"李树声:《访问林风眠的笔记》，《美术》1990年第2期。
[2]《摸索》发表于《东方杂志》1924年第21卷第16号。

最具代表性的《渔村暴风雨之后》(1923)、《摸索》(1924)、《人道》(1927)、《痛苦》(1929)、《悲哀》(1934)等，都是横长构图，画中人物大多直立或直坐，且多特写式近景处理，空间迫塞，好像是透过一孔扁横的窗格所望到的狭窄室内景象。这些作品旨在揭露社会的黑暗、凶险、不人道，传达一种悲哀和沉痛的情绪，描绘受刑、死亡、哀悼种种情状，采用上述横长迫塞的构图形式，无疑是十分恰当的。[1]

这类似于今天广角镜头的视觉效果，具有宏大的场景感，可以帮画家超越具体的时空限制，进入全景式精神世界。《摸索》跨越古今中外的人物群像，正是运用了这种超越性。全景式精神表达，堪称林风眠早期创作的主要特点。其人物形象往往没有特定的现实所指，而是象征性的视觉能指。就现存印刷品而言，《人类的痛苦》与《摸索》《人道》一样，也是人物群像图。画面以明亮色调的裸体女性为中心：一人站立，一人横躺，一人后仰，其后另有一站立者。她们的身后，是深暗沉郁的人群：既有戴镣铐的受难者，也有麻木僵硬的施暴者。将这张1929年的作品与1927年的《人道》比较，人物形象、镣铐枷锁，以及主体人物与背景人物的明暗对比等，几乎完全相似。甚至，两幅画还出现了相同的呈90°下垂的左手臂：色彩沉重的手臂充满暴力感地伸向明亮的女人体，仿佛罪恶之隐喻。无论是手臂的形态还是手的形状，两幅画如出一辙。这是一个值得我们重视的细节：因为命名为"人道"与"人类的痛苦"的不同画作，共同出现了这只醒目且具象征性的手臂，表明它们是类似主题之下的创作。《人道》与《人类的痛苦》的主题，到底是什么？就画面而言，确如林风眠所说的，是"残杀人类的情景"。但描绘残杀的意图是什么？林文铮专门评价《人道》，认为它象征了世界范围内的人类本性：

这一幅不是描写被自然摧残的苦痛，而直接描写人类自相残杀的恶性，作家沉痛的情绪，可于人物之姿态及着色上领略得到！我们试举目四顾，何

---

[1] 郎绍君：《创造新的艺术结构——林风眠对形式语言的探索》，载《现代中国画论集》，广西美术出版社1995年版，第106—107页。

处不是人食人的气象？从横的方面看起来，这幅画可以说是中国现状之背影，亦即是全世界之剖面图！从纵的方面看起来，可以说是自有宇宙以来人类本性的象征！①

显然，林文铮的阐释试图将画作主题从具体现实提升到人类的整体精神。考虑到两林之熟稔，且这一解释完全符合林风眠当时的艺术认知——"研究艺术的人，应负相当的人类情绪上的向上的引导"②，我们有理由相信，林文铮的阐释正是林风眠的创作意图。或许，林风眠这一系列的创作与当时中国的战乱杀戮存在着一定关系，但目标肯定不止于此。郎绍君先生就此曾论及：

> 林风眠创作《痛苦》，不完全是针对国民党"清党"屠杀这一历史事件，也表达他对人类自相残杀这一现象的痛心，即在主题上仍是《人道》的延续。因见不人道而呼唤人道，因见残杀而表达痛苦，痛苦所呼唤的仍是人道——这是林风眠的创作动机。③

当时的林风眠，在艺术上有着某种野心——以痛苦的知觉承载人类的觉醒。这是上帝式的精英主义视角，带着悲天悯人的情感，在流动的笔触中宣泄现代主义的批判精神。他试图直面人类的精神感知，以悲剧性的视觉样式述诸绘画。这是一种英雄主义的自我预期，推动他投身于艺术介入社会的运动中，并获得蔡元培的持续性支持。但类似蔡元培这样的知音，在现实层面不会反复出现。当蔡氏淡出权力系统后，林氏人生亦如其艺术风格一般，走向了悲剧。基于少年丧母的惨烈记忆，林氏性格深处仿佛天然具有某种悲剧情结。他早在1924年创作的《生之欲》（图12），画面看似高剑父风格的动物画，命名却来自叔本华：

---

① 林文铮：《美展会中之六家》，《晨报·星期画报》1928年2月5日第119号。
② 林风眠：《艺术的艺术与社会的艺术》，《晨报·星期画报》1927年5月22日第85号。
③ 郎绍君：《慰藉人生的苦难——林风眠艺术的内涵》，载《现代中国画论集》，广西美术出版社1995年版，第80页。

图12　林风眠:《生之欲》,发表于《小说月报》1928年第19卷第8号

据林文铮先生回忆,蔡元培对此画十分欣赏,说它"得乎技,进乎道矣!"蔡元培在这里说的"道",应是指《生之欲》传达的精神内涵,这内涵和《摸索》有着相近的意向——试图用绘画语言述说形而上的理念。"生之欲"本是叔本华表达他的悲观论时所用的概念。他认为,人的欲望乃一切痛苦之根,即便欲望满足而得快乐,快乐之后其痛苦更甚;知识愈广,所欲愈多,其痛苦亦弥甚,因此,欲、生活、痛苦,是三者而一的。[①]

叔本华以悲剧意识开创非理性主义先河,认为生命意志是主宰世界运作的力量。这种思想对林风眠极具吸引力:

30年代在杭州艺专学习过的画家,有的还记得林风眠喜爱引用康德与叔本华的话来说明艺术审美……林风眠作品的悲剧性内容是从整个人的命运的不幸诉说的,而并无具体的社会性所指,这点确有似叔本华。但与其说他感染了叔本华的悲观论,莫如说他借助于叔本华对人生的悲剧感受揭露了现实中的罪恶。[②]

[①] 郎绍君:《慰藉人生的苦难——林风眠艺术的内涵》,载《现代中国画论集》,广西美术出版社1995年版,第77页。

[②] 郎绍君:《慰藉人生的苦难——林风眠艺术的内涵》,载《现代中国画论集》,广西美术出版社1995年版,第83页。

林风眠迥异于传统绘画,亦非写实的"鸿篇巨制",得到了蔡元培的认同,但却未能如其预想的一般在运动中影响公众。他精心创造的视觉奇观不仅没有塑造中国观众的现代主义眼光,甚至其悲天悯人的精神诉求也遭遇"视而不见":

> 林君的构图,算是在中国是顶放胆的一个画家;如像《贡献》《海》《南方》。他底笔致豪放,很有跃动的气概的。他底裸体多怪气。中国的洋画家,抽象的表现,人体可怕要林君算最好。不过沉闷的色用得不很好。他底作品是有超形的美的。可是我们在那儿寻找不出伟大性来。[1]

这是后来任"左翼作家联盟"组织干事的张泽厚,在1929年全国美展时给予林风眠的评价。他肯定了林画的构图与笔致,但对其"怪气""沉闷的色"加以批评,并最终断定"寻找不出伟大性来"。张氏评判"中国的洋画家"的方式并非现代主义的视角,其所谓构图、笔致等概念仍源于中国传统。林氏追求的现代视觉冲击与悲剧色彩的精神感,在当时成为不合时宜的被漠视的对象。如同一次错位,受现代主义影响的林风眠,仿佛盛开在寒冬的春花,用尽力量却没有回响,其艺术野心在当时难以获得广泛的认同。

---

[1] 张泽厚:《美展之绘画概评》,《美展》1929年第9期。

林风眠与形式主义
——一段话语关系的考察

胡 斌[*]

摘　要： 对于一度被称作"形式主义的祖师爷"的林风眠及其同人来说，形式主义是一个污名化的误读。就艺术而言，形式主义的定义和来源十分复杂，但在向中国传播的过程中因现实语境逐渐被用作对"玩弄形式"的现代派的贬称，并和资产阶级相联系。而林风眠关于现代艺术形式探索的实践和"调和论"主张，在非此即彼的阵营划分中易于被简单归类。溯源20世纪前期林风眠与形式主义的关系纠葛以及形式主义在中国的传播路径，让我们得以窥探那潜藏于种种话语标签底下的艺术个案和现象的多维关系，并展开与之相关的艺术网络的再辨析。

林风眠的艺术探索和形式主义构成什么关系？本文通过回溯历史上林风眠关于形式与形式主义观点的演变过程，以及形式主义在中国讨论的语境，进而分析其被归入"形式主义"阵营的过程和缘由。同时，我们也可以看到，林风眠这个个案还可连接起被纳入同一倾向的众多艺术家的探索，因此，通过形式主义这一话语概念切入20世纪中国艺术史脉络，或许可以窥探以往历史书写中未被厘清的多重线索和关系。

---

[*] 胡斌，广州美术学院艺术与人文学院院长、教授。

一、"形式主义的祖师爷"

林风眠最亲密的学生及助教之一苏天赐曾回忆：

> 1951年早春时节，一批师生被冠名为"新派画集团"。批判会上，有人反戈相向，追根求源，当日的国立艺专的创建者林风眠校长便成为形式主义的祖师爷。[①]

应该说，自此时开始，形式主义就像一个魔咒笼罩在林风眠以及与之艺术主张相近的同人和学生身上。"反戈相向"，所指的是当时进入杭州国立艺术专科学校（以下简称"国立艺专"）权力上层的昔日的现代派先锋艺术家们。在1949年11月12日国立艺专绘画系教学小组会议上，时任绘画系主任的庞薰琹带头检讨教学执行与同学们学习态度问题，指出学生中存在的追

图1 1950年3月，国立艺专职员"下乡体验生活"前留影于校舍门口。左起：庞薰琹、江丰、凌环如、林风眠、关良、苏天赐

求"趣味"、落实"写实"不彻底的现象。林风眠则坦承学生们的错误应由像他们这样的提倡新派画的人负责。[②] 作为军代表接管国立艺专的倪贻德特别提到，国立艺专实施新的教学方法困难重重的主要原因是旧的教员几乎没有更动，旧教员中搞西画的大都倾向于"强调个性、灵感的表现，玩弄变形、色彩的趣味"的资产阶级形式主义"新派画"。[③] 经过下乡以后，有的过去搞新派画的教师已经发生根本性改变，但形式主义的残余还是或多或少地存在。（图1）

---

① 苏天赐：《〈摸索〉——林风眠的宣言书和墓志铭》，载刘伟冬主编《苏天赐文集一·著述画论卷》，东南大学出版社2009年版，第52页。
② 参见《杭州国立艺专绘画系教学小组会议记略》，《人民美术》1950年第1期。
③ 倪贻德：《国立艺专一年来创作经过》，《解放日报》1950年7月18日。

被接管之后的国立艺专，除了转型或未转型的旧教员，还补充进了一批来自老解放区的美术工作者，他们的创作主张和教育方法迅速占据主导地位。江丰就是其中重要代表之一。他于1949年9月担任国立艺专第二副校长兼党组书记，在第二年9月16日的开学典礼上，提出"艺专已成为人民的艺术学校，要建立理论与实践、学与用一致的现实主义艺术教育思想，做到艺术为工农兵服务"，并为之进行了一系列的课程、系科改革。① 在《国立杭州艺专同学创作上的问题》一文中，他肯定了同学们在三次创作运动中所取得的成绩以及实施新教育方针的成效，同时又指出了存在的缺点，其中之一就是"一部分受现代诸流派毒害较深的同学，描写生活的时候，往往根据自己病态的趣味和看法，对生活任意加以歪曲"，画面组织都从形式出发，着重于色彩和线条安排，而忽视主题内容。②

从这些文章和回忆，我们大致可以了解林风眠当时的处境，但是目前还未能找到直接的文献和档案显示林风眠具体是如何被批判为形式主义者的。《中国美术学院大事记》记录了1950年4月7日和6月中旬国立艺专两次借助创作观摩会之机组织的关于形式主义的讨论。③ 这也许就是苏天赐所说的通过让"现代艺术"亮相来逐步展开批判。所谓"新派画"就是倾向于印象派之后的现代诸流派者，首当其冲的当然是林风眠。对"新派画"的攻势是次第进行的，首先，作为林风眠"战友"的西画教授吴大羽被解聘。在1950年6月24日的一份文件中，我们看到了校方解聘吴大羽的原因："艺术表现趋向形式主义，作风特异，不合学校新教学方针之要求。"④ 其后，苏天赐亦因为创作的《黑衣女像》（图2）等作品而被指斥为形式主义，1950年9月，他被派遣到苏州华东人民革命大学政治研究院学习，次年2月又被调任青岛山东大学艺术系，在那里，形式主义批判的硝烟再起。⑤ 在这样的教学环境中，亲近之人相继离开，受到围攻的林

---

① 参见《中国美术学院七十年华》，中国美术学院出版社1998年版，第48页。
② 参见江丰《国立杭州艺专同学创作上的问题》，《人民美术》1950年第5期。
③ 参见《中国美术学院七十年华》，中国美术学院出版社1998年版，第47—48页。
④ 《请示下学年度教员人事问题由》，中央美术学院华东分院秘书科，杭艺字384号档案，转引自李大钧《时间的轴线——纪念吴大羽先生诞辰120周年》，"势象艺术"公众号，2023年1月3日。
⑤ 对于这一段经历，学者臧杰在《离开林风眠之后——助手苏天赐的"青岛困惑"》一文中曾有细致的梳理。

风眠不得不从这所他创办的学校出走，避居上海。关于离开的直接原因，水天中的文章曾提到一个耐人寻味的故事：林风眠和庞薰琹的学生拥护者分别以画石膏像来"考验"对方老师，林拒绝接招而就此离开。① 林风眠1971年12月8日在看守所的自述中则说是因为担心自己被视为学生反对学校行为的关涉者。② 总之，见势不妙的林风眠于1951年暑假以健康为由请假避居上海，并于次年正式辞去教职。

然而，在其后的日子，他的生活并非风平浪静。在"百花齐放、百家争鸣"方针出台的当口，他获得发声的机会。在题为《美术界的两个问题》的发言中，他对"以自然主义和学院派的东西替代了社会主义现实主义的美术创作，成为清规戒律。不同于他们的就扣上形式主义的大帽子，一棒打死"表示不满。③ 在《要认真地做研究工作》一文中，他提出不要"把社会主义现实主义的范围看得太狭小"，对被贬斥的西方现代派不要"先肯定或否定一切"，而是要去认真研究，仔细做一番去芜存菁的工作。④ 这种开阔的社会主义现实主义观受到1956年访华的墨西哥壁画家西盖罗斯多样化的现实主义观点的影响。1958年，他还出版了《印象派的绘画》一书来介绍印象派、后印象派艺术家及

图2　苏天赐:《黑衣女像》，布面油画，68cm×83cm，1949年

---

① 参见水天中《"国立艺术院"画家集群的历史命运》，载《历史·艺术与人》，广西美术出版社2001年版，第79页。
② 参见林风眠《在第一看守所写的自传》，载林风眠著，朱朴主编《林风眠全集4.文集》，中国青年出版社2014年版，第213页。
③ 参见林风眠《美术界的两个问题》，《文汇报》1957年5月20日，转引自林风眠著，朱朴主编《林风眠全集4.文集》，中国青年出版社2014年版，第191页。
④ 参见林风眠《要认真地做研究工作》，《美术》1957年第6期。

其创作思路。同时他努力适应新社会的要求，下乡劳动锻炼，创作"丰腴健康"的劳动者形象的绘画。[①] 在工农群众美术创作的热潮中，他也试图积极地从中汲取新的养料。他在《跨入一个新的时代》中说，"有许多专业美术工作者，常常为自己过去所学来的一些技术所限制，创作时只从形式上去追求，只在画面上转圈子，有许多死的清规戒律，这样的态度，不特不能反映生活中的本质，连事物的外形也不会描写得有生气"，应该通过学习工农群众的优良品质以及美术创作表达的方法来改造自己。[②]

这些转变似乎并未获得足够积极的回应。1963年，林风眠画展在北京举行，作品受到高度关注，而在褒贬不一的意见中，我们又看到了对于形式主义的批判。一名署名"王大有"的学生指责他的作品丑化劳动人民，"给人一种压抑、低沉、沉重、冷涩、孤僻之感"，"画展形式主义的东西太多"，"展览的作品的基本思想不健康"。[③] 他出版的《印象派的绘画》也被批评是"一篇有严重形式主义倾向的说明文字"，对印象主义的所谓"客观主义"态度评价极不恰当。[④] 1964年，《美术》杂志发表石崇明[⑤]《为什么陶醉？——对〈我爱林风眠的画〉一文的意见》一文，对《美术》1961年第5期上米谷的《我爱林风眠的画》进行批评，指出米谷所提倡的形式风格的"多样"，实际上"是用非劳动人民的东西来化大众"，"多多创作这一类的不健康的作品"不利于社会主义社会和广大人民。[⑥]

在这一阶段，"形式主义"的确成为附着在林风眠身上的突出标签，甚至以后很长时间都跟其联系在一起。林风眠与形式主义究竟是何种关系，并未见清晰的脉络梳理，这正是本文要着力于展开的重要方面。

---

① 参见苏天赐《〈摸索〉——林风眠的宣言书和墓志铭》，载刘伟冬主编《苏天赐文集一·著述画论卷》，东南大学出版社2009年版，第52页。
② 参见林风眠《跨入一个新的时代》，《文汇报》1959年1月1日，转引自林风眠著、朱朴主编《林风眠全集4·文集》，中国青年出版社2014年版，第198—199页。
③《林风眠画展观众意见摘录》，《美术》1963年第4期。
④ 参见辛冰芗、磊兄《一篇有严重形式主义倾向的说明文字》，《美术》1958年第8期。
⑤ 根据李朝霞对《美术》杂志原编辑丁永道的访谈，"石崇明"实为蔡若虹化名。参见李朝霞《"十七年"〈美术〉杂志视野下的林风眠艺术命运》，《美术学报》2013年第5期。
⑥ 参见石崇明《为什么陶醉？——对〈我爱林风眠的画〉一文的意见》，《美术》1964年第4期。

二、形式主义关系溯源

在林风眠研究上下力颇多的朱朴曾说:"也许就是因为林风眠在思想上调和了这两者(为艺术而艺术,为社会而艺术——笔者注)之间的矛盾,于是有人给他扣上形式主义的帽子。"[①] 在20世纪三四十年代的很多讨论当中,形式主义的确是和"为艺术而艺术"联系在一起的,因而后来的人要为林风眠辩护时,往往先要撤销对于林氏"为艺术而艺术"的指控。苏天赐便认为形式主义是对林风眠莫大的误解,指出他早期的油画作品如《摸索》《人类的历史》《渔村暴风雨之后》《人道》《人类的痛苦》等无不深藏着对人类历史和人生的思考[②],他的创作无不来自现实和植根于生活[③]。朱伯雄的《林风眠"为人生而艺术"的思想》一文,则通过梳理20世纪二三十年代林风眠的言论、艺术实践及相关社会背景,将其归入了与指控相反的阵列。[④]

如若我们对林风眠有关的言论进行一番梳理和比对,或许就不会如此简单地下结论。他在《艺术的艺术与社会的艺术》中说,艺术是人类情绪向外的表现,创作时不会想到社会功用问题,也不应加以限制,待到艺术品产生,其所表现的东西就会影响到社会。"由此可见倡艺术为艺术者,是艺术家的言论,'社会的艺术'者,是批评家的言论。两者并不相冲突。"[⑤]他在《我们要注意》中又重申两者并无冲突或分别,艺术不能起到像经济学、政治学那样的作用,但是,只要是真正的艺术品,则无论是"艺术的艺术"或"人生的艺术","总可以直接影响到人们的精神深处"。[⑥] 也就是说,他并不认为两者存在冲突,而是视它们为不同角度、不同步骤的看法。他在《前奏》月刊发刊词中便将艺术创作和社会推广看成两部分的工作:一是拿出"真的艺术作品",二是"努力宣传工

[①] 林风眠原著,朱朴选编:《林风眠论艺》,上海书画出版社2010年版,第4页。
[②] 参见苏天赐《林风眠先生的艺术教学》,载刘伟冬主编《苏天赐文集一·著述画论卷》,东南大学出版社2009年版,第67页。
[③] 参见苏天赐《由一幅小画而引起的话题》,载刘伟冬主编《苏天赐文集一·著述画论卷》,东南大学出版社2009年版,第74页。
[④] 参见《林风眠研究文集I》,阁林国际图书有限公司2000年版,第161—170页。
[⑤] 林风眠:《艺术的艺术与社会的艺术》,《晨报·星期画报》1927年5月22日第85号。
[⑥] 林风眠:《我们要注意》,《亚波罗》1928年第1期。

作",才能建设东方的新兴艺术。① 但他也不认同狭窄的艺术自律性,而是看重艺术在全体社会中的作用。他认为,艺术从宗教、社会附属地位中脱离出来,要走向的既不是国有,也不是私有,而是全人类所共有。② 但共有并不是牺牲艺术自身的独立性,而恰恰是要在强调艺术本身的基础上去实现艺术的社会效应。在《艺术与新生活运动》一文,他将这两者的关系阐述得更加具体,一方面他从"为艺术的艺术"出发,论述了这一派关于艺术不关涉现实、不具有效用的观点的偏颇,因为创造的喜悦即是目的,而美的观念也是随社会心理而变化的;另一方面,他又从"为人生的艺术"的角度谈到,在艺术创作本身的超功利基础上,艺术表现结果的社会性。并且,从艺术应该"适合多数人的需要"这一现代原则来说,他更主张提倡为人生的艺术。③

然而,恰恰是这样的论述常常被人误会,后来为林风眠辩护者认为其最终认同的是"为人生的艺术",实际上,他对于"为人生的艺术"的认同并不是简单的艺术大众化主张,而是首先看到艺术创作时的超功利性,然后再谈到艺术表现结果的社会性以及与更广大受众的关系。这种"调和"论似乎也不仅仅是林风眠的观点。早在1923年李毅士的《我们对于美术上应有的觉悟》一文里便可以看到端倪,只是他所用的是"纯理的美术"与"应用的美术"的两分法。他认为这两者本是一件东西,但鉴于"为美术而研究美术"之风日盛,他不得不将两者分别开来以表明它们并无高低优劣。④

"为艺术而艺术"以及"形式主义",常常为人所诟病的原因是所谓只重形式、不顾内容。但林风眠并非无视内容,而是强调形式和内容的结合。他在《什么是我们的坦途》中明确指出:"不能同内容一致的形式自然不会是合乎美的法则的形式",他承认不表现任何内容的纯形式艺术的"形式主义"做法也是"制造美"的一种,但它并没有增加我们美的事物的总量。相反,如若从个人意志活动趋向上找到个性,从种族意志活动力的趋向上找到民族性,从全人类意志活动趋向上找到时代性,将其"动象""方法""鹄的"揭示出来,才"是艺术家的任务,

---

① 参见林风眠著,朱朴主编《林风眠全集4.文集》,中国青年出版社2014年版,第68页。
② 参见林风眠《艺术的艺术与社会的艺术》,《晨报·星期画报》1927年5月22日第85号。
③ 参见林风眠《艺术与新生活运动》,正中书局1934年版,第12—18页。
④ 参见李毅士《我们对于美术上应有的觉悟》,《晨报五周年纪念增刊》1923年12月1日。

也是绝佳的艺术的内容"。"以这样的内容为内容，以合乎这样的内容的形式为形式"，才能增加我们美的事物的总量，以及提高全体人类的美的范畴。[①]

20世纪二三十年代，"为艺术而艺术"和"为人生而艺术"这两种源自19世纪西方的艺术主张在中国文学和艺术界引起了激烈争论。1933年1月，上海《艺术》月刊创刊号组织"中国艺术之前路"的讨论，受邀作者谈到了新与旧、东方与西方、模仿与创造、技术与思想以及艺术的社会性、时代性、大众性等方面的问题，在对于艺术的看法以及中国艺术的未来走向问题上便可以见出截然不同的两大倾向。徐则骧《深入大众群里　发动大众去创造大众艺术……》、曾今可《一九三三年中国艺术界之前路，应该是和资本主义相反的路……》、汤增敫《时代的与大众的》、郑伯奇《最后的胜利，当然属于……》可以说是倾向于现实主义的、大众化的艺术观点；王济远《我们的工作　应贡献给全人类……》、李宝泉《"为艺术而艺术"》、倪贻德《吸收外来的一切养分　创中国独自的艺术……》、傅雷《我再说一遍：往何处去？……往深处去！》则更倾向于讨论艺术自身的探索和创造性。[②]

在此当中，李宝泉和徐则骧又经常被拿出来作为对立两方的代表。李宝泉《"为艺术而艺术"》认为，"宣传"应该交给效力更大的机器，处在现代荒芜中的艺术界"只有更努力从事创造，从事为艺术而艺术的创造"才有希望。徐则骧《深入大众群里　发动大众去创造大众艺术……》则表明："艺术是人类生活意识的产儿，是时代的反映，是社会背景的图画，是民族精神的表现；同时是握有感化人生，团结大众，转移时代的权威的。"他驳斥了自以为非凡高超、"天下兴亡与我无关"的私有化做法，强烈呼吁"深入大众群里，发动大众去创造大众艺术；适应时代和大众的需要，培养大众铁流般的意志，火般的情热，建筑真正的新兴艺术基础"。

林风眠实际上不能如此绝对地划入其中的任何一方，但在当时他无疑与"为艺术而艺术"脱离不了干系。作为新兴木刻运动的重要推动者的鲁迅在

[①] 参见林风眠《什么是我们的坦途》，《杭州民国日报》1934年元旦特刊。
[②] 参见张艺《现代主义的分野——从1933年〈艺术旬刊〉新年讨论看中国现代主义美术运动的两种流变》，《美术研究》2018年第4期。

| 激荡时代与个人抉择 |

1930年的一次艺术大学的演讲中，勉励青年美术家要"注意社会现状，用画笔告诉群众所见不到的或不注意的社会事件"，对"崇尚怪异"，"和大众绝缘"，专注于静物、风景和人物肖像的"新派画"提出批评。[①] 新派画及静物、风景、裸体题材，这些也成为后来新兴木刻艺术家经常批判的对象。鲁迅在《一八艺社习作展览会小引》中还讽刺道："现在有自以为大有见识的人，在说'为人类的艺术'。然而这样的艺术，在现在的社会里，是断断没有的。"[②] "为人类的艺术"很可能就是指林风眠等人的艺术主张。而最初受到林风眠支持、1929年产生于杭州国立艺术院的"西湖一八艺社"，后来发生分化，形成了所谓"偏于技巧""为艺术而艺术"的"西湖一八艺社"和走向大众化艺术的"一八艺社"的对立。[③] 原本持"调和论"的林风眠无形中被后来的左翼美术叙事归为前者。

除了调和"为艺术而艺术"和"为人生而艺术"的关系，林风眠被人更多讨论的还是调和东西艺术形式。他在《东西艺术之前途》中说，西方艺术倾向于客观，因为形式过于发达而缺少情绪的表现；东方艺术倾向于主观，因为形式过于不发达，亦不能表现情绪上的需求，所以，西方艺术的短处，正是东方艺术的长处，东方艺术的短处，正是西方艺术的长处。短长相补，以产生世界新艺术，才是应该努力的方向。[④] 所以他也被视为近代以来持中西融合论的艺术大家之一。关于艺术在形式探索上的目标为何，他提出了"单纯化"的概念。这一概念受到他所认知的西方现代艺术以及有关理论的强烈影响。

莫艾曾通过探究林风眠的亲密战友林文铮20世纪20年代末期"如何借鉴、转化乃至再阐释贝尔的观点"来揭示林风眠等人关于形式探索的理论状貌。具体来说，她通过分析1928—1929年刊登在《亚波罗》上的克莱夫·贝尔（Clive Bell）《艺术之单纯化与图按》（1928年第3期，仅标"行

---

① 参见鲁迅《绘画杂论——在上海中华艺术大学的讲演（1930年2月21日）》，载李新宇、周海婴主编《鲁迅大全集.10》，长江文艺出版社2011年版，第347—348页。
② 鲁迅：《一八艺社习作展览会小引》，载《一八艺社1931年习作展览会画册》，1931年6月1日。
③ 参见《一八艺社一九三一年展：最近在上海宁波会馆》，《文艺新闻》1931年6月1日；《中国新兴木刻运动简史——胡一川在中华全国木刻界抗敌协会冀南分会成立大会上的报告提纲》，1940年12月8日于冀南，未刊稿。
④ 参见林风眠《东西艺术之前途》，《东方杂志》1926年第23卷第10号。

予译")（图3）、《塞尚底供献》（1929年第6期）以及林文铮《由艺术之循环律而探讨现代艺术之趋势》（1929年第6期）等文，表明了林文铮艺术观点和贝尔的关系。进而，她从"林风眠关于形式单纯化的表述"，以及林文铮、李朴园、方干民、雷圭元彼时的某些文章所见贝尔的启发，推断作为艺术史家和理论家的林文铮对于贝尔的选择并非只缘于个人见识，"而是与林风眠、蔡威廉、吴大羽等共同讨论的结果"。①

在我们后来的艺术批评理论的梳理当中，贝尔属于形式主义批评流派的重要人物，并且他的理论较之后印象派的

图3 《亚波罗》1928年第3期

主要支持者、形式主义批评理论的创始人之一罗杰·弗莱（Roger Fry）在中国有更广泛的传播。这种传播最突出的阶段要到20世纪80年代随着西学引进的热潮和中国现代派艺术的再次兴起。如果回到20世纪上半叶的中国文艺语境，罗杰·弗莱、克莱夫·贝尔等人的文艺批评观实际上和所谓布鲁姆斯伯里集团（Bloomsbury Group）的其他成员，如瓦奈萨·贝尔（Vanessa Bell）、邓肯·格兰特（Duncan Grant）等的绘画实践、弗吉尼亚·伍尔夫（Virginia Woolf）的小说形式创新等一起，以一种独特的形式主义美学观产生影响。但较之文学、思想界而言，艺术批评之于中国的影响要小得多。徐志摩与弗莱过从较密，受其艺术观影响而对后印象派多有推崇；刘海粟在推介塞尚及西方现代派艺术时引用过弗莱和贝尔的理论。除此之外，提及他们名字的中国文献并不多。② 贝尔在中国的早期传播中，我们也未见将其与形式主义相联系的表述，

---

① 参见莫艾《抵抗与自觉：中国现代美术早期发展道路的历史考察》，北京大学出版社2015年版，第99、128—129页。
② 参见俞晓霞《精神契合与文化对话——布鲁姆斯伯里集团在中国》，博士学位论文，复旦大学，2012年，第187—200页。

而更为重要的是，在相当长的时间里，"形式主义"是一个被污名化的词汇，人人避之而唯恐不及，故而，艺术家们与之真正的关联被隐藏了。

林风眠在1957年接受李树声的采访时表明，自己从20世纪二三十年代就主张"艺术大众化"并进行了一系列的相关活动和创作，其倾向与鲁迅的《语丝》相近，与胡适等的现代评论派观点相反，而他所主持的艰难办学的国立艺专在"艺术教育上也只是小脚放大脚，并不是完全的形式主义"。他认为只有"决澜社"才是真正倡导形式主义的。①

如果回溯1949年以前对于林风眠的艺术评论，我们的确并未见到直接将其与形式主义相关联的说法。俞剑华反而批评林风眠因为过于注重思想、追求画外的哲理，而忽略了形状、色彩、构图等形式因素，失去了画面应有的情趣，不易为观众所了解。②他所针对的是《摸索》《生之欲》《民间》《人道》等这一时期的作品。的确，后来不少论者也认为这一时期的林风眠直面人生、社会，关注人类命运，有种"悲天悯人、忧国忧民的况味"③。

随着时间的推移，抗战经常被视作林风眠的一个重要转折期。比如吴冠中曾写道：

> 芦沟桥的炮声惊醒了林风眠为艺术而艺术的春梦。随着全校师生，随着广大人民，他坠入了苦难生活的底层，滚进了国破家亡的激流……确乎，他从校长的宝座上跌下来了，确乎，他真真开始体验现实生活了，开始抒写自己的深刻感受了。这是林风眠的诞生！④

但不少研究者恰恰认为抗战后的林风眠更多地走向了艺术探索本身。虽然此时的他也发表了一些艺术应该贴近现实、体现战斗性的言论，但其创作并非像吴冠中所说的从为艺术而艺术转变到为社会而艺术。郑朝的《抗日战争中的林风眠》阐述了抗战时期对于"林风眠格体"形成的意义，并剖析其风格特征，

---

① 参见谷流、彭飞编著《林风眠谈艺录》，河南美术出版社1999年版，第160—162页。
② 参见俞剑华《林风眠个人展览会一瞥》，《贡献》1928年第2卷第3期。
③ 博一：《林风眠：独自的世界——林风眠艺术研讨会综述》，《美术家通讯》1990年第1期。
④ 吴冠中：《寂寞耕耘六十年——怀念林风眠老师》，《文艺研究》1979年第4期。

此时期林风眠的思想感情的确发生了很大变化,和下层民众有了更多接触,但这种变化更多地反映在那些"悲壮苍郁"的山水画中(图4),而不是"直接反映民族战争中血与火的搏斗"。[1] 彭飞梳理了抗战时期林风眠的艺术理论文章和讲演,指出他孜孜以求的艺术观念和探索目标并不因抗战而发生改变:

> 林风眠一贯强调艺术必须关注时代、反映时代,但较为崇尚西方现代艺术,早已认准艺术是"人生一切苦难的调剂者",艺术具有这种调剂功能第一是"它的美",第二是"它的力",林风眠决不是直接用写实主义的方法去画战争题材、画自己身边的生活。[2]

林风眠执着地探索着新形式的创造,但又不是如西方现代派那样地"极度破坏"。1947年12月7日,林风眠画展在上海开幕。12月8日,《申报》署名"一记者"的文章《林风眠绘画思想蕴藏着文艺复兴》(翌年改为《林风眠——东方文艺复兴的先驱者》,收录于《沉思试验》文集),将欧洲现代派画家与林风眠作比较,认为前者追求与传统绝缘的全新形式,结果因过度的形

图4 林风眠:《风景》,纸本彩墨,67.2cm×68.5cm,1942年

象破坏而陷入形式主义的泥沼;而林氏"虽然不断吸收前者的精华,却不在形式的极度破坏上花太多精力","他一直画着离自然面目较近的,亦即较写实的画。他所找求的,宁是一种新的绘画本质、新的灵感,以及那最神秘不可捉摸的神韵

---
[1] 参见《林风眠研究文集II》,阁林国际图书有限公司2000年版,第231—247页。
[2] 彭飞:《抗战初期林风眠的两篇佚文》,载《艺史丛考》,河北美术出版社2015年版,第394页。

图5 林风眠:《戏曲人物(佩剑仕女)》,纸本水墨,33cm×32.8cm,20世纪50年代初期,香港艺术馆藏

和旋律,有了这些,不必要一副变魔术式的特殊形式,画面自然就会有一份新感觉"。①

换言之,林风眠学习西方现代派,但又有自己的主张。甚至在西方现代派艺术被作为资产阶级腐朽文化予以全然否定的20世纪50年代,林风眠仍然着力于对这些现代派的研究和对新形式的探索。1952年4月5日,他在给苏天赐、凌环如的信中表示,像未来派、立体派"这种资产阶级的形式,需要从根本上了解它,也不是容易的事",他研究了几十年才从中国戏剧中得到真正体会。②(图5)1953年1月5日,林风眠给学生潘其鎏的信中再次谈到对欧洲现代派的感受:

> 我常常梦想,在新派作风中,我们闻到了汽油味,感觉到高速度,接触到生理的内层,心理的现象,这种形式他们发现了,也代表了他们一个时代。③

进而,他不断琢磨东西方艺术形式上的基本区别并进行新的大胆尝试。

有意思的是,曾经力图在形式创造上狂飙猛进的决澜社,其创始人之一倪贻德发生极速转型。他曾经加盟现代文学团体创造社,其后发起创办现代画会决澜社,二者在当时语境中均被纳入"为艺术而艺术"的阵列,但在1946年,他发出了向现实主义绘画转向的强劲信号。他在《战后世界绘画的新趋势》中说,战后

---

① 朱朴编著:《林风眠全集5.年谱》,中国青年出版社2014年版,第164—172页。
② 参见林风眠著,朱朴主编《林风眠全集4.文集》,中国青年出版社2014年版,第239页。
③ 林风眠著,朱朴主编:《林风眠全集4.文集》,中国青年出版社2014年版,第238页。

的绘画应由"绘画的独立运动",变更为"为人民而绘画的运动",逐渐消灭"形式主义的技巧的游戏的绘画",使得现实主义的绘画成为艺术的主流。而现实主义的绘画追求内容和形式一致,不仅反映现实生活,而且启示向上的人类精神,以"生产的讴歌,劳动力的颂赞"为表现的主题,以"力的美,健康的美,代替了病态与畸形"。[1] 其后,倪贻德更是作为军代表接管杭州国立艺专。

然而,倪贻德所认知的"现实主义"跟苏俄以及来自老解放区的艺术家的"现实主义"有差别。蔡涛曾分析,20世纪30年代中期,西方画坛掀起对极端抽象形式的反弹热潮,而苏联的公共艺术政策及其写实主义的形式主张获得普遍同情。在此社会语境下,"新写实主义"浪潮兴起,留日画家倪贻德经由日本引入这一流行观念,却忽略了其中的左翼思想背景,专注于与塞尚的造型主张相关的内容。而在后来的抗日战争中,他仍然坚持的是政治功能与艺术自由表达并行不悖的"新写实"主张。[2] 所以,他的"现实主义"转向也并非对过去的完全颠覆,而是存在某种联系,正因为如此,新中国成立以后,他还接受了仿效苏俄体制的现实主义和写实风格的训练。[3] 而受贝尔等西方形式主义理论影响的林风眠,因为对于西方现代派的研究和新形式创造的追求被视为"为艺术而艺术"的代表,其后,又因为西方现代派和"为艺术而艺术"在现实主义者看来就是应予以批判的"形式主义"而被打入另册。至于其中真正的学理性关系,则长期未能作很好的清理。可见,以形式主义切入那段波澜壮阔的时代变迁、艺术主张和人物关系的变化也是颇为吊诡的事情。

三、"形式主义"在中国

我们要了解林风眠与形式主义的关系,也必然要走进"形式主义"在当时中国使用的语境。从理论到日常生活,"形式主义"在中国有着多个层面的广泛

---

[1] 倪贻德:《战后世界绘画的新趋势》,《广西画报》1946年第3期,原载《西南日报》。
[2] 参见蔡涛《"新写实主义"的流变:折衷的理论策略与孤岛时期倪贻德的洋画创作》,《文艺研究》2014年第2期。
[3] 参见赵辉《挣扎的秋蝉——倪贻德的艺术之路》,载杨劲松主编《大师与庙堂:倪贻德艺术研究展文献集》,中国美术学院出版社2015年版,第13页。

使用。如果查阅民国报刊，这一概念涉及政治、经济、文化、军事、教育、科学研究、性别、艺术等方面。

　　首先是关于它的定义，在此试举出现在不同时段的两个例子。1935年第1卷第11期《读书生活》有篇《名辞浅释》将"形式主义"解释为研究一种事情，不对事情本身加以分析，而死套公式。1943年第148期《自修》中的《名词浅释》则对形式主义的解释分了几个层面："在艺术上，是注重作品的形式与技巧，（如色彩，配景，节奏，韵律等。）之美，以此为艺术的主要问题，而不重视内容与观念。在社会学上，只注意事物的格式与外观，而不求实质之精确的态度。如在革命斗争中，布置了许多机关，而不去切实发动及组织群众。"两个名词解释都对此概念持贬义态度，这是基于广泛的中国语境来看待的，在某种程度上又受到苏俄的影响。实际上，在西方美学史、文艺学史上，"形式主义"一词也是包罗万象的，从古希腊罗马的"形式主义"一直到现代阶段的"贝尔的绘画形式主义、俄国形式主义、新批评的形式主义、结构主义的形式主义、解构主义的形式主义"[1]等，不一而足。

　　20世纪上半叶及中叶，中国关于形式主义的几次比较集中的讨论均与苏联的形式主义批判在中国的传播有关。而在苏俄，"形式主义"（Формализм）一词是出自对手的诋毁，指的是1915年至1930年俄国的一种文学批评潮流，"这种说法造成一种不变的、完美的教条的错觉"[2]，并不能对应标签底下复杂的具体情形。20世纪二三十年代，形式主义者在苏联文学研究中占据主导地位，著述颇丰而富有价值，对学术界和批评界作出许多贡献。"形式主义者认为一件艺术作品主要是技巧和方法的总和"，强调艺术本身的节奏由"生长、成熟、衰亡和更新的规律"而非阶级斗争决定。在20年代的苏联，迫于政治压力，形式主义者向马克思主义者作出让步，试图将形式的变化纳入社会改革的框架，甚至承认阶级结构可以通过艺术表现的手法间接反映，但并不愿意放弃其基本原

---

[1] 刘万勇：《西方形式主义溯源》，昆仑出版社2006年版，第5页。
[2] ［法］茨维坦·托多罗夫编选：《俄苏形式主义文论选》，蔡鸿滨译，中国社会科学出版社1989年版，第2页。

则。到了30年代末，形式主义者在当时语境下便沦为一个"可耻的词儿"。[①] 在《创化季刊》1933年第1卷第1期转载日本作者冈泽·秀虎的《最近苏俄的文艺批评界——形式主义与形式主义的社会主义与马克斯主义》一文中，我们可以看到对苏俄文艺批评界的情况介绍，文章将苏俄文艺批评界分为形式主义理论、"列夫"（艺术左翼战线）的形式主义的社会学主义、马克思主义的文艺批评三种倾向，在对各自的特征进行详细分析的基础上，指出了不同形式主义理论的问题，尤其是将之与马克思主义文艺批评作了区分。

而那时中国最集中的关于苏联形式主义批判的转载则是《中苏文化》1936年第1卷第6期（图6）《苏联文艺上形式主义论战特辑》。专辑组织者蓬子在介绍词中说道，随着苏联两个五年计划的成功实施，在城市、农村取得重大经济成就的同时，建立新的民众的文化也被提上日程。因此，苏联文化界急切要求对艺术的各部门进行"再检阅与再清算运动"。发动运动的第一炮是发表于1936年1月28日《真理报》的题为《混乱代替了音乐》的社论，对苏联著名作曲家萧斯泰珂维支（今译肖斯塔科维奇）的歌剧作"极严肃与极勇敢的检讨"。紧接着，一个反形式主义和自然主义的运动在苏联文化界广泛而热烈地开展起来。为了扩大和深入这一运动，苏联文学界于1936年3月召开了一个有着许多著名作家和批评家参加的大会，白倍尔（今译巴别尔）和卡泰耶夫（今译卡达耶夫）等老作家当场承认其过去所犯的形式主义错误。编译这一特辑的目的是让中国国内作家和批评家增进对这一文化运动及苏联文学的了解，为自身的批评理论添加新的知识。

图6 《中苏文化》1936年第1卷第6期

[①] 参见［美］马克·斯洛宁《苏维埃俄罗斯文学（1917—1977）》，浦立民、刘峰译，上海译文出版社1983年版，第291—293页。

特辑翻译了《真理报》社论《混乱代替了音乐》、奥里沙（今译奥列沙）和高尔基的两篇《论形式主义》，以及两篇苏联"三月大会"上的演讲词：吉尔波丁的《单纯·艺术和民众》和白倍尔的《那些为新文化而工作的人们》。《混乱代替了音乐》批评了萧斯泰珂维支剧作及苏联艺术中的"小布尔乔亚的"形式主义主张，提醒不要忘记社会主义国家和西方艺术家观念的不同，不应迷恋西方的画家毕加索、建筑师哥白希尔（今译柯布西耶）、作家朱易士等，因为"那产生西方的艺术的伟大的观念，是经已死去了"。"我们不需要自然主义，也不需要形式主义的奇想；我们需要艺术的，辩证法的真理。"吉尔波丁的《单纯·艺术和民众》批评道："形式主义者轻视内容，而宣传着一种'复杂的形式'。对于一个要在艺术中努力表现他的时代的新生命的艺术家，形式主义者只是一种障碍物罢了。形式主义是不通俗，不大众化的。它是真理的敌人。"白倍尔的《那些为新文化而工作的人们》则检讨了自己以"形式和技巧代替了自己"的"客观性"努力等错误，决心予以改正。这些文章的主旨是明确社会主义和西方资本主义艺术的分野，检讨苏联艺术中的形式主义主张。特别值得一提的是高尔基的《论形式主义》一文，据编者说这是其生前最后一篇论文，发表于1936年4月6日的《真理报》，在20世纪三四十年代的中国刊物上有多个译本或节译本转载。此文从意识形态、阶级、哲学等角度论述了形式主义的发展渊源和特征，其中"形式主义恰如'样式'与'文学的格式'，常常用来掩蔽精神的简单或贫乏"常常被引用。

这次苏联的形式主义批判在中国文学艺术界似乎没有引起太多的反响，当时的中国更多地是从"为艺术而艺术"和"为人生而艺术"的角度进行讨论。虽然这样的讨论与形式主义不无关系，但并未直接使用"形式主义"这一词汇。那么，当时的中国艺术界对于形式主义是如何认知的呢？郭建英曾以漫画的形式来表述形式主义者和普罗派，对于形式主义的描绘更多地着眼于艺术家的装扮和行为做派，而在表达普罗派的文字中，我们则可以看到作为对立面的形式主义究竟为何物："在世界大战前后勃兴于欧美的形式主义，感觉主义的绘画，经过未来派，立体派，表现派，抽象派以及构成派等等的过程，而给'为艺术的艺术'一个总结算。"① 在这里，形式主义成为"为艺术的艺术"的具体绘画表现形式。

应该说，在当时的中国艺术界，"为艺术而艺术"和形式主义究竟指的是什么样的艺术，大体是有着较为确定的对象的。1940年的《十年来中国木刻运动的总检讨》在论及中国木刻运动的时代背景时，便将法国主观画派影响下的"充满资本主义意识形态的""为艺术而艺术"的绘画，视为以新兴木刻为代表的、"为大众的、积极的、斗争"的中国新绘画的对立面。②

另一次关于形式主义的集中批判是"二战"以后，最明显的标志是联共（布）中央从1946年至1948年这三年间连续抛出的《关于〈星〉与〈列宁格勒〉两杂志》（1946）、《关于剧场上演剧目及其改进办法》（1946）、《关于影片〈灿烂的生活〉》（1946）、《关于穆拉杰里的歌剧〈伟大的友谊〉》（1948）等四项决议，以针对苏联文艺界出现的"不问政治、无思想性、崇尚个人主义与形式主义等倾向"。"中央书记日丹诺夫就有关的决议相应地作了《关于〈星〉与〈列宁格勒〉两杂志的报告》《在联共（布）中央召开的苏联音乐工作者会议上的开幕词》《在联共（布）中央召开的苏联音乐工作会议上的发言》，苏联作家协会等文艺团体也采取了相应的措施。"③

《关于〈星〉与〈列宁格勒〉两杂志》猛烈抨击《星》和《列宁格勒》刊登作家左琴科、阿赫玛托娃等人的"空洞""庸俗""无思想""劣等"作品，并称"凡是宣传无思想性，宣传不问政治的倾向，宣传'为艺术而艺术'，都是与苏联文学背道而驰的，都是对苏联人民和苏维埃国家的利益有害的，都不应当在我们的杂志里有存在的余地"，因此，勒令《星》厉行整改，《列宁格勒》予以停刊。④批判的风暴席卷文学、美术、音乐、戏剧、电影等艺术种类，并且不只是针对艺术家、批评家，还涉及杂志、出版局、剧场、团体、学院、艺术工作委员会、作家协会、作曲家协会等组织的一系列整改。日丹诺夫1948年1月《在联共（布）中央召开的苏联音乐工作者会议上的发言》中说："艺术工作委员会

---

① 建英：《国内学校漫画行（二）：艺术学校的表情》，《中国学生》1931年第3卷第2期。
② 参见李桦、建庵、冰兄、温涛、新波《十年来中国木刻运动的总检讨》，《木艺》1940年第1号。
③ 雷成德主编，陈孝英、陈奇祥副主编：《苏联文学史》，辽宁人民出版社1988年版，第420页。
④ 参见曹葆华等译《苏联文学艺术问题》，人民文学出版社1953年版，第33—38页。

所起的作用是很不体面的。这个委员会一面装作全力拥护音乐中的现实主义倾向，一面却又千方百计纵容形式主义倾向，庇护形式主义倾向的代表，因而促进了组织涣散，并在我们作曲家队伍中造成思想混乱。此外，委员会在音乐问题上也是无知无能的，只是跟在形式主义倾向的作曲家后面随波逐流。"[1]

这次苏联关于形式主义的批判风潮在中国也引起不小反响。苏碧的《甚么是音乐上的现代派和形式主义？——从现代乐派说到最近苏联音乐界的清算》介绍了西方及苏俄形式主义音乐发展的脉络并指出，20世纪20年代末对于现代派音乐的清算使得苏联音乐"从极端的个人主义和形式主义走上了集体主义和新写实主义"；而新近一次由对穆拉杰里歌剧《伟大的友谊》的"形式主义和反人民的倾向"的批判开启了对音乐界的全盘清算，这意味着以后"苏联音乐的两条战线的斗争该可以胜利结束"。[2]《中苏文化》1949年第20卷第3期刊登苏联对外文化关系协会特稿《苏联音乐中反对形式主义的斗争》，阐述了联共（布）党中央委员会关于穆拉杰里的歌剧《伟大的友谊》的决议在坚持苏维埃艺术文化的原则性上具有的极其重要的意义，以及其后召开的苏联音乐工作者会议"对苏联作曲家中那一小群追求虚伪的革新和无内容的形式，盲目模仿西欧和美国的形式主义音乐家，写作与苏联人民及其艺术爱好相违背的音乐的作曲家"所作的"无情的严峻的批判"；同时还对这些会议在国际上引起的批评和讨论也进行了针对性的回击和分析。

同一时期，左翼和革命阵营艺术家的作品中稍有形式趣味或西方现代派的影子，便被严加批评。这种批判与当时苏联对于形式主义的批判几乎是同频共振的。在对过往艺术的总结中，小资产阶级艺术是被坚决批判的，而所谓小资产阶级艺术包括个人主义、自由主义和形式主义倾向。刘海粟、王济远、汪亚尘、徐悲鸿等人被点名，而倪贻德、周多、杨秋人、阳太阳、段平石等为主要人物的决澜社是当中的首要代表。[3]这里面没有提到林风眠的名字，或许他当时已经属于失势已久的人物。

---

[1] 曹葆华等译：《苏联文学艺术问题》，人民文学出版社1953年版，第105页。
[2] 苏碧：《甚么是音乐上的现代派和形式主义？——从现代乐派说到最近苏联音乐界的清算》，《读书与出版》1948年第6期。
[3] 参见黄新波、黄茅、王琦、余所亚《我们对于新美术的意见》，香港《文汇报》1949年5月20日。

新中国成立以后，关于形式主义的批判非常突出地成为中国美术界的议题。1950年2月《人民美术》创刊，其代发刊词《为表现新中国而努力》便号召广大美术工作者"无条件的参加到工厂、农村、兵营，和群众在一起，从经济、政治、文化、军事各方面的建设过程中间，去感受去体验共同纲领之实施情况，以便生动的形象的反映这些情况，并藉此避免非现实主义的形式主义的抬头"。1950年10月1日，徐悲鸿在《光明日报》的文章《一年来的感想》中欣喜表示，以往流行的形式主义和末流文人画在新的文艺政策和方针下销声匿迹；"当年推行形式主义的大本营——国立杭州艺专"，已改为中央美术学院杭州分院，经"彻底改革，树立了正确的教学方针"。上海美术专科学校校长刘海粟于1952年参加学习时沉痛检讨"自己贩卖欧洲形式主义的艺术和'美专第一'的思想"，被作为自我批判的典型汇报到上海市文化局等组织。[1]从这些星星点点的信息很明显可以体会到，形式主义已经成为影响着艺术家们的命运沉浮的一把利刃。

正如前文所说的，"形式主义"是出于对手的诋毁，那么，在20世纪上半叶的中国，这个对手是谁？回顾这个阶段的艺术史，我们知道，其中存在着一场写实主义与现代派的竞争，这里面混合着艺术流派和人事关系的众多因素。随着时局的变化，写实主义越来越占据主流的位置。但是，就写实主义而言，也有众多不同的定义和取向。"新写实主义"的提出同样如此，比如倪贻德的"新写实"就和从苏联路径而来的、强调无产阶级属性的"革命的写实主义"不同，而徐悲鸿的融合欧洲写实主义和中国"古典主义"的主张又是另一种。在20世纪30年代以来的中国语境中，"现实主义"代替"写实主义"的趋向越来越明显，以突出取材现实、强调典型化表达的大众化艺术导向。1942年，毛泽东《在延安文艺座谈会上的讲话》从理论建构到实践方案均明确指出了服务工农兵大众的文艺方向；1949年7月，党的第一次全国文代会又重申了毛泽东主张的文艺导向；1953年，第二次全国文代会则一致同意并确定，将从苏联文艺中移植而来的"社会主义现实主义"作为过渡时期中国文艺创作和批评的最高准则。一方面，"写实主义"阵营不断"进化"，从"写实主义"到"现实主义"再到"社会主义现实主义"，不仅仅是倪贻德这样的现代派洋画转型者，即便是在新中

---

[1] 参见王震编著《徐悲鸿年谱长编》，上海书画出版社2006年版，第340页。

国获得美术权威地位的徐悲鸿，对于满足新的文艺政策要求亦颇感吃力，与源自陕北解放区的革命艺术家差距甚远。[①]另一方面，被视为对立面的、受西方新艺术影响、强调形式变革的"现代派"阵营不断产生分化，有的进行了跨界转型，有的则试图将自己在艺术形式上的主张与现实政治结合起来，然而，"为艺术而艺术""形式主义"这样的指称随时会扣向那些带有形式钻研色彩的作品。并且，随着意识形态斗争的加剧，"形式主义"成了一个筐，很多跟新的文艺政策结合不紧的表现都被扔进这个筐里，并和资本主义连到了一起；而要努力爬出这个筐的办法之一就是，将自己的探索和"现实主义"挂上钩。

　　林风眠也正是在被接收后的国立艺专，才非常突出地被视作"形式主义者"受到攻击。20世纪50年代的中国美术界，再一次受苏联关于"印象主义是形式主义还是现实主义"争论的影响而展开了关于印象派的讨论，除了转载苏联方面的文章，也报道中国美术界讨论的情况。景韩《苏联美术界展开学术讨论》介绍，为了准备和迎接第一届全苏美术家代表大会，苏联各地举行讨论会和发表了许多文章。其中，科学院士伊戈尔·格拉巴尔在《文学报》（1956年9月27日）上发表的《关于绘画的几点感想》一文和俄罗斯人民美术家索柯洛夫－斯卡里亚在《消息报》（1956年10月13日）上发表的《美术家和人民》一文引起热议和多番转载。苏联美术家的讨论其中之一是"创作方面的问题，包括苏联美术创作的成就和缺点、遗产和传统的问题、形式主义和自然主义的问题、对印象主义的评价和社会主义现实主义方法的问题等"。伊戈尔·格拉巴尔为印象主义辩护，认为将印象主义看成最纯粹的形式主义而全然不是现实主义，"实在是一个最令人莫解和根本没有道理的武断"。印象派的创始人"继承了生活真实的路线，并且在自己的创作上难以形容地扩大了绘画的界限和造型艺术的可能性"，"他们自己认为自己是血统纯正的现实主义者，并且实际上也是现实主义者，因为他们描绘了自己时代的进涌如泉的沸腾的生活。"索柯洛夫-斯卡里亚则针锋相对地说："对于印象主义者，描写对象的社会本性是无关紧要的。在他那里，居首位的是'纯绘画性'的价值——色和光的表现。人只是处理纯绘

[①] 参见莫艾《徐悲鸿与新中国——围绕〈在世界和平大会上〉的思考》（载贺照田、高士明主编《作为人间事件的1949》，金城出版社2014年版，第24—67页），曾分析了徐悲鸿对于新的文艺要求的隔膜状态。

画性的形式任务的媒介和导体罢了。""印象主义正就是形式主义的开始。"中央美术学院民盟支部举办的"沙龙晚会"讨论印象主义问题大都就印象主义究竟是不是现实主义分成了对立两派。[①]但无论如何，形式主义在对立双方那里都是一个不好的词，所以，要维护印象主义也就必须使其与之脱离干系。1957年2月《美术》继续介绍苏联美术界的讨论并刊登有关印象主义的苏联译文，但对于印象主义一边倒地持否定态度。1957年创刊的《美术研究》在第1期刊登了涉及苏联印象派讨论的《苏联美术家代表大会前夜论坛摘要》后，又分别于第2期、第3期发表国内关于印象派正反观点的文章。而林风眠的《印象派的绘画》一书就产生于全国美术界热烈讨论印象派的时刻，他正是因为在书中采取"客观地"陈述此一画派来历和特征而并不加以批判的态度引起了后来的批评。

四、"形式主义阵营"的余绪

1945年在陪都重庆举办的"第一届独立美展"被视为现代主义的最后集结，除了附展的八大山人、吴昌硕、经亨颐和齐白石作品之外，还有丁衍庸、朱德群、汪日章、李可染、李仲生、李东平、林风眠、胡善余、倪贻德、许敦谷、翁元春、赵无极、赵蕴修和关良的作品，皆以"现代"洋画为主，同时这也是深具国立艺专背景的艺术家的一次聚集。[②]苏天赐便是在此次展览上正式接触到林风眠的。此后这批艺术家除部分远赴境外，各以自己的转换方式在时代的夹缝中挪移，新中国成立以后便出现了本文开端所说的形式主义的那段曲折经历。

直至改革开放的初期，曾就读于林风眠时代的国立艺专的吴冠中，才正式为"形式"正名。他大胆提出形式美、抽象美的论题，并敢于颠覆在文化及艺术领域占据金科玉律地位的"内容决定形式"论，重新唤起人们追求艺术形式语言及自律精神的意识。他在《绘画的形式美》中说，形式美是可分析、解剖的科学，被我们视为禁区的、对于独具成就的艺术家和作品造型手法的分析在

[①] 参见《美术》1956年第12期。
[②] 参见漆麟《现代主义的最后集结：重庆1945年"第一届独立美展"》，《南京艺术学院学报（美术与设计）》2018年第4期。

西方美术学院中早已成为平常讲授的内容，我们应该开放欧洲现代绘画，大谈特谈形式美的科学性。过去数十年，一谈形式就被批为形式主义，实际上，描画对象的能力只是居于从属地位的、辅助捕捉对象美感的手段，"如何认识、理解对象的美感，分析并掌握构成其美感的形式因素"，才是美术教学的重要环节。①在《内容决定形式？》一文中，他进一步强调形式美的独立性，认为如丧家之犬的形式主义只有在造型艺术这里才是合法的，"希望尽量发挥形式的独特手段，不能安份于'内容决定形式'的窠臼里"②。

吴冠中的观点虽然与西方形式主义批评有几分相似，但他并没有细致梳理这一理论来源。而苏天赐到了晚年仍然没有放下对于这个概念的追溯。在2004年2月26日的一封家信中，他详细谈了从词典中所查证的形式主义以及现代派的定义。在关于形式主义的辨析中，他谈到1950年其作品被批判为"形式主义"时，所看到的新翻译出版的日丹诺夫《论颓废的资产阶级艺术》，此书将印象派以来的诸流派批判为形式主义的观念统治了其后理论界几十年。直到改革开放以来因为西方著作的引入，他才得知英国美学理论家克莱夫·贝尔"有意味的形式"的里程碑地位，以及苏联20世纪40年代对印象派的容纳和"无限广阔的现实主义"的提出。他还指出了俄国"形式主义"文学批评流派的起端、特征、变化以及与其他流派的关系。在关于现代派的部分，他不仅梳理了西方现代派的来源和特征，还特别阐述了"为艺术而艺术"概念的缘起和意义。此概念的本意并非与"为人生而艺术"对立，其试图让艺术"成为一个独立的不受现存的资产阶级价值观和商业逻辑侵蚀的领域"。"事实上这是艺术为摆脱意识形态附庸的境地而独立地寻找自身的规律。"③

近些年来随着西方艺术理论的更全面引入，罗杰·弗莱被作为更加重要的形式主义艺术批评家予以介绍。这一译介工作的推动者之一沈语冰，在《形式主义者如何介入生活——罗杰·弗莱与他的时代》一文，着重论证形式主义者罗杰·弗莱介入各种社会生活的程度，澄清将其片面解释为唯美主义者的误

---

① 吴冠中：《绘画的形式美》，《美术》1979年第5期。
② 参见吴冠中《内容决定形式？》，《美术》1981年第3期。
③ 刘伟冬主编，李立新等副主编：《苏天赐文集二·书信日记卷》，东南大学出版社2009年版，第204—206页。

区，并驳斥一个根深蒂固的错误观念，认为形式主义"就是主张形式高于内容，甚至根本无视内容；形式主义者则是资产阶级等级制的维护者，他们提倡艺术脱离生活，脱离大众；形式主义就是为艺术而艺术，而为艺术而艺术就是无视艺术作为意识形态对社会的影响力，等等"，从而得出结论，我们以往经常挂在嘴边的"形式主义"其实抹杀了多少理论和现实生活的复杂性。[①]

五、结论

回过头来看，本文从不同角度切入林风眠与形式主义的关系，最重要的是要辨析这个个案所链接的到底是何种形式主义。

首先是艺术创作层面，林风眠的"调和东西"中的"西方"相当程度对应的是西方现代派艺术，而"现代派"抑或后来指称的"新派画"则与当时艺术认知中的"形式主义绘画"相关，虽然他的艺术探索无不具有自身的"个性""民族性""时代性"，与西方现代派的某些形式创新并不一样。

其次是艺术主张或话语层面，这与艺术创作实践并非完全一致。因为对新形式创造的执着追求以及拒绝社会现实的直接表达，他被归入"为艺术而艺术"的行列，而"为艺术的艺术"又被视为"为人生的艺术"或"为社会的艺术"的对立面，从而和"形式主义"联系在了一起。但林风眠的艺术主张并非可以简单归入此任何一方，在其后凡是提倡研究西方现代派艺术就被冠以"形式主义"的年代，此中复杂的关系更是隐没不见了。

其实，"为艺术而艺术"也好，"形式主义"也好，因为对艺术语言本身的研究和对非审美的外在制约因素的抵抗，其历史重要意义都不容忽视，并且，它们也不意味着忽视艺术的社会作用。"形式主义"的标签容易让人误解，而标签底下的具体创作和理论实践实则丰富复杂。在此重重迷障中，我们由林风眠的遭遇切入那个历史的原境，所需要的也许恰恰不是去做迅速的切割，将那些"不实之词"扫入历史的尘埃，而是通过这萦绕不断的"荒谬"展开那与之相关的艺术网络的再辨析。

[①] 参见沈语冰《形式主义者如何介入生活——罗杰·弗莱与他的时代》，《新美术》2009年第6期。

"为艺术战"、"形式美"与"意派"
——中国现代主义艺术的三个时刻及其关联

鲁明军[*]

摘　要：1938年，即全面抗日战争爆发的第二年，即将辞别国立艺术专科学校（简称"国立艺专"）的林风眠号召青年学子们"为艺术战"；1979年，吴冠中在《美术》杂志发表了《绘画的形式美》一文；2009年，高名潞的《意派论：一个颠覆再现的理论》出版，今日美术馆举办同名大型展览。这三个现代艺术观念和实践都不同程度地带着"中西调和"的色彩，并与西方形式主义批评理论的三位代表人物罗杰·弗莱、克莱夫·贝尔和格林伯格有着或明或暗的关联。它们代表了中国现代主义艺术的三个重要时刻，其目的不仅是探索中国现代艺术之路，同时，作为一种"延迟"的艺术行动和实践，它们亦深植于形塑现代中国这一复杂而曲折的历史进程。

2019年9月初，应华侨城当代艺术中心（OCAT）的邀请，英国艺术史学者柯律格（Craig Clunas）在芝加哥大学北京中心作了题为"中国艺术史上的三个跨国瞬间"的系列讲座。这三个"瞬间"分别是："1902—1903年：谢赫在加尔各答，中村不折在巴黎"；"1922—1923年：董其昌在伦敦，杜里舒在北京"；"1927—1928年：潘玉良在罗马，保罗·塞尚在上海"。

柯律格的系列讲座为我们提供了一个新的全球艺术史视角。从"气韵生动"的英译到柏格森"生机论"的东西方流传，从传统文人画的现代困境到西方现代主义的东渐，从"一战"后全球对现代主义的反应到徐悲鸿的《惑》

---

[*] 鲁明军，复旦大学哲学学院青年研究员。

引发的争论，等等。这一往复交错的过程表明：尽管写实主义成了近代中国美术的主流，但恰恰是中国传统文人画和西方现代主义的相遇，构织了一个无中心的世界艺术网络。[1]由是可以想见，陈师曾当年何以会认为"文人画不求形似，正是画之进步"[2]，甚至不惜将文人画想象为一种可普遍化的绘画语言。[3]

尽管如此，文人画还是无法替代现代主义，彼时大多的中国现代主义者也不认为自己的创作和文人画有什么直接的关系。当然，这并不意味着两者一定是对立的，不少现代主义者不仅未将文人画视为"敌人"或"他者"，且在学习和接受西方现代主义的过程中，反而汲取了很多文人画和传统中国绘画的元素，借以探索中国现代主义之路。就此而言，最典型的莫过于林风眠及其艺术实践。作为一个现代主义者，他立足于彼时中国内忧外患的现实处境，提出了"中西调和""为艺术战"等现代艺术主张，并积极参与、策动各种艺术运动和拯民救国的社会革命。而这一点也是其与柯律格所谓去中心化的"世界主义"（cosmopocitanism）的区别所在。[4]

一、"为艺术战"："中西调和"与艺术运动

1924年5月21日，由林风眠参与策划、组织的中国古代和现代艺术展览会在位于法德交界处的城市斯特拉斯堡（Strasbourg）之莱茵河宫揭幕。

---

[1] 参见白天元《柯律格谈中国画"气韵"与全球传播：艺术史上的三个跨国瞬间》，https://www.thepaper.cn/newsDetail_forward_4389422。

[2] 1930年，婴行（丰子恺）在《中国美术在现代艺术上的胜利》一文中，亦认为"现代西洋美术显著地蒙了东洋美术的影响，而千余年来偏安于亚东的中国美术忽一跃而雄飞于欧洲的新时代的艺术界，为现代艺术的导师了"。这一论调明显带有当时甚嚣尘上的进化论的色彩，而非只是传统文化认同的一种体现。参见陈衡恪《文人画之价值》，载郎绍君、水天中编《二十世纪中国美术文选》上卷，上海书画出版社1999年版，第71页；婴行《中国美术在现代艺术上的胜利》，载郎绍君、水天中编《二十世纪中国美术文选》上卷，上海书画出版社1999年版，第240页。

[3] 参见陈衡恪《文人画之价值》，载郎绍君、水天中编《二十世纪中国美术文选》上卷，上海书画出版社1999年版，第72页。

[4] 参见白天元《柯律格谈中国画"气韵"与全球传播：艺术史上的三个跨国瞬间》，https://www.thepaper.cn/newsDetail_forward_4389422。

（图1）展览集中展示了近五百件中国古今艺术品，蔡元培应邀作序，序中尤其强调了"学术上的调和与民族的调和"[1]。巧合的是，林风眠此前也一直在尝试中西艺术的调和实验，他认为"因相异而各有所长短，东西艺术之所以应沟通而调和"[2]。或许是因为共同的志趣和观点，林风眠及其艺术群体随之进入了蔡元培的视野，并由此改变了命运。

　　1925年，应蔡元培之邀，刚从欧洲学成归来的林风眠出任北京国立艺术专门学校校长一职。甫一上任，便"致力在欧工作之继续"，与此同时，"致力改造艺术学校之决心，俾能集中艺术界的力量，扶助多数的青年作家，共同奋斗，以求打破艺术上传统模仿的观念"[3]。这期间，最具影响力的是他1927年主持召开的北京艺术大会。（图2）

图1　中国古代和现代艺术展览会海报　　　　图2　"北京艺术大会"部分艺术家合影

---

[1] 朱朴：《林风眠先生年谱》，载朱朴编著《现代美术家画论、作品、生平：林风眠》，学林出版社1996年版，第130页。

[2] 林风眠：《东西艺术之前途（1926年）》，载朱朴编著《现代美术家画论、作品、生平：林风眠》，学林出版社1996年版，第9页。

[3] 林风眠：《致全国艺术界书（1927年）》，载朱朴编著《现代美术家画论、作品、生平：林风眠》，学林出版社1996年版，第13页。

林风眠大胆地将各种媒介的艺术混合在一起，组织了一场规模盛大的展演活动，在北京引发了强烈的社会反响。这样一种激进的实践显然不光是为了探索新的艺术形式，更是为了团结一切可以团结的力量，掀起一场轰轰烈烈的现代艺术运动。这一点也多少体现在由他主导的学校改革中，林风眠提出的口号是："打倒摹仿的传统的艺术！打倒贵族的少数独享的艺术！打倒非民间的离开民众的艺术！提倡创造的代表时代的艺术！提倡全民的各阶级共享的艺术！提倡民间的表现十字街头的艺术！"① 显然，他所承袭的正是"五四"新文化运动的传统，如在同年发表的《致全国艺术界书》结尾，他说：

> 九年前中国有个轰动人间的大运动，那便是一班思想家、文学家所领导的"五四"运动。这个运动的伟大，一直影响到现在；现在无论从那一方面讲，中国在科学上、文学上的一点进步，非推功于"五四"运动不可！但在这个运动中，虽有蔡孑民先生郑重的告诫，"文化运动不要忘了美术"，但这项曾在西洋的文化史上占得了不得地位的艺术，到底被"五四"运动忘掉了；现在，无论从那一方面讲，中国社会人心间的感情的破裂，又非归罪于"五四"运动忘了艺术的缺点不可！②

林风眠并未提及作为新文化运动一部分的"美术革命"，他的潜台词是不承认奉"写实"为圭臬的"美术革命"，从中也可以看出他与康有为、陈独秀及徐悲鸿等人的分歧所在。在他眼中，"美术革命"并未掀起真正的艺术运动和社会革命，他认为真正的艺术革命不是写实，而应该是现代主义。换句话说，只有基于现代主义的艺术运动，才能肩负起拯民救国的责任和使命。诚如他所说："在中国的社会情形这样紊乱的时候，在中国的民情正在互相倾轧的时候，在中国人的同情心已经消失的时候，正是我们艺术家应该竭其全力，以其整副的狂

---

① 林风眠：《北京艺术大会——北京国立艺术专门学校寄来的稿件》，载朱朴编著《现代美术家画论、作品、生平：林风眠》，学林出版社1996年版，第117—118页。
② 林风眠：《致全国艺术界书（1927年）》，载朱朴编著《现代美术家画论、作品、生平：林风眠》，学林出版社1996年版，第26—27页。

热的心,唤醒同胞们同情的时候!"① 是年,在《艺术的艺术与社会的艺术》一文中,他再次指出,艺术并不是多数人的奴隶,其好坏取决于个人的性格与情绪之表现。艺术家倡导"艺术为艺术",批评家诉诸"社会的艺术",这二者之间并不冲突。② 身兼艺术家和批评家双重角色的林风眠关心的不仅是如何"为艺术而艺术",同时也在考虑如何由此唤醒和引导民众,即"社会的艺术"。概言之,"艺术一方面调和生活上的冲突,他方面,传达人类的情绪,使人与人间相互了解"③。然而,就在这一年,国民党发动"清党",开始大规模屠杀共产党人。被指有"赤化"倾向的林风眠被迫离开北平,再度投奔时任南京国民政府大学院院长的蔡元培。在蔡氏的力荐下,他加入了刚刚成立的国立艺术院——后改名为国立杭州艺术专科学校(以下简称"杭州艺专"),并被任命为第一任校长。

1928年,刚刚上任的林风眠开始致力于杭州艺专的学科建设,并提出了新的办学方针:"介绍西洋美术,整理中国艺术,调和中西艺术,创造时代艺术。"④ 与北平国立艺术专科学校(以下简称"北平艺专")时的口号不同,这里他重申了"中西调和"的艺术观,虽未明确提及社会实践,但实际上他并未放弃,而是继续积极参与并策动艺术革命和社会改造。同年8月,成立于巴黎的霍普斯会(1924)迁至杭州,并更名为"艺术运动社"。林风眠撰写了《艺术运动社宣言》,指出:"艺术运动无论在升平或混乱的时期都是象农夫之耕稼一样不可中断的!简便一点说起来艺术家亦即是全人类精神生活上之农夫!"⑤ 林风眠深谙艺术刊物是艺术运动重要的载体和媒介,为此,他先后参与创办了杂志《亚波罗》和《亚丹娜》。杂志译介了大量现代主义艺术和理论,影响了一大批年轻的艺术学子。1937年全面抗日战争爆发,杭州艺专向西南转移,与北平艺专合

---

① 林风眠:《致全国艺术界书(1927年)》,载朱朴编著《现代美术家画论、作品、生平:林风眠》,学林出版社1996年版,第25—26页。
② 参见林风眠《艺术的艺术与社会的艺术(1927年)》,载朱朴编著《现代美术家画论、作品、生平:林风眠》,学林出版社1996年版,第11页。
③ 林风眠:《致全国艺术界书(1927年)》,载朱朴编著《现代美术家画论、作品、生平:林风眠》,学林出版社1996年版,第20页。
④ 转引自范景中《国立艺专时期(1928—1949)》,《新美术》1998年第1期。
⑤ 林风眠:《艺术运动社宣言》,载朱朴编著《现代美术家画论、作品、生平:林风眠》,学林出版社1996年版,第119页。

并为国立艺术专科学校。次年，时任内政部次长的张道藩策划导演了"倒林"丑剧，迫使林风眠辞职，黯然离开了他所热衷的美术教育舞台。① 从此，他将自己事业的重心彻底转移到绘画，全力投入艺术创作和中国现代主义之路的探索中。

林风眠最初的理想是通过现代主义实践，投身轰轰烈烈的社会改造运动。故其一方面试图通过"中西调和"探索中国现代主义绘画（图3），另一方面他并未放弃艺术运动。在这一点上，他所秉承的正是西方现代主义的革命政治逻辑。当然，他之所以选择"中西调和"，一方面响应了梁启超、杜亚泉、李大钊等人的东西方文明调和观，另一方面也是为了践行现代主义的政治之道。诚如艺术史家T.J.克拉克所说："现代主义画家永远无法逃避艺术会宽恕或美化其环境的观念，并设法回到总体性。你可以称之为人体、农民、人民、经济、无意识、党派、方案计划，称之为艺术本身。"② 在这里，纯粹的艺术和与之对应的社会主体是一体的。可即便如此，这样一种调和式现代主义也无法像基于写实的现实主义一样，有效回应救亡图存的危机时刻。

图3 林风眠:《风景》，轴，纸本水墨设色，33.8cm×34cm，1938年，私人藏

1938年，在即将辞别国立艺专之际，林风眠怀着沉重的心情写下了对学生的临别赠言："为艺术战"。（图4）这是一句意味深长的口号和宣言，就像他说的："绘画底本质是绘画，无所谓派别也无所谓'中西'，这是个人自始就强力地主张着的。"③ 一方面，这指的是他一以贯之的"为艺术而艺术"的主张；另一方面，它暗示艺术本身也是一种社会行动，特别是在抗战这一特殊时期，他号

---

① 参见朱朴《林风眠先生年谱》，载朱朴编著《现代美术家画论、作品、生平：林风眠》，学林出版社1996年版，第145页。
② ［英］T.J.克拉克（Timothy J. Clark）:《告别观念：现代主义历史中的若干片段》上，徐建等译，江苏凤凰美术出版社2019年版，第20页。
③ 林风眠:《艺术丛论》，正中书局1936年版，"自序"，第3页。

图4　林风眠:《为艺术战》, 横卷, 书法, 尺寸不详, 1938年

召年轻学子们不仅为艺术本身而战, 还要为人生而战, 为民族解放而战。

在这一点上, 无论是林风眠的"中西调和", 还是陈师曾将文人画比附为现代主义, 抑或是刘海粟对现代派的极力推崇, 虽然三者的取径不同, 甚至看上去像被困在一个交叉路口, 但最终都汇入了拯民救国的社会运动中。然而, 1949年后, 在油画民族化和新国画运动的大潮下, 主张"为艺术而艺术"的现代主义几乎被彻底抛弃。和很多艺术家一样, 林风眠也遭到了打击。[1]1979年, "星星美展"事件和"无名画会"的浮出, 标志着现代主义重返。也是在这一年, 吴冠中在《美术》杂志第5期发表了《绘画的形式美》一文。文中, 吴冠中重申了"形式美"作为绘画本体论的意义, 明言他所针对的不仅是以宏大叙事为主导的革命现实主义或社会主义现实主义绘画, 乃至整个写实绘画都是他所反对的。他说:"严格要求描写客观的训练并不就是通往艺术的道路, 有时反而是歧途、迷途, 甚至与艺术背道而驰!"[2]吴冠中所谓的"形式美"并不限于东方或西方, 他所力主的"油画必须民族化, 中国画必须现代化"更像是在东西艺术之间找到一个契合点, 这个契合点就是"形式美"。而这样一种东西结合的艺术观在很大程度上便源自林风眠之"中西调和"的现代主义实践, 包括他的反写实主张, 也同样承自林风眠。

---

[1] 参见郑胜天《中国现代艺术的启蒙者——林风眠》, 载林风眠百岁诞辰纪念画册文集编辑委员会编《"林风眠与二十世纪中国美术"国际学术研讨会论文集》下, 中国美术学院出版社1999年版, 第375—384页。
[2] 吴冠中:《绘画的形式美》,《美术》1979年第5期。

二、"形式美":"前卫"抑或"后卫"?

吴冠中早年就读于杭州艺专,时任校长兼教授的林风眠对他影响尤甚。林风眠说:"艺术的第一利器,是他的美……第二种利器,是他的力!"[1] 从他"为艺术而艺术"的追求可以看出,这里的"美"和"力"都指向形式。但强调艺术的"美"和"力",也说明这里的形式并非纯粹的形式。林风眠关心的不仅是艺术本身,还有艺术作为社会实践和社会行动的一面,这一点尤其体现在艺术之"力",就像他说的:"这种力……善于把握人的生命,而不为所觉!这种力……善于强迫人的行动,而不为所苦!"[2] 吴冠中的"形式美"延续了林风眠的这一观念,不过他只选择了第一利器"美",而第二利器"力"及其作为社会行动的一面似乎并没有进入他的视野和实践系统。

在林风眠、吴冠中关于艺术(形式)美的表述中,情感占据着核心的位置。1926年,林风眠发表了《东西艺术之前途》一文,文中指出:"艺术是情绪冲动之表现,但表现之方法,需要相当的形式。"[3] 通过比较中西艺术,他认为"中国艺术之所长,适在抒情"[4]。次年,他再次提出:"艺术根本是感情的产物,人类如果没有感情,自也用不到什么艺术。"[5] 这样的论调明显带着"五四"新文化运动的痕迹。譬如蔡元培的"美育运动"、朱谦之和袁家骅的"唯情哲学",皆表明"情感启蒙"原本就是"五四"新文化运动的重要面向之一。[6] 半个世纪后,吴

---

[1] 林风眠:《致全国艺术界书(1927年)》,载朱朴编著《现代美术家画论、作品、生平:林风眠》,学林出版社1996年版,第19页。
[2] 林风眠:《致全国艺术界书(1927年)》,载朱朴编著《现代美术家画论、作品、生平:林风眠》,学林出版社1996年版,第19页。
[3] 林风眠:《东西艺术之前途(1926年)》,载朱朴编著《现代美术家画论、作品、生平:林风眠》,学林出版社1996年版,第5页。
[4] 林风眠:《东西艺术之前途(1926年)》,载朱朴编著《现代美术家画论、作品、生平:林风眠》,学林出版社1996年版,第9页。
[5] 林风眠:《致全国艺术界书(1927年)》,载朱朴编著《现代美术家画论、作品、生平:林风眠》,学林出版社1996年版,第14页。
[6] 参见彭小妍《唯情与理性的辩证:五四的反启蒙》,(台湾)联经出版事业股份有限公司2019年版,第195—209、234—264页。

冠中谈道:"情与理不仅是相对的,往往是对立的……理,要求客观,纯客观;情,偏于自我感受,孕育着错觉。严格要求描写客观的训练并不就是通往艺术的道路,有时反而是歧途、迷途,甚至与艺术背道而驰!"① 从吴冠中对"理"的贬抑和对"情"的强调可以看出他与林风眠之间的承袭关系。不过,需要指出的是,"形式情感论"并非林风眠首创,据莫艾的考索,他早年可能受到英国形式主义美学家克莱夫·贝尔相关理论的影响。②

1914年,贝尔受其师罗杰·弗莱的启发,在《艺术》一书中提出了"有意味的形式"一说。所谓"有意味的形式",即"以某种独特的方式组合起来的线条和色彩、特定的形式和形式关系激发了我们的审美情感"③。迄今尚无史料可以证明林风眠直接接触过贝尔的理论,但鉴于《艺术》当时在欧洲广泛的影响力④,特别是二者观点的相近程度,可以推测他在欧洲留学期间多少对其有所了解或涉猎⑤。另外,杭州艺专的校刊《亚波罗》第3期和第6期先后发表了贝尔的《艺术之单纯化与图按》《塞尚底供献》两篇文章的译文,也说明林风眠对贝尔的理论并不陌生。

在《艺术之单纯化与图按》一文中,贝尔表示,虽然他"不反对用再现的暗示来达到图按的本质,只要所表现的分子不致败坏了这张画的艺术的价值",但"单纯化……是一切艺术的要素,缺了它艺术不能存在",故只有"有意义的形式底有意义的组织,才能激动深刻的情绪;并且有这样的组织,艺术家才能够完全表现自我"。⑥ 林风眠是《亚波罗》的创办者和编委,贝尔的文章即便不

---

① 吴冠中:《绘画的形式美》,《美术》1979年第5期。
② 参见莫艾《抵抗与自觉:中国现代美术早期发展道路的历史考察》,北京大学出版社2015年版,第128—130页。
③ [英]贝尔:《艺术》,薛华译,江苏教育出版社2005年版,第4页。
④ 沈语冰指出,贝尔所谓的"有意味的形式"(significant form)最早出现在弗莱1910年的演讲稿里,其中提到"有意义的形式与表现性的形式"(significant and expressive form)一词。参见沈语冰《译者导论 罗杰·弗莱:阐释与再阐释》,载[英]弗莱《弗莱艺术批评文选》,沈语冰译,江苏美术出版社2010年版,第18—19页。
⑤ 参见莫艾《抵抗与自觉:中国现代美术早期发展道路的历史考察》,北京大学出版社2015年版,第130页。
⑥ [英]贝尔:《艺术之单纯化与图按》,行予译,《亚波罗》1928年第3期。

是他推荐的，也至少经过了他的审定和同意。况且，贝尔此文在某种意义上也是对林风眠绘画实践最好的诠释：一方面它保留着图像母题，另一方面它又不是将其彻底纯化为抽象，而是追求一种"有意味的形式"。由此可见贝尔的形式理论对林风眠艺术观念的影响。

吴冠中秉承了林风眠的艺术风格和观念，他们本质上都是现代主义者，且都诉诸"中西调和"的美学之道。1929年，林风眠在《艺术运动社宣言》的末尾写道："我们不要忘记现代艺术之思潮一方面因脱离不了所谓个性和民族性，他方面即在精神上而言确有世界性之趋势……新时代的艺人应具有世界精神来研究一切民族之艺术。"① 莫艾研究发现，在林风眠关于新形式探索的表述中，"普遍性"是其核心语汇之一。② 与林风眠一样，吴冠中也是在水墨与油彩、东方与西方之间来回切换，将东西艺术自然地融为一体。对他们而言，二者并无本质区别。故所谓的"形式美"，虽是中国特殊历史情境下的产物，但它追求的则是一种普遍精神。值得一提的是，林风眠曾对石涛的文人写意给予了很高的评价，但他并不主张现代中国画家们照着石涛作品依葫芦画瓢，对他而言，抒情的灵感不仅来自传统，也来自西方。③ 多年后，吴冠中将《石涛画语录》和凡·高的书信相提并论，认为它们是"杰出作者的实践体验"，"不是教条理论，而是理论之母"。在他眼中，正是石涛"提出了20世纪西方表现主义的宣言"。因此，他"尊奉石涛为中国现代艺术之父"，认为其"艺术创造比塞尚早了两个世纪"。④ 林、吴二人都给予石涛极高的评价，这看似是为石涛或中国传统绘画正名，实际上是企图将其纳入"形式主义"或现代主义的框架之中。这一点也回应了陈师曾所谓的"文人画不求形似，正是画之进步"这一观点，反过来也表明，在林风眠和吴冠中这里，无论是"中西调和"论，还是对石涛的认可，

---

① 林风眠：《艺术运动社宣言》，载朱朴编著《现代美术家画论、作品、生平：林风眠》，学林出版社1996年版，第120页。
② 参见莫艾《抵抗与自觉：中国现代美术早期发展道路的历史考察》，北京大学出版社2015年版，第133页。
③ 参见[美]王德威《史诗时代的抒情声音：二十世纪中期的中国知识分子与艺术家》，生活·读书·新知三联书店2019年版，第306页。
④ 张长虹：《吴冠中的艺术观——以〈我读石涛画语录〉为中心的研究》，《美术研究》2018年第6期。

皆意味着他们在追求普遍性的过程中并不乏"'中国式'绘画"的自觉。就像格林伯格的形式主义理论，看似追求的是一种普遍性，但它所捍卫的实则是"'美国式'绘画"。①

1939年，格林伯格在《前卫与媚俗》一文中将学院派、苏联社会主义现实主义和法西斯艺术一并视为媚俗的"后卫"，将抽象绘画看作真正的前卫艺术。② 吴冠中也是如此，他反对学院派，反对苏式现实主义，主张艺术形式本身的构成及其美学。在某种意义上，"形式美"之前卫性便体现在这里。但说到前卫，不得不提1992年他发表于香港《明报周刊》、后来引发激烈争议的短文《笔墨等于零》。文章的第一句话是："脱离了具体画面的孤立的笔墨，其价值等于零。"③ 在这里，吴冠中承认了作为媒介的笔墨或笔触的自足性和纯粹性，他有些作品便直接借鉴了主张媒介自足的抽象表现主义，如波洛克。(图5) 不同的是，当回到画面整体时，他似乎又放弃了这一原则，因此所谓"笔墨等于零"并不意味着整个画面等于零。在他看来，媒介是可变的，它服务于形象，一旦脱离了

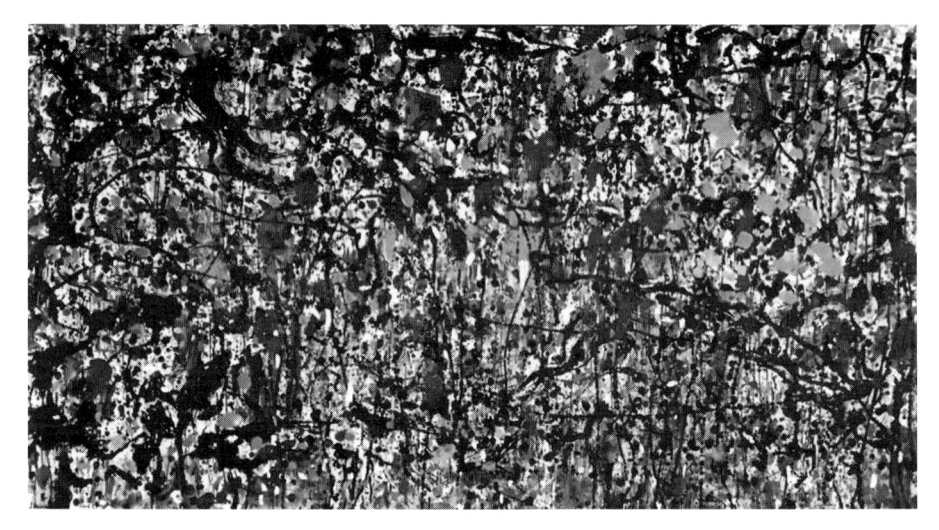

图5　吴冠中：《春酣》，横卷，纸本彩墨，96 cm×181 cm，2006年，清华大学美术学院藏

---

① 参见[美]格林伯格《"美国式"绘画》，载《艺术与文化》，沈语冰译，广西师范大学出版社2009年版，第250—271页。
② 参见[美]格林伯格《前卫与庸俗》，载《艺术与文化》，沈语冰译，广西师范大学出版社2009年版，第17—20页。
③ 吴冠中：《笔墨等于零》，载《我负丹青——吴冠中自传》，人民文学出版社2004年版，第299页。

形象，便毫无价值。①可见从"形式美"到"笔墨等于零"，吴冠中的艺术观念虽然始终带有形式主义色彩，但与格林伯格自足、纯粹的"形式主义"相比，前者所缺少的正是后者的前卫性和彻底性。

与贝尔一样，格林伯格的形式主义理论也源自罗杰·弗莱。不过，弗莱主张审美意义上的形式，即在审美过程中人对形式的反应，格林伯格则认为，艺术的价值在于这门艺术所具有的与其他门类艺术不可互换的特性，并对这种特性赋予文化意义，从而使前卫艺术成为一门反抗社会与文化批判的武器。②吴冠中的"形式美"受林风眠的影响，显然更接近贝尔的形式理论，但同样可以追溯到弗莱。这意味着，贝尔和格林伯格的理论虽然都系于弗莱的形式主义理论，但他们之间还是存在着明显的区分，这个区分无疑也是吴冠中与格林伯格的差别所在。因此，理论上如果说格林伯格的"形式主义"是清空所有内容，那么吴冠中的"形式美"，特别是其中的"美"本身便构成了内容，或者说他所谓的"形式美"指的只是形式先于内容，而非彻底清空内容。这再次表明它既不自足，亦不纯粹。

事实上，吴冠中的"形式美"从一开始就带有装饰的意味。在留学巴黎高等美术学校期间，他就学于法国装饰艺术家苏弗尔皮（Jean Souverbie）工作室，这在很大程度上影响甚至决定了他俗的一面。1983年，吴冠中写过一篇题为《风筝不断线》的创作笔记，文中提到，画面"'无形象'是断线风筝，那条与生活联系的生命攸关之线断了，联系人民感情的千里姻缘之线断了"③。可见，观众是他创作的重要构成因素，而"雅俗共赏"一直是他追求的目标。如前所言，在接受林风眠艺术观的时候，吴冠中回避了林风眠在主张"艺术美"的同时还提出的"艺术力"，忽略了林风眠在追求"为艺术而艺术"的同时还是一位艺术运动的策动者。而这一点恰恰被与"形式美"同时出现的"星星美展"和"无名画会"所继承。（图6）与林风眠一样，"星星""无名"的目的不仅是重启中国现代绘画之路，还希望掀起一场现代艺术运动。

---

① 参见吴冠中《笔墨等于零》，载《我负丹青——吴冠中自传》，人民文学出版社2004年版，第299页。
② 参见［美］格林伯格《走向更新的拉奥孔》，易英译，《世界美术》1991年第4期。
③ 吴冠中：《风筝不断线——创作笔记》，载《我负丹青——吴冠中自传》，人民文学出版社2004年版，第262页。原载《文艺研究》1983年第3期。

| 激荡时代与个人抉择 |

图6 星星美展现场，李晓斌摄影，1979年

高名潞将倡导"为艺术而艺术"的"无名画会"（包括"星星美展"）视为一种"拒绝媚俗的悲剧前卫"。① 而带有俄国前卫主义风格的展览海报业已昭示了"星星美展"的前卫性，艾尔雅维奇（Ales Erjavec）还据此将他们比附为俄国前卫主义健将利西茨基（Lissitzky）。②（图7）这也提示我们，更加接近格林伯格前卫艺术理论的并非"形式美"，而是"星星美展"，且格氏的前卫理论也正好脱胎于俄国前卫主义。③

图7 黄锐："星星美展"海报底图，1979年

尽管如此，我们还是不能否认吴冠中"形式美"理论的前卫意义。1979年，正值改革开放之初，"形式美"和"星星""无名"共同开启了一个新的现代艺术时代。之后，高名潞远赴大洋彼岸，开始了在美国的留学生涯。留学期间，他系统学习了西方现代艺术史和前卫艺术理论，这成为他后来建构中国现代艺术理论的重要动力和基础，其中对他影响最深的就是格林伯格的理论。

---

① 高名潞主编：《"无名"：一个悲剧前卫的历史》，广西师范大学出版社2007年版，第13页。
② 参见[斯洛文尼亚]阿列西·艾尔雅维奇《批判美学与当代艺术》，胡漫编译，东方出版中心2019年版，第15页。
③ 参见[美]格林伯格《30年代后期的纽约》，载《艺术与文化》，沈语冰译，广西师范大学出版社2009年版，第275页。

三、"意派"：特殊性，还是特殊的普遍性？

2004年，高名潞应邀回国，五年后出版了《意派论：一个颠覆再现的理论》一书，并在今日美术馆举办了大型同名展览。（图8）

不同于林风眠和吴冠中，高名潞试图为中国当代艺术建构一个有别于西方艺术理论体系的新的解释框架。他说：

图8 "意派"展览现场，2009年，今日美术馆

> 中西不同的哲学思想和世界观生产出不同的艺术史形态；西方二元哲学形成了以写实、抽象、观念相互排斥的极端形态，而中国的非再现性艺术观则产生了以理、识、形为原理的非排斥的，互相融合的"文书图"一体的艺术形态；如果能够把这种互在性的，意在言外的古代观念转化为更为多元和服务于更多受众的当代艺术观念，我相信一定会产生一种更加开放包容的当代艺术的理论体系。这也是我们几代中国艺术家梦寐以求的，我把这种观念叫作"意派论"。①

从意图和取径可以看出，高名潞此举明显带着格林伯格的色彩。格氏力推的"'美国式'绘画"抽象表现主义一方面深受巴黎画派的影响，另一方面又试图区别于或超越巴黎画派。而其形式主义理论就是在这一吊诡的关系中诞生的。高名潞的"意派"一方面深受西方再现理论及其历史的影响，另一方面又试图区别于并超越西方再现传统。可见，在逻辑上"意派"和格林伯格的形式主义理论是完全一致的。准确地说，格林伯格的形式主义理论构成了"意派"重要的逻辑参照和理据。不过，"意派"并不特指抽象或推出某种"'中国式'绘

---

① 高名潞：《我的马拉松——为〈文艺研究〉创刊四十年而作》，载金宁主编《〈文艺研究〉与我的学术写作》，文化艺术出版社2019年版，第85页。

画",而是含括了所有带"意派"色彩的创作,甚至还为此构想过一种普遍性的可能。

关于西方的再现理论,高名潞虽是从文艺复兴时期的瓦萨里谈起,但他论述的重心是18世纪末至今的艺术和艺术理论。他将其分为三个阶段:作为历史化理念的"古典写实"(18世纪末至19世纪末)、作为媒介化精神的"现代抽象"(19世纪末至20世纪上半叶)、作为体制化观念的"观念艺术"(20世纪60年代至今)。基于此,他将其概括为"象征""符号""语词"三种再现方法,以及与之相对应的"匣子""格子"和"框子"三种再现视角。[①] 这样的区分明显带着福柯"知识型"论述的影子,但不同的是,高名潞不仅做了区分,还在此基础上将三种方法都归为再现系统,或是将再现作为三者所共享的一个本质性结构。而"意派"所要颠覆的即是这个系统和结构。高名潞指出,在西方再现理论中,判断的基础是:一方面保持自我"准则"(norm)的独立,这就需要和其他类型极端分离;另一方面,艺术的自我准则又武断地规定主体和对象之间的对应(早期现代),或者完全不对应(晚期现代、极少主义)。而"意派"尝试寻找的是一种非断裂的当代理论模式。这个模式的灵魂是在那些不同类型的"它"的交叉地带寻找理论阐释的角度,举例来说,就是"理非理""识非识"和"形非形"的领域。这些领域构成了这个理论模式的基础——"差意性",即"不是之是"[②]。

高名潞主张的是一种非断裂性,但问题是,这个"非断裂性"无法自外于所谓"断裂"的西方再现系统而存在,后者已然成为前者的一部分。何况,再现是否涵盖了整个西方艺术史呢?即便是,整个再现系统就一定是断裂的吗?显然不是,而这也是"意派"内在矛盾的地方。高名潞一方面强调不同于西方现代性逻辑的中国性,另一方面又试图赋予"意派"某种普遍性,可见其所谓的"整一现代性"的底色还是"现代性";一方面强调"意派"根源于中国传统和本土经验,另一方面"意派"本身又是反西方再现传统的产物,而且其论述也在与西方艺术理论的比对中展开。以上种种,皆表明"意派论"真正追求的既不是特殊性,也不是普遍性,而是一种特殊的普遍性。

[①] 参见高名潞《西方艺术史观念:再现与艺术史转向》,北京大学出版社2016年版,第556页。
[②] 高名潞:《西方艺术史观念:再现与艺术史转向》,北京大学出版社2016年版,第567页。

在这个意义上，我们不妨将林风眠、吴冠中的现代艺术观视作高名潞"意派论"的另一个理论底色。三者之间看似没有直接的联系，但事实上都企图建构一种特殊的普遍性。相较前者，高名潞的"意派论"不仅建立了一个结构性的艺术阐释系统，同时在阐释系统的自身完善中探寻更广泛的美学价值，在此基础上，他还积极投身艺术运动和社会实践。对高名潞而言，写作和策展不可偏废，都是一种宣言和行动。这一点倒与林风眠有点相似，但逻辑上还是更接近格林伯格的实践。只是，此时已然不是格林伯格的时代了，试图以某种理论或话语推动艺术的发展已经不合时宜，所以大多被归为"意派"的艺术家并不买账，当然也不反对作如是解释和归类。吴冠中则不然，他不仅以自己的实践印证了自己的理论，并以理论的方式推动自己的实践，"雅俗共赏"是他追求的目标，也因此他的艺术和观点反而得到更多人的认可和响应。

综上可见，林风眠的"为艺术战"、吴冠中的"形式美"及高名潞的"意派"这三个中国现代艺术观念与西方形式主义传统的三个重要人物罗杰·弗莱、贝尔及格林伯格之间存在着复杂的关联和纠缠。然而，后者并非前者唯一的理论来源，他们同时还受到其他理论和诸多艺术家的影响，但更重要的动因还是现实经验，这才是他们真正得以生长的土壤和条件。用柄谷行人的话说，现代主义之所以能够带来冲击，恰恰在于它所具有的"伦理性和社会变革的思想"[①]。

四、余论

2017年年底，中国美术学院和法国莱茵高等艺术学院联合主办的"未来媒体／艺术宣言"系列展演活动在斯特

图9　2017年"未来媒体／艺术宣言"展演活动海报

---

① ［日］柄谷行人：《作为隐喻的建筑》，应杰译，中央编译出版社2017年版，第172页。

拉斯堡拉开帷幕。(图9)前面提到,1924年,正是在此地,林风眠等20余位旅法中国艺术家策划了首个中国美术展览会,成了那个年代振奋人心的一次文化宣言。近一个世纪后,来自世界各地的数十位艺术家和学者再度聚集此地,以林风眠的名义,纪念这个重要的艺术事件和历史时刻。

展演活动分为四个单元,分别为"山水:一份宣言""世纪:一份提案""风眠:一种历史""渡物:一段历程"。值得一提的是,"山水:一份宣言"单元就在莱茵宫举办。(图10)此时,无论是"山水"主题,还是展出地莱茵宫,都别具意义。高士明指出,特别是今日之"山水",它"不但是一种独特的美学/感知之学,还是一种超越末世论和弥赛亚主义的'大地政治',一种对分裂的世界观进行重新整合的'宇宙技术'"。在"世纪:一个提案"单元中,弗兰克(Anselm Franke)、许煜、南希(Jean-Luc Nancy)、斯蒂格勒(Bernard Stiegler)、陈界仁等12位来自世界各地的学者和艺术家会聚在50年前曾爆发"革命前夜"的第一场学生运动并开启了"五月风暴"历史的斯特拉斯堡大学中厅。(图11)立足于12个核心时刻,高士明感到,"回顾过去百年中那些未完成或被错过的历史,重新激发出事件的动能与势能,在时间的涡流与回溯中,把可能性还给历史"。

在《意派论:一个颠覆再现的理论》的前言中,高名潞写道:"'意派'试图超越现实实用和功利主义,坚持独立批判精神,探寻一种世纪新思

图10 斯特拉斯堡莱茵宫的"山水:一份宣言"现场,2017年

图11 斯特拉斯堡大学的"世纪:一个提案"现场,2017年

维。"①"世纪思维"也是同名展览的副标题。可见,"未来媒体/艺术宣言"和"意派"都希望通过回溯历史,提供一个朝向未来的世纪思维,其不仅立足于中国本土历史和文化(他们分别选择了"山水"和"意"),且意图提供一个整体性的思维框架。"未来媒体/艺术宣言"展演是为了纪念1924年在斯特拉斯堡举办的中国美术展览会,在那次展览会中,近五百件中国古今作品聚集在一起,后来林风眠策划组织的北京艺术大会也是如此,混合了各种媒介和艺术(或"时间错置性")的特别形式,之所以采取这样的形式,一方面是为了致敬历史,另一方面也希望借此激起新的当代能量。"意派"的包容性和激进性亦体现在这里。不过,形式本身并非目的,它们(包括林风眠和吴冠中的实践)还是有着自己明确的指向和目标,都是通过追溯传统,不同程度地卷入现代中国的形塑进程。这一点显然有别于瓦尔堡,虽说都是诉诸普遍性,但前者追求的是一种特殊的普遍性,而瓦尔堡追求的是一种"无名"的普遍性、一种"无名的世界主义"。②巧合的是,这一"无名的世界主义"与费诺罗萨、柯律格所谓的"无中心的世界主义"殊途同归,看似是去中心化的,但其实都是"一种改头换面的西方中心主义和帝国主义"。③

当然,我们并不能否认这一"同时代性"本身所具有的"破坏力"和政治性。从"为艺术战"到"形式美",再到"意派"(包括"未来媒体/世纪宣言"),它们之间或明或暗的关联看似构成了一部中国现代主义艺术的历史叙事,但由于它们共享着同样的艺术意志和能量,其所处的与其说是三个不同的时刻,不如说是同一个时刻。罗志田曾说:"几代人关怀思虑相通,具有'同时代性',可谓'同时代人'。"④在此,我们不妨也将林风眠、吴冠中、高名潞三位不同时期的现代主义践行者视为"同时代人"。这不仅是为了重申他们之间的历史关联,同时也是希望透过他们之间的交错和碰撞,激荡出新的艺术力量和社会潜能。

---

① 高名潞:《意派论:一个颠覆再现的理论》,广西师范大学出版社2009年版,第VII页。
② 关于瓦尔堡的"无名"论,参见[意]阿甘本(Agmben,G.)《阿比·瓦堡与无名之学》,载《潜能》,王立秋、严和来等译,漓江出版社2014年版,第125—149页。
③ 柄谷行人表示,他并不赞同奈格里(Antonio Negri)、哈特(Michael Hardt)将全球化时代的美国视为帝国而不是帝国主义的看法。参见[日]柄谷行人《民族与美学》,薛羽译,西北大学出版社2016年版,第37、106页。
④ 罗志田:《文化东西:梁漱溟之问的时代性》,《探索与争鸣》2016年第7期。

中西之间的跨媒介互诠

——林风眠的戏曲人物画与立体主义

杨 肖[*]

摘 要：20世纪40年代中后期至50年代初，林风眠开始以中国戏曲为题材创作一批实验性绘画，通过沟通中国戏曲与欧洲立体主义绘画对时空关系的理解与表现方式，以跨文化与跨媒介的视野与创作方法传达出自居于中西之间的现代艺术观念，践行了兼具"中国艺术复兴"与"世界新艺术之产生"双重目标的现代艺术理想。

20世纪40年代中后期至50年代初，林风眠综合运用纸本、水墨、水彩、丙烯等中西绘画媒介，创作了一批中国戏曲人物题材的实验性绘画。林氏开启于20世纪40年代的中国戏曲人物画创作，作为其现代绘画探索的重要构成部分，承载着他兼具"中国艺术复兴"与"世界新艺术之产生"[①]双重目标的现代艺术理想。耐人寻味的是，1927年，留法归国之初的林风眠曾公开而强烈地批判以戏曲为代表的中国民族民间文艺传统；而到了二十余年后的1951年，他却在私人书信中坦言"喜欢旧戏"。本文尝试将林氏对中国戏曲前后迥异的"看法"置于它们各自出现的特定时期历史情境——"五四"启蒙主义情境与20世

---

[*] 杨肖，中国艺术研究院美术研究所副研究员。
[①] 林风眠在20世纪20年代即提倡以"调和东西艺术"的方法路径实现"中国艺术复兴"，同时，在他的世界主义愿景中，调和东西艺术以"短长互补"的成果是"世界新艺术之产生"。参见林风眠《东西艺术之前途》，《东方杂志》1926年第23卷第10号。

纪40年代战时情境，分析它们各自蕴含的文化价值取向，以理解他在20世纪40年代经历的思想转变，进而考察这种转变如何影响了林氏当时的现代绘画实验取径。通过解读林氏在此期间的戏曲人物画与立体主义在观念与形式上的对话关系，本文将揭示其中跨媒介的中西互诠机制，并由此探讨林氏自居于中西之间的现代艺术观念，在此类创作中是如何被具体付诸实践的。

一

林风眠有关中国戏曲的看法，曾先后在1927年撰写并自印专册分送友人的长文《致全国艺术界书》和1951年所写书信中有所表述。对比两者可知，伴随这位留法艺术家在归国之初与其后人生际遇上的剧烈转变，他对以"旧剧"为代表的中国民族民间艺术传统的认知与理解也经历了一个明显的转变过程，促成这种转变发生的重要契机则是他在抗战时期所经历的自我身份意识的转变。

在《致全国艺术界书》中，林风眠称之所以要评论中国戏曲，乃是将其视为需要批判的传统中国艺术的最典型代表。因为"旧剧"不仅是"中国过去的艺术"，而且是"中国现时所流行的，为多数人所喜悦，而特别认定为艺术的"，故而他要以"旧剧""在中国社会上可算是最普遍的娱乐之一种"这一现象为例，批评中国人长期只把艺术"当作娱乐的玩艺，只可用以消遣，不做别用"，"中国过去的艺术，只可称作娱乐之一种"。在他看来，基于这种长期流行于中国社会的认知，"中国之所谓艺术家者，便不得不婢膝奴颜地向恶劣的暗示妥协，有所制作，不特不能引起人类精神生活向上的倾向，而且愈趋愈下，日渐变为卑劣丑恶的娱乐品"。他全盘否定"旧剧"内容的意义，认为其"多描写历史上忠君爱国，贞妇孝子的故事，或简单到十二分可怜的，一种下等的游戏"，指其为"封建思想和奴隶思想的代表"；而对于"旧剧"的"形式"，他说"难为他们这千百年中历炼出来的精粹，比较有价值的，当然是装饰上的均齐的意味，如战舞的肢态，几何式的步法，涂绘的颜面，如此而已"[①]。林风眠以"装饰与游戏"概括"旧剧"形式的审美特征，虽认可其形式的历史意义，但认为这种艺

---

① 林风眠：《致全国艺术界书》，《贡献》1928年第5期。

术形式已不能适应现代社会对艺术功能的需求，因为其"在原始人类，或现在的未开化的民族中为最发达，所以表现这种趣味的东西，至少也应在屏诸四夷之列！"他强调艺术在现代社会中应发挥美育功能，与提倡"艺术代宗教"的蔡元培观点相近。站在受西方现代思想熏陶的启蒙主义精英立场上，他认为艺术应承担起教化民众的社会功能，艺术家应肩负起改造社会大众的历史使命。因此，他将艺术与"娱乐的玩艺"相对立，称艺术"是同游戏全然不同的东西"，认为中国"旧剧""这种数百千年传统下来的老玩艺"对现代社会的建设是无用的，已失去存在意义。

林风眠在1927年这篇文章中对中国传统戏曲的批评角度，与"五四"新文化运动领袖胡适及其追随者在1918年对中国"旧戏"所作批评的立场颇相近，均是在文明等级论和社会进化论视野下，将中西关系等同于旧新关系的二元对立，据此猛烈批判中国"旧戏"从内容到形式的陈腐不堪。1918年，作为新文化运动主要发起者之一，胡适提倡以全面接受欧洲戏剧影响而形成的"话剧"[①]来建设中国的新戏剧。1918年10月，《新青年》杂志推出了"戏剧改良专号"，其中，胡适发表的《文学进化观念与戏剧改良》依据社会进化论观点，将"脸谱、嗓子、台步、武把子、唱工、锣鼓、马鞭子、跑龙套等"中国戏曲的构成元素，视为已经随时代变迁而变得"无用"的"遗形物"（Vestiges or Rudiments），称其为"中国人的守旧性最大"的表征。[②]他以西方话剧舞台作为"新式舞台"的代表，以其"布景"特征为参照，批评京剧舞台表演程式："现今新式舞台上有了布景，本可以免去种种开门、关门、跨门槛的做作了，但这些做作依旧存在；甚至于在一个布置完好的祖先堂里'上马加鞭'。"他认为，"这种'遗形物'不扫除干净，中国戏剧永远没有完全革新的希望"。胡适的论述将西洋戏剧与中国戏曲归入"文明"与"野蛮"、"新"与"旧"对立的二元结构，与他持类似看法的还有在同一期《新青年》上发表文章的傅斯年、刘半农、

---

① "话剧"这一译名至20世纪20年代才出现，并被频繁使用，而此前多用"新剧"指代。参见陈均《现代性的"纠结"——〈新青年〉戏剧话语与百年戏剧史之消长》，《广东艺术》2022年第3期。
② 参见胡适《文学进化观念与戏剧改良》，《新青年》1918年第5卷第4号。

钱玄同、周作人等。[①]比如，周作人在《论中国旧戏之应废》中断言"中国戏是野蛮"，提倡"欧洲式的新戏"取代中国戏曲。[②]可见，林风眠在1927年对中国"旧剧"的批评其来有自，他对戏曲的批判延续了新文化运动时期的《新青年》同人即已运用、在彼时中国知识界占据主流的社会进化论话语，以进步—落后、文明—野蛮的模式看待西式"新剧"与中国"旧戏"。

发表《致中国艺术界书》时，林风眠已辞去了北京国立艺术专门学校（以下简称"北京艺专"）校长兼教授之职。他在该文中对中国传统戏曲发起的猛烈批判，乃至他对中国文化艺术传统的整体性批判态度，或与他当时在北京艺专主持校务后进行的师资改革受到部分该校教师反对，以及他在经费困难、政治环境恶化等情况下领导北京艺专倡办的"北京艺术大会"这一本意在"为中国提倡艺术，使吾国人人都能领略艺术意义"的社会性艺术运动受到政府当局干涉乃至叫停的内外受挫处境有关。更重要的是，林风眠此前在欧洲受过多年教育，而在回国之初、抗战之前的十年间一直生活和工作在东部沿海大城市，相对而言，他"出入最多的社交场合是法文协会之类的组织，结交的也多是些欧美人士，他作品的买家也是这些人，所以他在艺术趣味上更接近于欧洲，而对自己本民族的传统文化倒是比较隔阂的"[③]。在20年纪30年代中期之前，与发起新文化运动和五四运动的中国知识界精英一样，林风眠是个颇为激进的反传统主义者，他对中国传统文化的批评意见带有强烈的社会进化论色彩。从北京艺专辞职同年，林风眠应蔡元培之聘赴南京，任国民政府大学院艺术委员会主任委员，参与筹备建立了西湖国立艺术院，并在1928年出任国立艺术院院长，雄心勃勃地期望继续他在北京艺专已开启的"中国艺术复兴"运动，继续他自20年纪20年代中后期开始作为中国美术教育界领军人物的公共美育事业。然而，1937年，随着抗日战争全面爆发，林风眠先后经历了辗转于内地多处、并校、杭州住所被洗劫、"倒林"风潮、辞职等变故，他也因而从作为社会性的"艺

[①] 参见陈均《现代性的"纠结"——〈新青年〉戏剧话语与百年戏剧史之消长》，《广东艺术》2022年第3期。
[②] 参见周作人、钱玄同《论中国旧戏之应废》，《新青年》1918年第5卷第5号。
[③] 林风眠百岁诞辰纪念画册文集编辑委员会编：《林风眠之路：林风眠百岁诞辰纪念》，中国美术学院出版社1999年版，第61页。

活动"领袖的"角色"中抽离出来,"从高居象牙塔尖的艺专校长变为一个普通的'闲人'",随之而来的变化是他"有了充裕的画画时间"。①

抗战时期林风眠的人生际遇发生转折,他以往对待中国传统文化的整体性批判态度也发生了很大转变,包括他看待中国传统戏曲的态度。1939年三四月间,他回到上海生活了不到一年时间。当时上海是沦陷区,中国居民的社交和文化活动大多被限制在国际租界和法租界内,他时常到法租界的"大世界"剧院看京剧,自此竟迷上京剧,熟悉了许多经典剧目和角色。②除了京剧,他还爱看昆剧、绍兴戏等,他从中择取题材,创作了大量表现中国戏曲人物的作品。如果说林风眠在归国初期至抗战全面爆发以前的绘画创作中,更多地倾向于站在启蒙主义精英的立场上,为抒发面向全人类普遍的人道主义思想,在作品中表现了许多宏大而哲理化的主题,那么他在战时则以更加沉潜的心态,更多地关注个人日常生活中触手可及、切身可感的中国本土题材。战时个体人生境遇的变化,带来了文化心态与艺术视野的变化,林风眠在坚持"调和东西"艺术观念与探索方向的同时,吸纳了新的资源,调整了具体取径。1939年4月29日至5月4日,他在上海法租界的法国球场总会举办大型个展,由使馆参事主持开幕式,展出了百余件作品,当时《法文上海日报》(Le Journal de Shanghai)上刊发的评论文章即指出,是战争时期的经历迫使林风眠"实际地甚至可以说肉身地认识自己的国家",要求他在纸面上"重新创造"新的主题,发明新的表达方式。③他在战时进行了诸多具有突破性的绘画探索,其中一个重要的表现方面,就是他在此期间开启的戏曲人物画实验。对他来说,"旧戏"作为一种在中国长期以来雅俗共赏的民族民间"传统"艺术,开始具有了新的观看维度。

二

林风眠在抗战时期迷上"看旧戏"的经历,对他的现代绘画探索具有深刻

---

① 郎绍君:《林风眠》,河北教育出版社2002年版,第61页。
② 参见赵春翔《林风眠先生访问记》,《抗战画刊》(重庆版)1940年第2卷第3期。文中介绍,林风眠"对于平剧的熟悉,生也是最近的事,上海卜居,大世界的平剧部是林先生时常走动的地方"。
③ 参见方小雅《克罗多在中国(1926—1930)》,硕士学位论文,广州美术学院,2023年。

意义，尤为重要的是，在试图理解中国传统戏曲处理时空关系的方式时，他意外地开启了研究西方现代主义的新视角。在1951年致学生的多封书信中，林风眠将中国传统戏曲与立体主义的时空观念及其表现形式进行类比，在跨文化与跨媒介的视野下寻求构建中西艺术之间的对话关系。他说：

> 近来在上海有机会看旧戏，绍兴戏改良了许多，我是喜欢旧戏的，一时又有许多题材，这次似乎比较了解它的特点，新戏是分幕，而旧戏是分场来说明故事的，分幕似乎只有空间的存在，而分场似乎有时间的绵延的观念，时间和空间的矛盾，在旧戏里，似乎很容易得到解决，像毕加索有时解决物体，都折叠在一个平面上一样。我用一种方法，就是看了旧戏之后，一场一场的故事人物，也一个一个把他折叠在画面上，我的目的不是求物、人的体积感，而是求综合的连续感，这样画起来并不难看，我决定继续下去。①

> 我想从旧戏的动作，分化后再想法构成创作，在画面上或者可能得到时间和综合的观念……②

在前文所述1918年10月《新青年》的"戏剧改良专号"上，针对新文化运动领袖从西方话剧写实性标准出发批判中国戏曲艺术"守旧"的激进观点，质疑的声音亦同期刊载。当时还是北京大学学生的张厚载，此前曾经就中国戏曲的价值问题与胡适商榷，他在胡适邀约下撰写了《我的中国旧戏观》一文，也发表于同一期《新青年》上，由此引发了日后著名的"五四"新旧戏剧论争。在《我的中国旧戏观》中，张厚载提出"中国旧戏第一样的好处就是把一切事情和物件都用抽像的方法表现出来。抽像是对于具体而言"。"抽像"即抽象，作为艺术范畴的"抽象主义"则由现代主义艺术家康定斯基首次提出。张厚载在此借用"抽象"这个源于欧洲的概念，阐释中国戏曲长于"假像（象）会意"的写意性艺术特质，意在以西方现代艺术发展方向为参照，证明中国戏曲艺术观念

---

① 林风眠：《给泰》，转引自郎绍君《林风眠》，河北教育出版社2002年版，第95页。
② 林风眠：《给潘其鎏》，转引自郎绍君《林风眠》，河北教育出版社2002年版，第95页。

和创作方法并不"落后"或"原始"。结合西方戏剧史的论说，他指出：既然戏剧的起源是"摹仿"，亦即用"假的摹仿真的"，那么不执着于表现手法上的写实，深谙"游戏的兴味，和美术的价值，全在一个假字"的中国戏曲，反而在西方戏剧传统之外，体现出高妙传神的审美价值。中国戏曲的写意式表达，作为一种艺术思维的承载形式，对于它的审美体验和意蕴理解，要求欣赏者超越模仿意义上的表面真实，调动起欣赏者自身的内在体验。他进而指出，与"假像（象）会意"的"抽像（象）"方法相应，"中国旧戏，无论文戏武戏，都有一定的规律"，"有人说中国旧戏的规律太严、说中国旧戏不好，这是理想家极端的论调"，实则"外国戏""也决不是'漫无纪律'的"，因为"百科全书的喜剧部说外国戏最讲究三种的联合（Three Unities），就是做作的联合，地方的联合，时间的联合（Unity of action, Unity of place, Unity of time）"，反而是"中国跟印度的戏剧，都没有这种规律。地方跟时间的联合，更是向来没有"。①

伴随战时个体经验而来的身份意识转变，使林风眠有意识地重审中国民族民间艺术传统。他对戏曲的观看角度开始与张厚载式的观点相通，特别是他从"分场"的舞台表演形式中，看到了中国戏曲对时空关系的理解与表现方式，较之西方戏剧具有更为自由不拘、富于"游戏"意味的艺术精神和审美价值。因此，林风眠一方面以中国戏曲的艺术观念来解读欧洲现代主义绘画的立体主义，另一方面又借鉴立体主义的形式语言来表现中国戏曲题材，通过跨媒介的构思与创作方式，他的画面传达出中西互诠的用意，试图在中国传统戏曲与欧洲现代主义绘画的艺术精神和表现形式之间建立起对话的空间。在上述1951年书信中，林风眠也谈到了自己之所以画大量中国戏曲的初衷：

> 在旧戏里有新鲜丰富的色彩，奇怪的动作，我喜欢那原始的脸谱，画了一共几十张了，很有趣，这样一画，作风根本改变得很厉害，总而言之，怪得会使许多朋友发呆，也许朋友会说我发狂了。
>
> ……旧戏里有许多东西，戏台上的人，跳来跳去，而如果不了解原来的意义，那就看不出味道来。我一切用原始舞蹈的原则去评量她，这样对台步

---

① 张厚载：《我的中国旧戏观》，《新青年》1918年第5卷第4号。

就会觉得是三步或四步舞了。①

十多年前，当林风眠对中国戏曲还颇感厌恶之时，"色彩""动作""脸谱"这些中国戏曲中的视觉形式元素，就已引起了他的关注。如前所述，他在1927年所撰《致全国艺术界书》中说，中国戏曲的"形式方面，难为他们这千百年中历炼出来的精采，比较有价值的，当然是装饰上的均齐的意味，如战舞的肢态，几何式的步法，涂绘的颜面，如此而已"②。如果说他在归国之初还标举着欧洲文艺复兴时期人文主义艺术中呈现的理性与感性的平衡，并据此标准批评中国"旧戏"形式只是"在原始人类，或现在的未开化的民族中为最发达，所以表现这种趣味的东西，至少也应在屏诸四夷之列"，那么他在20世纪40年代以来对中国传统戏曲的认知和理解，显然较之此前多了一层"理解之同情"。也正基于此，他才会在20世纪初期已逐渐占据欧洲现代主义艺术主流的立体主义绘画与中国传统戏曲的写意传统之间寻找跨媒介的中西艺术对话。特别是他在上述书信中所谓的"原始"，其含义已不复如1927年的言论那般，带有以现代欧洲文明为中心的文明等级论或社会进化论观念的贬义色彩。③如果说林风眠对这个词的多次使用，显然部分基于他对欧洲现代主义绘画之"原始主义"潮流的认知，那么在更具体而直接的层面上，则源于他对20世纪初期兴起于巴黎并很快成为欧洲现代主义艺术主流的"立体主义"的理解。若欲把握林氏所谓"原始"的语义，需将其置于立体主义的语境中加以考察。

在1911年至1912年的巴黎，立体主义已跃出纯绘画领域而为公众所知，在建筑、服饰等整体艺术领域全面开花。1925年，法国画家德劳内（Robert Delaunay, 1885—1941）和莱热（Joseph Fernand Henri Léger, 1881—

---

① 林风眠：《给泰》，转引自郎绍君《林风眠》，河北教育出版社2002年版，第95页。
② 林风眠：《致全国艺术界书》，《贡献》1928年第5期。
③ "原始主义"（primitivism）这一概念最初产生于西方对非西方世界殖民征服的历史经验，在现代主义语境中，"原始主义"通常指艺术家和作家在试图要赞美被视为"原始"人的人群的文化艺术特征，并将其假定的质朴（simplicity）和纯真（authenticity）挪用到西方艺术的改造计划中时所采取的行动。参见Robert S. Nelson and Richard Shiff, *Critical Terms for Art History*, Chicago: The University of Chicago Press, 2003, p.217.

1955）参加了巴黎装饰艺术与现代工业博览会，他们为法国大使馆展馆绘制过具有立体主义风格的装饰性绘画，但在开幕前被撤除。（图1）

当时正在巴黎留学的林风眠也在该博览会的中国馆展出了作品，当时他很可能已对立体主义有所关注。20世纪30年代中期，林氏编著的《一九三五年的世界艺术》一书中收录了15篇译自法文杂志的文章，其中"选译了四篇较为纯粹的论文"。在这四篇文章中，《立体主义之创造者》专论立体主义，其他三篇中也有对立体主义的论述，而且，这些文章中的相关论述对立体主义看法不一，有时甚至存在彼此对立之处。① 在1952年4月5日致苏天赐的信中，林风眠谈到未来派、立体派时说："其实这种资产阶级的形式，需要从根底上了解它，也不是容易的事，我弄了几十年，头发也弄白了，现在从戏剧上才真真得到了认识。"② 可见，对于立体主义形式革新背后的认知逻辑及其历史价值，20世纪30年代中期的林风眠尚未形成独立的判断，正处于潜心研究的过程。不过，从他在该书中选译了多篇有关立体主义的论文这一行为本身可见，他认为译介立体主义在巴黎的发展与接受情况是对彼时中国艺术界具有建设性意义的工作，因此很可能他也认同《立体主义之创造者》中的看法："立体主义是印象主义以后，艺术史中最重要的一个事实。而且印象主义不过是一个湾头，立体主义

图1 ［法］德劳内:《埃菲尔铁塔》（巴黎装饰艺术与现代工业博览会之法国大使馆展馆参展作品），1925年

---

① 参见林风眠编著《一九三五年的世界艺术》，商务印书馆1936年版。其中收录的四篇"较为纯粹的论文"分别为《回到主题上来》《主题之选择》《野兽主义之结算》《立体主义之创造者》。
② 郎绍君:《林风眠》，河北教育出版社2002年版，第99页。

则实是危机之下的一个厉害状态,是从一个情境转到另一个情境去的过路。它虽给我们以不安,而要拒绝它却是不可能的。所以,还是只讲它的建设方面的好处,新的客观性,和注重风格之趋势,而希望能从不好里,发生出好的东西来罢。"①

回到19世纪末期至20世纪初期的欧洲艺术语境,对"原始"一词在艺术史写作、艺术创作和艺术批评领域的用法加以考察,会发现其所指并不固定,在当时引起过很大争议。比如,在19世纪与20世纪之交,"原始"曾经被艺术史学家用来指代欧洲文艺复兴时期以前的意大利和弗拉芒艺术,后也被笼统地用于指代欧洲古代"非古典"的文化。同时,"原始"还被用于指代古代或已灭绝的非西方文化中的艺术风格,这也是此词如今更为我们所熟知的含义,比如毕加索1907年的《亚威农少女》(图2)在刚面世时就曾被人认为是具有亚述(Assyrian)或阿兹台克(Aztec)风格的作品;此外,"原始"也被用于描述同时期的美拉尼西亚(Melanesian)和波利尼西亚(Polynesian)艺术。②

林风眠所谓"原始",其所指比较接近于1912年立体主义的批评家莫里斯·雷纳尔所谓的"原始人"艺术,亦即包括欧洲"中世纪"艺术在内的"文艺复兴之前的艺术。总体而言,原始人之后的艺术家认为应该废除想象法则而以视觉法则代之的做法,是很令人遗憾的"。③ 作为与毕加索并列的立体主义发明者,法国画

图2 毕加索:《亚威农少女》,布面油画,243.9cm×233.7cm,1907年,美国纽约现代艺术博物馆藏

---

① 林风眠译:《立体主义之创造者》,载林风眠编著《一九三五年的世界艺术》,商务印书馆1936年版,第31页。
② Neil Cox, *Cubism*, London: Phaidon Press Limited, 2000, pp.79–81.
③ Neil Cox, *Cubism*, London: Phaidon Press Limited, 2000, p.117.

家、雕塑家布拉克(Georges Braque, 1882—1963)随后采用了类似说法, 希望通过立体主义将绘画从追求表象真实的错觉主义模仿中解放出来。布拉克说:"整个文艺复兴的传统与我格格不入。其不可违逆的透视法则被成功地强加于艺术,这个可怕的错误花了四个世纪才得到纠正——塞尚,以及之后的毕加索和我,在这一点上厥功至伟。科学透视法不过是用来欺骗眼睛的错觉罢了。"[1] 20世纪初期出现的解释立体主义的主要理论之一,即认为中世纪艺术家(在欧洲现代语境中他们经常被称为"原始艺术家")的作品和立体主义在观念上具有相同的实质。

林风眠试图在中国传统戏曲与西方现代主义绘画的艺术观念和表现形式之间,寻找可以建立对话的空间。为形象地阐释这两者之间互通的更为自由的艺术精神,他试图通过绘画实验来表达两者在时空观念及其表现手法的对话性,亦即他所说的"时间和空间的矛盾在旧戏里很容易得到解决,像毕加索有时解决物体都折叠在一个平面上一样"。他在戏曲人物画创作中借鉴了立体主义绘画的形式语言,将不同时刻或角度看到的物象形态交叠、重组,在同一幅画面上将中国戏曲人物在不同分场的动作姿态"折叠"起来加以描绘。像立体主义者那样,他通过"借助其全部的涂绘特质,将处于时空流逝中的若干合成元素提供给观者来进行思考"[2]的方法,以绘画表现时间在空间中的绵延。

为了实现单一画面对时间绵延感的表现,林风眠从画面中移除了几乎所有具体的舞台布景元素,随之也消除了提示画面观看角度的视觉元素,因此也就模糊掉了画面表现的特定时空关系。比如,在20世纪40年代中期创作的一幅作品中,他将人物从具体的舞台背景中抽离出来,也无任何舞台道具的设置,只是以淡墨填充画面四边的区域,并且在人物四周边缘留白,由此,画中人物

---

[1] Neil Cox, *Cubism*, London: Phaidon Press Limited, 2000, p.109.
[2] 1910年,拥护立体主义的批评家罗杰·阿拉尔(Roger Allard)第一个使用了一系列后来在立体主义作品的分类中得到广泛应用的术语,他指出"在印象主义的对立面中,一种艺术诞生了。它几乎无心重画某些偶然性的宏大事件,而是借助其全部的涂绘特质,将处于时间流逝中的若干合成元素提供给观者来进行思考。物体的解析关系以及它们互相从属的细节,因此都不再重要——它们在创作时被留在了画面之外。之后,它们又在每一位观者进行个人观赏时,以念头的形式重新出现在其主观画面中。"转引自 Neil Cox, *Cubism*, London: Phaidon Press Limited, 2000, p.144.

仿佛悬浮于虚化的空间，令观者难以判断人物所处的特定戏曲场景。（图3）

如果说时间绵延感在上述画中的表现形式还是潜在而模糊的，那么在林风眠同期稍后的创作中则得到了更明确的体现。比如，在20世纪40年代末或20世纪50年代初所作的《刺王僚》中，为了表现人物在舞台上持续变换动作和位置的运动状态，他将人物身体的各部分彼此分解开，并将其形体构造提炼为多个不同的几何图形，再将各个几何形交叠重组。（图4）画面中左侧人物的左右衣袖形态迥异，右衣袖口的袖口收紧，左衣袖却袖管宽大呈三角形展开，袖口则呈长方形竖向下垂到画面底边，并敷以黄色丙烯和淡墨擦色，令观者难以分辨这只衣袖的归属究竟是左侧人物还是右侧人物，因右侧人物的衣袍也以几乎同样的黄色丙烯和淡墨擦色画成。这种对局部视觉悖论感的营造方式，赋予了画面多重视点，由此生成的视觉效果富于动感，类似于截取活动影像中的多个镜头画面再将其叠加在一起而造成的视觉效果。

图3　林风眠：《戏曲一景》，纸本水墨设色，38cm×41.7cm，20世纪40年代中期，香港艺术馆藏

林风眠画面中设置多重视点的手法，有些接近于立体主义早期的分析立体主义（Analytic Cubism，1908—1912）手法，亦即基于对现实的观察，将三维物体首先分解为碎片——对应于它们在不同空间视角中所呈现出的形态——然后再在二维画面上重新组合成一种表现形式的过程。布拉克和毕加索在1910年至1911年创作的一些近乎单色的作品运用了这种手法，其所传达的基本理

图4　林风眠：《刺王僚》，纸本水墨、水粉设色，67.5cm×67cm，20世纪40年代末期或20世纪50年代初期，私人藏

念是拒绝单点透视法，并认为从多个视点重组起来的基本形状与碎片，能够更完整地表现出对现实的知觉。[1] 显然，通过这种"分析—综合"的创作手法，林风眠希望通过绘画传达的，并非戏曲演出中某个特定瞬间的摄影式定格，而是他对戏曲表演过程及氛围的整体性感知。

如林风眠所言，他在创作这些画面时"目的不是求物、人的体积感而是求综合的连续感"，立体主义绘画处理物象之间不明朗而含混的时空关系时运用的手法，显然也对他有所启发。比如，在《刺王僚》画面中，在各个几何形构成的物象边缘区域的留白处，林风眠大量运用了皴擦笔法，营造出一种类似于后期印象主义画家塞尚在他的静物画和风景画中常用的"通道"（passage）式涂绘法的视觉效果。[2]（图5）受到塞尚的启示，毕加索和布拉克在其立体主义绘画中都曾运用类似画法。（图6、图7）

图5 [法]塞尚:《黑城堡公园中的蓄水池》，布面油彩，74.3cm×61cm，约1900年，私人藏

图6 [西班牙]毕加索:《三个女人》，布面油彩，200cm×185cm，1908年，俄罗斯圣彼得堡冬宫博物馆藏

图7 [法]布拉克:《埃斯塔克的引水渠》，布面油彩，72.5cm×59cm，1908年，法国巴黎蓬皮杜国家艺术和文化中心藏

不过，林风眠与上述欧洲现代主义者在艺术手法上存在的一个显著不同，在于他对水墨媒介有意识的选择与运用。他在塑造类似画面肌理时，并非以丙

---

[1] Neil Cox, *Cubism*, London: Phaidon Press Limited, 2000, p.145.
[2] Zhiqiang Qian, "Toward a Sinicized Modernism: The Artistic Practice of Lin Fengmian in Wartime China, 1937–1949", Doctoral Dissertation, New York University, 2014, p.118.

烯或油彩涂于打底好的布面之上，而是以毛笔蘸取水墨在留白的纸面上皴擦涂画。因此，画面中的擦色呈现出更通透而朦胧的视觉效果，与丙烯或油彩等西画颜料涂绘而出的厚重感和笔触间泾渭分明的效果有所不同。而且，无论是留白与淡墨皴擦的结合，还是矿物颜料的敷色，因缺乏油画笔触和颜料的厚度，故增强了画面视觉上的平面感。这些细节作为有意为之的视觉效果，可视作林风眠为画面注入中国美学风格的尝试。

三

林风眠在他的现代绘画探索中，选择了立身于他所理解的东西之间——而非单一文化传统之内——的位置来观看和表现中国戏曲。自20世纪20年代起，他的艺术探索就不仅旨在"中国艺术复兴"，同时还志在"世界新艺术之产生"。在他的理想蓝图中，这两个目标并不是非此即彼的关系，它们的实现将互为表里，只不过前者作为说法针对中国本土艺术的现代转型，后者则将世界范围内的现代艺术实践纳入全球化的视野之中。因此，他有意识地将自己的中国戏曲人物画创作放置于20世纪上半叶以欧洲（特别是巴黎）为中心的世界艺术语境中，尤其考虑到中国艺术的国际传播方式问题，亦即对不熟悉中国传统文化的观众来说，在观看中国戏曲及其相关题材的绘画时，面临着"不了解原来的意义，那就看不出味道来"的文化隔阂，因此选择参照立体主义的"原则"来"评量"与表现"中国戏曲中的一切"。尽管20世纪以前的中国绘画中，也存在对戏曲（特别是京剧）的表现，比如，在清代雍正、乾隆时期以苏州桃花坞和天津杨柳青为代表的南北各地年画中，就有大量表现戏曲演出的作品，但林风眠似乎并未从这些中国绘画传统中直接摄取表现方法上的视觉资源。同时，他参照欧洲现代主义的方式，也并非将其视觉观念和表现手法强加于中国戏曲这一题材与表现对象上，而是基于他对两者的个人化理解，试图构建中国传统戏曲与西方现代绘画在观念上的对话关系，以开启中西不同媒介艺术之间跨文化理解的可能性。正因此，林风眠的戏曲人物画在形式上迥异于任何"传统"意义上的"中国画"，既探究中西艺术观念上的相通性，也通过引入西方现代主义绘画形式，对中国绘画传统有所变革。其中有些画作甚至并未在画题中提示出画面表现的剧目或角色，似乎他并不期待观众在观看画作时受到此类信息"干扰"，而是希望观众从纯形式层面进入对画作的体验，通过画面本身的视觉形式，体会创作主体借由表现此题材所欲传达的富于个体经验的情绪氛围。

出于在跨文化视野下研究形式语言问题的兴趣，林风眠对构成中国戏曲艺术的"脸谱"这个视觉元素格外着迷。自从迷上看戏之后，他收集了各种有关戏曲人物的图像资料，其中包括大量京剧脸谱。[1]"脸谱"在他画面中存在的方式主要有两种：一种是直接作为画中戏曲人物的面部特征，另一种则是作为组织起画面中各个形式元素之间结构关系的图式。

在第一种情况下，他在画面中对人物脸谱及其他少量构成戏曲形式的视觉元素——包括服饰、道具等——进行组合排布的方式，并非依据特定剧目及角色的具体内容特征进行原样再现，而是通过分析、提取与重组多部剧目中不同角色的局部视觉特征，将画中人物自由地表现为抽象于特定剧目和角色的综合性形象。因此，在林风眠的这类画面中，脸谱在中国传统戏曲的符号系统内部具有的识别指示性功能（即向观者标示出画面表现的具体剧目与特定角色）被消解了。比如，他创作于20世纪40年代后期的一幅作品（图8），在2014年出版的《林风眠全集》中被定名为《戏曲人物（将军）》，若单看画面中脸谱图案与头簪大红花球、黑衣等视觉元素的组合，则画中人物的形象接近《李逵探母》中的李逵造型（图9）；若单看人物右手持马鞭、左手持钢鞭（或剑）的道具配置，与头簪大红花球、黑衣等元素组合起来，则画中人物的形象接近《牧虎关》中的高旺（图10）；然而，若再看人物头顶的甩发和身上的披发，画中人物的形象又同时区别于李逵和高旺。

图8　林风眠：《戏曲人物（将军）》，纸本水墨设色，35cm×35.5cm，20世纪40年代后期，香港艺术馆藏

---

[1] 参见林风眠百岁诞辰纪念画册文集编辑委员会编《林风眠之路：林风眠百岁诞辰纪念》，中国美术学院出版社1999年版，第62页。

在第二种情况下，脸谱因其色彩鲜明、配色对比强烈、富于几何形图案意味的装饰性特征，成为林风眠组织整体画面结构的图式。也就是说，他借鉴了脸谱的视觉构成方式，来组织起整幅画面各视觉元素之间的结构关系。仍以上述这幅20世纪40年代后期的作品为例，画中人物及其左侧幕布一角的绘制，由浓墨、大红、赭石三种颜色的色块构成，与画中的留白部分形成了强烈反差，作为画面整体的两个组成部分，两者又与作为画面局部的人物脸谱之配色方案相同。画面中局部与整体之间的色彩结构相互呼应，其装饰性的逻辑通于欧洲现代主义绘画在形式上的构成意识。可以说，林风眠将画面整体处理成了一张"大脸谱"，或者说，他在组织画面时运用了"泛脸谱"式的构图。经由这种构图方式，画中人物的身体又成了这张"大脸谱"的构件。这张"大脸谱"也由直

图9　京剧《李逵探母》之李逵造型

图10　京剧《牧虎关》之高旺造型

线、椭圆、半圆弧及圆弧等几何形态元素构成，但并不遵循传统脸谱图案的左右对称性，因而显得比传统脸谱更富于视觉效果上的丰富性与变化性。

　　林风眠虽然受到欧洲现代主义绘画启发，在画面构图和人物造型上借鉴了脸谱的构成特征，并参照了立体主义意义上的"原始"观念作画，但这并不意味着彻底"西方化"或自我"他者化"于他所表现的中国戏曲人物题材。林风眠画中戏曲人物形象的造型特征，同时传达出欧洲现代主义绘画所不具有的东方神韵。特别是他在戏曲人物画中塑造的女性形象，颇能体现他"画戏曲着眼点

在人物形神，以及对线描着色写意形式的把握"[1]，这种融合手法属于"中西调和"式的创作方法，同样体现出他自居于中西之间的艺术观念。他画中的女性戏曲人物的面部和身体轮廓多以圆转流利的细线勾勒而成，脸型则多为椭圆形或鹅蛋形。（图11、图12）

图11　林风眠：《戏曲人物》，纸本水墨设色，37cm×41cm，20世纪40年代，中央美术学院藏

图12　林风眠：《戏曲人物》，纸本水墨设色，34.5cm×34cm，20世纪40年代，私人收藏

在表现这些女性戏曲人物的面部特征时，林风眠同样采取了几何图形化乃至"脸谱化"手法，希望以此与中国写意造型原理彼此融通。这些女性的面部特征基本由细线勾勒的一组几何形搭配组合而成——其构成元素往往包括了两弯弧线形的细眉、一双杏核形的眼眶、一对圆形的眼眸、一张红色小圆圈形的嘴，以及一条微曲的短弧线形的鼻梁。她们的头饰发簪经常由粗细长短不一的螺旋线堆叠铺张而成，而她们的肩部轮廓则一律由两条向左右两侧平缓下滑的顺畅弧线构成。林风眠从三维形体中提炼出几何元素的创作手法，借鉴自欧洲现代主义绘画的平面构成意识，但他在对画中人物面貌和形体进行夸张变形时，又希望通过有意识的风格化处理，使他所塑造的戏曲人物形象体现出具有东方文化内涵的审美趣味。

基于目前所见的林风眠作品，笔者倾向于认为，尽管林风眠在1951年的书信中谈到其戏曲人物画与立体主义的关系，但这也可能是一种文字上的事后总

---

[1] 郎绍君：《林风眠》，河北教育出版社2002年版，第95页。

结。在他20世纪40年代后期的戏曲人物画实验中，可能已有沿此思路开展的试作。如果说上述表现女性戏曲人物的作品和1948年所作的《戏曲人物》（图13）等体现了他"1940年左右画戏曲的着眼点在人物形神，以及对线描着色写意形式的把握"，那么大致创作于同期的《刺王僚》和《京剧场景》（又名《辕门射戟》）（图14）[①]等则表明他可能在20世纪40年代后期已经在尝试"借鉴西方现代艺术特别是立体主义，寻求一种造型的时空表达"。[②]

林风眠在20世纪40年代末至50年代初期间以不同媒介与风格进行的中国戏曲人物画创作，可视

图13　林风眠:《戏曲人物》，纸本水墨设色，34.5cm×21.5cm，1948年，私人藏

[①] 此画为法国私人收藏，见于两部法文展览图录中，分别是出版于2002年的 Le Paris de l' Orient: Présence française à Shanghai, 1849–1946 (Musée Albert Kahn, 2002) 和出版于2011年的 Artistes chinois à Paris（Musées de la Ville de Paris, 2011）。有关此画的创作时间，两部图录说法不一。2002年图录称此画创作于1948年年底至1949年年初，当时被上海法租界的法国藏家购藏；2011年图录则称此画创作于20世纪50年代初，并追加了"辕门射戟"的标题。本文初稿曾在2022年12月31日中国艺术研究院美术研究所主办的"激荡时代与个人抉择——林风眠2022年度研讨会"上进行口头发表，会后笔者从广州美术学院蔡涛教授和方小雅同学惠示的相关图录信息上注意到此时间问题，特此致谢。

[②] 因林风眠在1951年致友人的书信中谈及中国戏曲与立体主义的时空观念相通，故而前辈学者对林风眠20世纪40年代至50年代的戏曲人物画创作进行分期时认为："1951年、1952年，林风眠画了大量作品……这些作品以戏曲人物为最多。这次画戏曲人物与抗战时期的戏曲人物有了很大不同。如果说1940年左右画戏曲的着眼点在人物形神，以及对线描着色写意形式的把握，这次则转移到借鉴西方现代艺术特别是立体主义，寻求一种造型的时空表达了。"郎绍君:《林风眠》，河北教育出版社2002年版，第94—95页。

| 激荡时代与个人抉择 |

为一个整体性探索过程，体现出他在不同具体面向上展开的现代中国绘画实验。而从林氏在此期间的戏曲人物画创作与立体主义之间的对话关系，既可知他在跨文化与跨媒介视野下沟通中西艺术观念的持久努力，也可见他自居于中西之间的现代艺术观念和跨媒介互诠的创作机制。

图14 林风眠：《京剧场景（辕门射戟）》，纸本水墨、水粉设色，69cm×65.5cm，20世纪40年代末期或50年代初期，私人藏

从"为社会的艺术"到"为艺术的艺术"
——林风眠早期（1921—1949）的艺术转向

李永强[*]

摘　要：林风眠早期的艺术与成熟时期的艺术有着极大的区别，早期艺术呈现出极强的"为社会的艺术"的特点，他的作品关注、表现社会现实，揭露黑暗与残暴，鼓舞人们的抗争精神与斗志。他的艺术主张亦呈现出拯国救民的强烈的社会责任感。林风眠早期的艺术比较前卫，社会接受程度不高，尤其是那些"表现性的社会现实"类型的作品，不管是绘画的技法语言，还是绘画的主题，都远远超出当时画界、社会民众的接受能力，这也正体现出他对中国美术现代化的思考与探索。

一直以来，画界都将林风眠的艺术誉为"为艺术的艺术"，这主要是由于林风眠目前传世的作品几乎没有表达现实生活的。一提起林风眠的绘画艺术，大家便会不约而同地想起那绚丽的色彩、轻盈的线条、色墨交融、中西融合的充满诗意的画面，水畔的白鹭、静谧的山林、曼妙的人体、优雅的仕女……他的绘画传达出超凡脱俗、远离尘世的优雅与清冷，其实这仅仅是林风眠艺术生涯中艺术成熟时期的缩影。学术界似乎忘记了他早期的艺术探索，当我们走近20世纪二三十年代的林风眠时，会发现历史并非如此。通过查阅林风眠不为人知的、稀有的早期绘画资料与众多的理论文章，我们发现彼时林风眠的艺术不是"为艺术的艺术"，而是处处彰显着"为社会的艺术"。林风眠的艺术生涯经历了从"为社会的艺术"到"为艺术的艺术"的重大转变。

---

[*] 李永强，广西艺术学院教授，《艺术探索》执行主编。

一、林风眠早期的"为社会的艺术"

如果说林风眠成熟时期"为艺术的艺术"充满艺术家静以修心的出世情怀，那么他早期的绘画则处处包含着济世兴邦的儒家入世思想。林风眠早期的绘画与艺术主张注重艺术的社会性，强调艺术为社会服务。他试图通过艺术来唤醒中国的社会民众，进而促进中国的进步发展。林风眠早期的"为社会的艺术"可以从两个方面来探讨：其一是艺术创作，其二是艺术理论主张。

（一）艺术创作

1921年，林风眠进入法国巴黎高等美术学院，这里有着悠久深厚的古典主义传统，因此林风眠受到的必然是学院派古典主义的教育与影响，技法以写实为主，艺术功能大多是服务现实。林风眠自言："当时我在艺术创作上完全沉迷在自然主义的框子里。"[①] 1923年2月，林风眠离开法国，到德国游学，先后创作了《柏林咖啡》《柏林咖啡店》《平静》《罗朗》《战栗于恶魔之前》《唐又汉之决斗》等作品，这些作品在一程度上依旧有着古典主义绘画的影子（不是技法层面），或表现了画家自己身边的现实生活，或以历史事件、英雄人物等为题材来喻示现实，激励人们。与此同时，我们也能在这些作品中看到德国表现主义的画风，这无疑是林风眠在德国最大的收获，那就是发现了适合自己性格、符合自己审美标准的艺术，由此，也开启了林风眠绘画艺术的新天地。

林风眠是一个拥有远大理想抱负的有志青年，他关注社会现实，自然在绘画中也表现社会现实。根据画面的内容与技法，可以将林风眠的早期绘画分为表现性的社会现实与写实性的社会现实。

1. 表现性的社会现实

这一类作品是林风眠早期绘画的精华，也是其影响最大、意义最为深远的作品。这些作品具有表现主义的特点，画面内容并非场景式、叙事性的具象描绘，而是充满了主观表现性，强烈奔放的情感、夸张扭曲的变形、抽象组合的构图……画面中充满了"突兀"与"不协调"，充满了恐惧、绝望与死亡气息。林风

[①] 林风眠：《回忆与怀念》，《新民晚报》1963年2月17日。

眠的这些作品虽然不是再现现实生活的场景描写，但却是当时中国社会现实的真实写照，林风眠通过尸体、枷锁等象征死亡、恐惧的符号，表现了彼时中国社会百姓与进步人士被压迫、被残忍杀害的残酷事实。他的作品犹如黑夜里的一道闪电，引起了社会的广泛关注，犹如一声撕心裂肺的哀号，刺激着每一位观众的心灵。张蔷对林风眠1926年至1935年这十年的定义比较准确，他认为："青年林风眠时期，入世未深，眼光敏锐，勇于创新，痛抒胸臆，是他一生中稀有的甚或是绝无仅有的一个短暂的英雄主义时期。"[1] 的确，这些作品有着唤醒民众、鼓舞抗争的艺术精神，某种程度上显示出拯救社会的英雄主义色彩。

《摸索》是林风眠在1923年旅德时创作的巨幅作品，表现的是荷马、耶稣、托尔斯泰、易卜生、歌德、凡·高、米开朗琪罗、伽利略等具有探索与开创精神的先哲们。(图1)画家通过追忆过去以寄托将来，唤起人们对人生、人类未来的思考与探索。如此巨大的作品仅耗时一天，一气呵成，便可想象林风眠的绘画技法一定是接近德国表现主义的画风，画家不着意刻画人物的具体细节，而是重点表现了他们的精神与性格，狂放的线条与笔触、沉重忧郁的意境时刻敲击着观者的心灵。当时《艺术评论》的记者在观看了此作后写道："全幅满布古今伟人，个个像貌不特毕俏而且描写的出神，品性人格皆隐露于笔底……盖

图1　林风眠:《摸索》，布面油画，200 cm×450 cm，1923年

---

[1] 张蔷:《林风眠早期的艺术思想》,《美术史论》1990年第2期。

哲人之思想，诗人之情感，画家之技能，皆综合于此大画中，实可谓为林君的艺术的结晶。"[1]此画与《生之欲》等42幅作品参加了在法国举办的中国古代和现代艺术展览会，《摸索》在展览中备受关注，得到了蔡元培的高度肯定，据林文铮回忆："蔡先生初次看见林风眠的大作《摸索》，就深深器重林风眠，认为他不仅仅是个很有天才的青年（他才24岁），而且是大有新思想的艺术家。"[2]此时，林风眠的艺术得到了不少赞誉。

《人类的历史》是林风眠1926年创作的作品，此画不仅不传于世，甚至连一张照片也没有留下，但这一作品在当时却有着较大的影响，以其独特的绘画艺术手法与直面血淋淋的社会现实让观众记忆深刻。此画在1926年林风眠任职北京国立艺术专门学校（以下简称"北京艺专"）校长后举办的个人画展中备受关注，北京艺专学生主席姚宗贤的《"不懂"》一文中清晰地记录了这张画："《人类的历史》是一幅很有意义的创作。代表'人之母'的裸体女像的下面，有个装酒的器具和一把利剑。右边是两个美丽的孔雀；左边是一滩鲜血，血泊中又有几个人头。孔雀表示骄傲，酒器表示沉醉，剑、血、人头是表示残暴之意。后面的琴与女神，是象征文艺、爱情与人类高洁的思想。总之，立在这幅画前，至少也会感觉到人类的进化，是一部复杂的、惨淡的历史。"[3]

《人道》创作于1927年，画中充斥着死亡的气息，尸体、锁链、绞架等无一不传递着对逝者的悲惋与对杀人者的控诉。（图2）作品以横构图为之，画面中间一个女性尸体横陈，一个黑灰色的男人体象征着刽子手或者恶魔，伸手去抓女性尸体。右边是一个站立的男性尸体，他脖子里缠着锁链，显然是吊死的……整个画面笼罩在死亡与恐怖的气氛中。此画先后于1928年1月在南京举办的"第一届美术展览会"与2月在上海举办的林风眠个人画展中展出，后来又发表在《晨报·星期画报》《良友》，是林风眠早期极为重要的作品。1928年1月《晨报·星期画报》编辑发表的《南京美展评语》中摘录了林文铮对此画的介绍："这一幅不是描写被自然摧残的苦痛，而直接描写人类自相残杀的恶性，作

---

[1] 杨铮：《西洋画家林风眠君之杰作》，《艺术评论》1924年第50期。
[2] 林文铮：《蔡元培器重林风眠》，载郑朝、金尚义编著《林风眠论》，浙江美术学院出版社1990年版，第2页。
[3] 姚宗贤：《"不懂"》，《京报副刊》1926年3月13日第437号。

图2 林风眠：《人道》，布面油画，尺寸不详，1927年

家沉痛的情绪，可于人物之姿态及着色上领略得到！我们试举目四顾，何处不是人食人的气象？"①

《痛苦》又名《人类的痛苦》，创作于1929年，作品于当年8月参加艺术运动社的第一届展览，引起不小的轰动，后来又在《上海漫画》《西湖博览会日刊特刊》《北洋画报》《图画京报》《亚波罗》《民众教育》先后发表。（图3）这也是一幅尺寸巨大的作品，死亡与恐惧依旧是画面的主题，画中以女性全裸尸体为主，造型被主观夸张变形，或侧卧，或直立，或正面，或背面，线条粗犷有力，用笔纵横雄壮，营造了一种沉郁悲壮的画面气息。此画具有很强的视觉冲击力，气势撼人。此画的创作动因是林风眠的同学、同乡，中国共产党早期的党员熊君锐被国民党反动派杀害，林风眠由此受到很大刺激，于是创作此图表现自己

图3 林风眠：《痛苦》，布面油画，尺寸不详，1929年

① 《南京美展评语》，《晨报·星期画报》1928年第3卷第119号。

的心情，并以示纪念，另一方面也借此表现中国当时残酷的社会现实。"《痛苦》呈现了林风眠以塞尚为楷模探索中国美术'复活'之路的努力……这些充满死亡魅影的裸体很容易让人联想到社会现实与政治局势，也暗示了林风眠对历史现状的忧郁观察。"①

《死》创作于1930年，作品参加了西湖艺术展，此作借由西方宗教题材——基督下十字架，表达对死亡的悲痛。（图4）人物撑满整个画面，死去的基督正面面向观众，圣母从腋下环抱着基督，生发于母亲的自然的悲痛之情，让她右手紧紧地嵌在肋骨中；前方蜷曲的人，因悲痛把头部深埋在基督胸口，圣母的左手轻拂她的头部给予力量，无声的痛哭与哀号通过画面时刻刺激着观众。

1932年《文艺茶话》第3期发表了一幅林风眠的作品，没有题目，作品描绘了7个人体，最前面是2位女性，她们是画面的中心，一正面一背面，表情沮丧痛苦，她们后面是5个扭曲、蜷缩在一起的尸体。整幅作品传达着绝望与无助。（图5）

创作于1934年的《悲哀》亦是同样的主题，此作先后发表过4次，其中在《新光》杂志发表时的题目是《悲哀（纪念殉国烈士）》，由此可以看出林风眠的创作意图。画中左侧一位男性双手抱着一个瘦骨嶙峋的男孩尸体，绝望问天；右侧是两个愁眉苦脸的男

图4 林风眠：《死》，油画，尺寸不详，1930年

图5 林风眠：《无题》，油画，尺寸不详，1930年

---

① 曾小凤：《先锋的寓言："二徐之争"与中国美术批评的现代性》，《艺术探索》2021年第2期。

子，一个蜷缩，一个掩面而泣，他们后面绘制了一个平躺的女子尸体。画中宽厚而粗犷有力的线条、恐惧不安的气息与表现主义画家卢奥的作品有着某种联系，虽然我们没有直接的证据证明林风眠受到了卢奥绘画的影响，但通过画面的对比，还是能看出两位画家在画面精神表达与绘画技法方面的相似性。（图6）

图6 林风眠：《悲哀》，布面油画，尺寸不详，1934年

在中国美术史上，少有画家的作品能够像林风眠的作品一样，赤裸裸地揭露黑暗、表达痛苦、痛斥罪恶。林风眠早期的绘画创作充满着悲天悯人的人道主义关怀，有着强烈的现实性，这种揭露丑恶与罪行的社会责任感与使命感，使他的绘画在主题上必然要有着强烈的力量感与感染力，否则就不能打动人、鼓舞人。林风眠的这些作品并不是无病呻吟，而是当时中国社会的真实写照。1926年发生"三一八"惨案，北京艺专学生会主席姚宗贤以及其他进步学生、人士46人被杀。1927年4月9日，李大钊被杀，12日，国民党反动派发动的"四一二"反革命政变，大批中国共产党党员与工人被杀，7月，汪精卫在武汉发动反革命政变，搜捕和屠杀大量中国共产党党员与革命群众、工人……这样的事情太多太多，每一起骇人听闻的惨案都刺激着林风眠的内心，这些血淋淋的社会现实无时无刻不在拷问着有着极强社会责任担当的林风眠的灵魂，这便是他早期艺术创作与艺术思想的社会根源。

2. 写实性的社会现实

这一类作品描绘的是人们现实生活中的场景、人物等,有一定的再现性。这些作品在力量性、视觉性、影响力等方面均不如第一类作品,作品有《柏林咖啡店》《渔村暴风雪后》《民间》《十年树木百年树人》等。

创作于1923年的《柏林咖啡店》描绘的是德国柏林一家咖啡店内的生活场景。(图7)画家着重刻画了近处两位女性,她们围桌而坐,头戴花帽,手持咖啡,似在交流。此图用笔概括,多使用大笔触,光色交融,画家并不着意刻画具体的细节,追求的是神似与画面的整体性。中景与远景的人物、餐桌等场景更加虚化,此画通过描绘柏林贵族奢侈的灯红酒绿的生活,寓意德意志民族精神的泯灭。我们也可以从此画中看出,林风眠受到了印象派画家雷诺阿等人绘画的影响。

图7 林风眠:《柏林咖啡店》,布面油画,尺寸不详,1923年

《渔村暴风雪后》又名《平静》,也创作于1923年,表现的是傍晚海边的暴风雪之后,渔村村姑们聚集在一起,可能是在祈祷亲人归来的场景。(图8)平静的画面下蕴含着强烈的内心冲突,人物心中涌动的情感、大笔触的挥洒与凝望远方的平静形成鲜明的对比。

《民间》创作于1926年,是林风眠回国后的第一幅油画,表现的是北京街头人们的现实生活,人物以赤裸上身的男性为主,他们或在休息,或在为生计忙碌……此画是对当时中国老百姓生活窘迫、困苦的真实记录,充分体现了画家对社会底层劳苦大众的关注。(图9)

创作于1931年左右的《十年树木百年树人》,表现的是民国时期国民党四老蔡元培、李石曾、张静江、吴稚晖,画中右边站立者是蔡元培,往左依次是吴

图8 林风眠：《渔村暴风雪后》，布面油画，尺寸不详，1923年

稚晖、李石曾，左边坐凳子的是张静江，除了李石曾不是太像之外，其余三位可谓形神兼备。除了四人之外，旁边还绘制了很多年轻人与校舍、树木等，寓意了四老在文化、教育方面作出的贡献。（图10）

（二）艺术理论主张

"我们从事艺术上的创造究竟是为艺术的，还是为社会的呢？"[1]这是林风眠1927年1月在《世界画报》上发表的《新年同乐会上的讲话》中提出的一个问题，由于这是一篇聚

---

[1] 林风眠：《新年同乐会上的讲话》，《世界画报》1927年第71期。

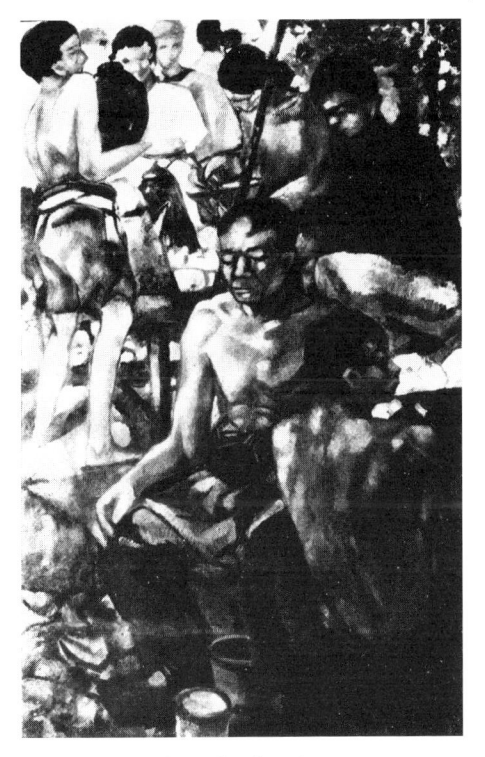

图9 林风眠：《民间》，布面油画，尺寸不详，1926年

图10　林风眠:《十年树木百年树人》，布面油画，尺寸不详，1931年

会上的讲话，所以他没有展开论述。其后他专门写了一篇文章《艺术的艺术与社会的艺术》，来深入地谈这个问题，在文中他并没有给自己的艺术指定一个方向，也没有指出哪个方向是艺术家们应该努力的方向，而是站在中立的角度对这两个命题进行论述，最后指出："倡艺术为艺术者，是艺术家的言论，'社会的艺术'者，是批评家的言论。两者并不相冲突。"[1]如果说林风眠在《新年同乐会上的讲话》与《艺术的艺术与社会的艺术》中都没有直接表明自己立场的话，那么其同年发表的《致全国艺术界书》，应该是他主张"为社会的艺术"的宣言，他在文中深入论述了艺术与社会的紧密性，并从民情、经济、政治等方面，论述了当时中国社会的惨烈现状，民众之无知、贪官污吏之腐败、军阀之横行，认为当时中国社会非常缺乏艺术，因为艺术有着两把利器，第一是美，它可以使人得到安慰；第二是力，它可以鼓舞人们；认为艺术是一切苦难的调剂者，是改造社会的有力武器，"艺术家应该竭其全力，以其整副的狂热的心"，"唤醒同胞"，"拯民救国"。[2]

1931年，他在《革命与艺术》一义中进一步对艺术的社会功能进行宣扬，

---

[1] 林风眠:《艺术的艺术与社会的艺术》,《晨报·星期画报》1927年5月22日第85号。
[2] 参见林风眠《致全国艺术界书》,《贡献》1928年第5期。

认为中国社会革命除了言论与武力之外，应该辅以艺术，认为中国革命之所以没有成功，也是因为没有艺术的参与。他还举了法国革命的例子，认为法国革命起义之前，士兵们唱革命歌曲激发了他们视死如归的革命精神，法国革命的成功全赖于《马赛曲》的推动。最后指出："革命家如欲巩固多数民众之心理，使之一致乐从主义之指导则必有赖乎艺术之襄助……革命与艺术，二者同是为解救人生，改革社会而产生则不应有彼此之分。"①

林风眠于1934年出版的《艺术与新生活运动》更为深刻地论述了艺术的社会性，他从艺术的本质、为艺术的艺术、为人生的艺术、艺术对于人生的意义、艺术家与时代等五个方面重点论证了艺术与社会的关系。他在文中深度分析了"为艺术的艺术"与"为人生的艺术"之间的区别之后，写出了反对"为艺术的艺术"的理由，认为艺术没有客观独立性，它与现实社会有着紧密的联系，艺术离不开人生、离不开现实社会，艺术的目的有一定的道德性，能够起到较大的宣传效果，能够担负起改造社会的使命。因此，我们必须承认艺术的社会基础，让艺术紧密地联系时代与现实，"艺术尤其是文艺，作革命的先锋的，在历史上不乏例子，如果艺术家要完成他的伟大使命，就应该认清时代的需要，做一个革命的艺术家，站在时代前面，来引导人们去努力于共同的理想"②。

林风眠在1936年发表的《我的兴趣》中，再一次阐释了自己"为社会的艺术"的取向，其云："'我是以能唤起强烈的民族意识的构图绘画为主要的兴趣的。'我是时时感觉到，中华民族底危机是一天天更紧急地逼迫了来；自称是艺术家而感不到这时代底感觉的话，不是真正的艺术家所能有的现象……我，不特有这时代底感觉，我也试着表现这感觉；不特我个人试着去表现它，我也用这题旨试着唤起我底学生去表现它。"③

林风眠之所以一而再、再而三地倡导"为社会的艺术"，是因为他有着天下兴亡、匹夫有责的社会责任意识，有着以艺术实现救亡图存的使命感。1937年7月7日卢沟桥事变后，林风眠马上发表了《中日问题》，认为"中国要有

---

① 林风眠：《革命与艺术》，《亚丹娜》1931年第1卷第7期。
② 林风眠：《艺术与新生活运动》，正中书局1934年版，第23页。
③ 林风眠：《我的兴趣》，《东方杂志》1936年第33卷第1号。

'不惜'牺牲的决心，才能'不'牺牲，另外的路都是'迷途'"。[①]可见他心系国家兴亡、民族命运的急切之情。抗日战争全面爆发后，林风眠撰写了《国防艺术之可能性》（1937）、《抗战建国与艺术教育》（1938）、《艺术与抗战》（1938）、《抗战四年来之美术工作》（1941）等文章，还主编了《战时艺术论文集》（1938），收录了常书鸿、李朴园、王曼硕、雷圭元、刘开渠、李有行、林文铮、李树化等人撰写的关于艺术与抗战的文章8篇。他以一位知识分子的力量，通过艺术、文章支持抗战活动，宣传艺术抗战，正如其在《艺术与抗战》中所言："我们看这整个的民族奋斗图存的精神，英勇报国的事实，可歌可泣的史绩，随处皆是，充满着艺术创作上的资料。这种种伟大的现象，直接刺激到艺术家的作品上，一定会发生一些新的创作。"[②]他还通过具体的艺术创作来宣传抗战，他创作的《围攻》《流亡》等直接表现了抗战时期人们所遭受的欺辱与流离失所的苦难生活，以鼓舞人们进行抗战的斗志。此外，林风眠还通过社会活动实现"为社会的艺术"这一理想，如其1927年在北京策划组织北京艺术大会，1928年在杭州成立中国艺术运动社，都体现出他"为社会的艺术"的艺术主张。即使在1938年，林风眠受到排挤，被迫离开国立艺专时，仍然奋笔写下"为艺术战"四字，可见他这一时期"社会的艺术"的思想。

二、林风眠早期"为社会的艺术"的社会接受问题

林风眠的艺术过于超前，致使20世纪初期画界对林风眠的艺术创作充满了争议，支持、推崇者有之，不懂、怀疑者亦有之，甚至后者的人数要超过前者。他们表示出不理解、不明白、看不懂，尤其是针对那些"表现性的社会现实"类型的作品，如《摸索》《人道》《痛苦》《悲哀》等，因为这些作品并不是常规的场景式的具象描绘，而是带着强烈的表现性。抽象的人物造型、充满冲突的构图、粗犷有力的线条、阴森压抑的画意等，这些与传统艺术有着极大的差别，不仅普通百姓难以理解，即便是一些习惯传统艺术审美的专业人士也表

[①] 林风眠:《中日问题》,《东方杂志》1937年第34卷第1号。
[②] 林风眠:《艺术与抗战》,《广播周报》1941年第193期。

| 从"为社会的艺术"到"为艺术的艺术" |

示难以琢磨。画界与社会大众对林风眠的不理解，正如俞剑华所描述的那样："然在今日中国之艺术界，或受传统之束缚，或受不正当之熏染，对于林先生之作品，必不能十分了解，十分同意。甚或至于信口污蔑，大肆攻击，亦意中事。"① 即便是俞剑华自己对于画展中的部分作品也表达出"百思不得其解，不但用意不明白，即形状亦几费周折始能认出"的疑问。

1926年，林风眠任职北京艺专后举办了个人画展，轰动一时，围绕这个展览，《京报副刊》先后发表了10篇相关文章，从中可以看出社会对林风眠艺术的接受程度。这些文章中，批评的有，褒奖的也有。王代之的《林风眠艺术成功的三时期》与姚宗贤《"不懂"》均是针对观展者对林风眠绘画不理解所作出的展览说明式的文字，诚如王代之所言："我所提出来的这几幅构图，均含有极深刻的意义，艺术家自不难一索即得的，但普通一般人，断定他是不会人人看得懂的，现在因为林先生个人展览会已经在艺专举行，所以特别地向大众介绍一番，一方面使参观林先生作品的人们，对他这几幅重要作品，或能得到一点了解的方便；一方面使同情林先生的人们，知道他的艺术成功，有他一种独到工夫的由来。"② 为展览上看不懂作品的观众写说明，这在美术史上可能是第一次，也因此更说明了林风眠绘画与当时社会接受程度的错位，这种错位引来了很多质疑的声音。黎锦明在看了展览之后，承认了林风眠作品的雄伟豪放之气，但也对《摸索》《生之欲》等进行了严厉的批评，指出了画中他认为"不对"的地方，进一步认为林风眠是对西方绘画的简单模仿，"这种画把西洋人看是不中用的，拿到东方来倒也可以作个标榜……难道具有天才的林氏，到法国学了七年画，其目的只是拿些外国材料回来徒然博中国人的信仰吗？"③ 但更多的人还是表示看不懂，如佩心的《"想是先生弄错了"》一文记录了他了解的情况："我听见好些参观过的朋友，都异口同声的说'不懂'。"④

当然，林风眠的推崇者、追随者亦很多，林风眠的绘画也得到了很多赞誉，如1924年，林风眠有42幅作品参加在法国莱茵宫主办的中国古代和现代

---

① 俞剑华：《林风眠个人展览会一瞥》，《贡献》1928年第2卷第3期。
② 王代之：《林风眠艺术成功的三时期》，《京报副刊》1926年3月13日第437号。
③ 黎锦明：《看过林风眠氏的展览会以后（续）》，《京报副刊》1926年3月16日第440号。
④ 佩心：《"想是先生弄错了"》，《京报副刊》1926年3月21日第445号。

艺术展览会，受到不少赞誉，《东方杂志》刊文记载："新画中殊多杰作，如林风眠、徐悲鸿、刘既漂、方君璧、王代之、曾以鲁诸君，皆有极优之作品……尤以林风眠君之画最多，而最富于创造之价值。不独中国人士望而重之，即外国美术批评家亦称赏不置。林君盖中国留学美术者之第一人。"[1] 1926年林风眠个人画展在北京举办，引起社会热议，在不少人表示"不懂"的同时，也得到了不少赞誉，不少人写文章介绍、评论他的画，如俞宗杰《林风眠先生的画》认为："只要一见到他用的笔触和色彩，就可以想见他是一位平静而抑郁的'诗人'。"[2] 张鸣琦的《观画小记》中评价："林先生的画的篇幅都很大……不过大幅画，没有极大的精神和魄力，是极难成功的。以林先生的身体来看，能有这样伟大的精神和魄力，是使人敬佩的。"[3] 还有邓以蛰在看了林风眠的画展后，撰写了《从林风眠的画论到中西画的区别》，对林风眠的艺术做了深刻的分析，并盛赞了《人类的历史》《金色之颤动》等作品，并且敏锐地判断出林风眠的油画不像出自法国，其云："听说风眠的油画，是在法国学习的。奇怪：他的画却一点法国气味没有，他的理想倒与英国Watts、Burne-Jones般那Per-Raphaelite兄弟们相接近，刷子则全是西班牙、美国巨家之风。"[4] 1928年，林风眠在上海霞飞路举办个人画展，有麟在参观完展览后对林风眠的绘画表示了高度的赞誉，对《摸索》《金色之颤动》《人类的历史》等进行了深刻的点评，并认为林风眠是旧有艺术的突破者，鼓舞人们摆脱旧暴力的压迫，带领画界向新曙光进发，他的绘画"对中国艺术界吐了万丈的光芒，走向新的道路了"[5]。

林风眠的绘画在当时社会不被理解完全属于情理之中，毕竟他的绘画太前卫，而彼时画界与民众的艺术认知又比较有限。林风眠绘画被接受的障碍主要集中在三个方面。第一是题材，中国美术史上的确没有人像他这样直接地表现残酷的现实，画中的尸体直接颠覆人们对绘画的认知，而且这些尸体大部分是女性人体。在绘画中表现女性人体，这本身在当时就是很多人接受不了的事

---

[1] 李风：《旅欧华人第一次举行中国美术展览大会之盛况》，《东方杂志》1924年第21卷第16号。
[2] 俞宗杰：《林风眠先生的画》，《京报副刊》1926年3月17日第441号。
[3] 张鸣琦：《观画小记》，《京报副刊》1926年3月7日第431号。
[4] 邓以蛰：《从林风眠的画论到中西画的区别》，《现代评论》1926年第3卷第67期。
[5] 有麟：《林风眠个人展览会》，《贡献》1928年第2卷第2期。

实，女性人体加上尸体岂不更是雪上加霜？第二是构图，林风眠绘画的构图并不是叙事性、场景性的，而是充满了主观意图的"拼贴"，他按照自己的创作意图将看上去毫无关系的物象有意识地"拼贴"在一幅画面中，而这种创作意图如果他不做说明，大家是很难理解的，所以观众一下子很难明白作者画的是什么、为什么这样画。第三是技法，林风眠绘画的表现技法受到后印象主义、野兽派、表现主义等绘画的影响，注重主观情感的表达，用笔粗放，忽略物象的具体造型细节，这种非具象的表达超出了当时画界偏写实性的审美接受能力。林风眠的绘画的确有点"不合时宜"，其绘画风格的形成自然与自身成长经历、出国学习、知识结构、艺术理念等有着密切的关系，体现出他独特的艺术个性以及对中国美术现代转型的思考与探索。

三、从"为社会的艺术"到"为艺术的艺术"转变的原因

林风眠"为艺术的艺术"的绘画风格形成是从1938年他离开国立艺术专科学校（以下简称"国立艺专"）之后开始的。自此，他不再创作那些震撼人心、极具视觉冲击力的巨幅油画，而是转向两三尺见方的彩墨画，他以轻盈飘逸的线条、绚烂的色彩营造了一片清新脱俗的画卷，犹如彩色的诗一般沁人心扉，开始了真正意义的中西艺术融合。关于林风眠后期艺术风格的形成，《林风眠传》中有一段话影响很大，经常被人引用："卢沟桥的炮声惊醒了林风眠为艺术而艺术的美梦，随着广大人民，他坠入了苦难生活的底层，滚进了国破家亡的激流。接着从高等学府校长的宝座上跃下来，真正开始体验现实生活，抒写自己的深刻感受，这是林风眠风格的诞生！"[①] 但此段话至少存在两个值得商榷的地方，首先是作者将林风眠早期的艺术定义为"为艺术的艺术"是不对的，前文已经有专门论述。其次是将林风眠后期艺术风格形成的原因简单归结为受抗战的影响，这也缺乏理论深度。试想，如果是深受抗战的影响，那么林风眠后期的艺术更应该是表现抗战、抗争，表现劳苦大众等现实生活，而不是表现那种忘记时空的、充满诗意的、远离尘世的、色彩斑斓的、装饰性极强的风景、静

---

① 郑重：《林风眠传》，东方出版中心1999年版，第129页。

物与仕女。显然，林风眠的艺术从"为社会的艺术"到"为艺术的艺术"发生转变另有原因。

  林风眠艺术的这一转变，主要还是在于他"为社会的艺术"的理想破灭后转向独善其身式的艺术修为。他从愤世嫉俗与拯救社会的英雄主义式的入世观转变为淡泊名利与独善修身的出世观，这似乎正与中国"达则兼济天下，穷则独善其身"的文人思想相一致。从1927年林风眠出任北京艺专校长，并筹办轰轰烈烈的"北京艺术大会"，1928年创建国立艺术院（国立杭州艺术专科学校前身）、艺术运动社，到1938年林风眠离开国立艺专，这十年左右是林风眠最风光的时候，无论是学术地位还是艺术影响，都可谓是举足轻重。他站在艺术领域的中心，引领艺术前沿与潮流，将自己的艺术理想在现实社会中一步一步地推进，虽然在此过程中也遇到不少阻力，但总的来说还算是差强人意。此时，他正处于艺术事业的辉煌时期，有着宏大的艺术理想与抱负需要实现，所以他的思想必然是积极进步的，必然是入世的兼济天下式的艺术主张，其艺术也必然关注民生、关注现实，揭露黑暗与残暴，歌颂希望与光明。但当他失去这一切光环与地位之后，他的思想开始发生了转变。1937年，他最坚实的后盾、最有力的支持者蔡元培移居香港，1940年去世；他也于1938年被迫离开国立艺专，辗转到重庆，成为一个普通的画家，其生活相比之前发生了巨大的变化，过着普通市民的生活。当时无名氏作家曾去专门寻访林风眠，并记录了他的生活："低矮的土墙，旧木板门上一片泥垢与熏烟，脚下是高低不平的黄泥地，门外不几步就是黄土路，一边是破烂的农舍，后面是堆物间，只四坪左右大。陋室收拾得极干净，一切布置得整整齐齐。窗前那张农人的白木桌上，放了一把菜刀和一块砧板，以及油瓶。假如不是墙上挂着几幅水墨画，桌上安放着一只笔筒，筒内插着几十支画笔，谁也不会和那位曾经是全世界最年轻的'国立'艺专校长联系起来。"① 此时的林风眠没有了政治上的依靠，没有了艺专校长的地位，没有了登高一呼而百应的众多追随者，与此同时，也没有了忙不完的校务，也不用再和一些政界作无谓的交涉，他开始沉静地思考如何进行中西艺术的融合。虽然中西融合的水墨画在此之前他也有一些尝试，但毕竟作品比较

---

① 郑朝：《仓库大师》，载《国立艺专往事》，中国美术学院出版社2013年版，第134页。

少，思考、创作也不成熟，所以也没有形成太大的影响。此时他每天的工作就是画画，大量地创作，使他的绘画风格越来越明晰。林风眠后期的艺术风格正是在这样的情况下逐渐形成的。

四、结语

林风眠早期的艺术实践与理论均有强烈的社会性、现实性，其艺术创作关注现实、关注时代，真实地反映了白色恐怖下的社会黑暗与人民疾苦；其艺术活动也围绕着"为社会的艺术"进行展开，如1927年他离开北京艺专后，向《晨报·星期画报》介绍一些西方美术作品时，提供的也是极具抗争性与力量性的《神之作战》；再如他筹办的轰轰烈烈的北京艺术大会，提倡艺术为普通人服务，深入民间、深入人们的生活，表现他们的疾苦，让艺术能够从少数独享的贵族中走出来，与人们发生紧密的联系。林风眠有着强烈的社会责任感与民族使命感，他希望通过艺术运动拯救社会和国家于苦难之中，希望通过艺术来振兴民族、振兴国家，并为这一理想付出坚持不懈的努力。然而现实是残酷的，林风眠在经历了众多挫折与痛苦、磨难与失败后，开始思索自己心中的这一艺术使命是否符合中国的国情与社会，在人生失意之时，退而修身，走向了一条探索艺术形式的"为艺术而艺术"的道路。

当然，林风眠"为艺术而艺术"的充满诗意的中西融合的彩墨画，并不是在1938年才开始创作。早在20世纪20年代他就开始了中西融合的彩墨画创作，如1924年他参加在法国举办的中国古代和现代艺术展览会时，就选送了28幅彩墨画参展，之后每年都有创作，如1926年的《沉醉》《月林鸟噪》、1927年的《林风眠画箑》、1929年的《野恶》、1930年的《白鹭》、1931年的《秋》《双鹤》、1933年《花鸟》等，但这一时期中西融合的彩墨画并不是林风眠艺术创作的重心，直至1938年他离开国立艺专后，人生遭遇低谷之时，在少了应酬、少了为教育事业等公务奔走忙碌、少了以艺术拯救社会振兴民族的宏大志愿后，才静下心思考如何创作出更具诗意的中西融合的彩墨画，这便是他成熟时期艺术风格的真正开端。

《傅雷家书全编》中的林风眠

王　犁[*]

摘　要：本文通过对《傅雷家书全编》里有关林风眠信息的钩沉，研究1960—1965年林风眠艺术探索关键期作品的销售情况，并梳理翻译家兼文艺理论家傅雷与艺术家林风眠的交往。

《傅雷家书》自1981年8月由生活·读书·新知三联书店出版以来一直是畅销书，其在人文领域的精神象征可谓家喻户晓。家书写作时间为1954年1月18日至1966年4月13日，主要是傅雷写给长子傅聪的信。开始时，傅雷时年47岁，傅聪时年20岁；结束时间1966年，傅雷时年59岁，傅聪时年32岁。12年的通信涉及人生方方面面，家书里的谈文论艺更是脍炙人口。

傅敏在《傅雷家书全编》一书后记里说："从1981年到现在，三十余年过去了，《傅雷家书》一版再版，经久不衰。随着父母家信的不断发现：特别是九十年代在上海音乐学院一间小屋里，发现了当年抄家遗留下来的一包材料，其中就有傅雷家书的母亲抄件，这部分抄件几乎涵盖了1959年至1966年父母给傅聪的全部中文信函。——于是，《傅雷家书》得以不断编辑增补，迄今已出了十个版本。"[①]2014年江苏文艺出版社出版的《傅雷家书全编》为生活·读书·新知三联书店版《傅雷家书》的增补版，也是迄今为止收录傅雷家书最为完整的全编。

---

[*] 王犁，中国美术学院艺术管理与教育学院艺术管理系主任、副教授。
[①] 傅敏：《编后记》，载傅敏编《傅雷家书全编》，江苏文艺出版社2014年版，第798页。

傅雷给傅聪的书信中涉及文学、音乐的话题很多，但真正涉及美术人物的并不多，以黄宾虹的话题为最，偶涉刘海粟、庞薰琹、刘抗、唐云、王济远等；有关林风眠的内容集中在1960—1963年的书信里，1965年也偶有出现，都是帮助林风眠先生卖画。当时傅雷的境遇并不好。在那段时期，傅聪1960年结婚的消息，对傅雷来说是处于逆境中的喜事。或许与傅聪书信往返的情感维系，让傅雷多活了十年。①

　　林风眠在1951年（52岁）以健康不佳为由，支半薪请假避居上海；1952年年中辞去中央美术学院华东分院②教授职务，来到南昌路53号，开始了他一生中的上海时期。他刚到上海时生活艰苦，教授几个外国学生画画和偶尔出售几张画作以维持生计，他夫人为人装订书刊、教法文，补贴家用。到上海之初，林风眠卖画价格低廉，一张四尺对开的作品只卖几十元人民币，为了节省钱，作品都自己托裱。1953年，华东美术家协会成立，林风眠任副主席，兼任油画组组长，享受政府津贴每月80元，数年后增至每月100元，但每月须交给美术家协会一张画，直至1966年津贴停发。这笔津贴算是林风眠在这个时期稳定的生活来源，不过林风眠的固定收入只能支付一半房租，一家四口人的日常生活还是拮据。1956年，林风眠夫人爱丽斯·法当、女儿蒂娜及女婿获准出国离开上海，林风眠退出大半租住的房子，留二楼独居，可以节省一半房租。"在我爱人未离开上海时，有比利时人罗斯布洛常来买画，因此我也认识了他。后来有外国人要来买画时，多由他介绍认识的。一九五八年由他介绍的有意大利旧领事馆管理员波打前来买画……"③《良友》的马国亮在回念林风眠的文章《人世几回伤往事》里，具体介绍了林风眠的邻里关系："通过音乐学院与房管局的关系，我们和林先生便成了邻居凡二十多年，直到77年移居香港。他住53号，我们住51号。一墙之隔。林先生住在楼上，楼下是他的女儿蒂娜和澳洲籍的女婿。不久林的夫人和女儿女婿都回法国，后来移居巴西。楼下就空出来搬进

---

① "我从中国回到波兰后又来到了英国，实际上是救了我的父亲，使他多活了十年。"苏立群：《傅雷别传》，作家出版社2000年版，第242页。
② 中国美术学院1950—1958年曾名中央美术学院华东分院。
③ 林风眠：《在第一看守所写的自传》，载林风眠著，朱朴主编《林风眠谈艺录》，中国青年出版社2014年版，第207页。

了素识的戏剧家顾中彝先生。除了我们与楼下住的一位白俄老太太不太往来以外，我们三家人就经常在洋台上上下下的打招呼，交换一些业务或家常絮语。我和林先生住的都是二楼，有时敲敲墙壁，就到洋台上伸出脖子互相讲话。后来我们都装了电话，有事就隔着一堵墙通话。"[1]

傅雷好友宋琪的儿子宋以朗撰文回忆："1947年，傅雷搬到了我们家隔壁，傅宋成为邻居……陆春丽说，1、3、5、7号毗邻一起，其中1号住着萧乃震、成家和夫妇与女儿萧芳芳，3号住傅雷一家，5号是我家，7号则住一个叫黄嘉恩的生意人……"[2] 1949年4月宋琪儿子宋以朗出生，5月宋琪全家搬香港，傅雷一家从昆明辗转香港、天津、北京，回上海后，搬进宋家所在的江苏路284弄安定坊5号，一直住到1966年。

《傅雷家书全编》中首次出现林风眠这个名字，是因为1960年傅聪与英国小提琴大师梅纽因的女儿弥拉结婚。1960年11月26日晚，傅雷写给傅聪的信中说：

> ……没想到你们的婚期订的如此近，给我们一个措手不及。妈妈今儿整天在外选购送弥拉和你岳母的礼物。不过也许只能先寄弥拉的，下次再寄另外一包裹。原因详见给弥拉信。礼物不能在你们婚礼前到达伦敦，妈妈总觉得是件憾事。前信问你有否《敦煌壁画选》，现在我给你作为我给你们俩的新婚纪念品（下周作印刷品寄）。[3]

信后傅聪母亲附言：

> 我们还预备送你一张林风眠先生的画，作为新婚礼物，不过何时能带

---

[1] 马国亮：《人世几回伤往事——怀念林风眠先生》，载《浮想纵横》，开益出版社1996年版，第120页。按：林风眠的女婿实为奥地利籍犹太人。
[2] 《第五章 傅雷》，载宋以朗《宋家客厅——从钱锺书到张爱玲》，陈晓勤整理，花城出版社2015年版，第128页。
[3] 傅敏编：《傅雷家书全编》，江苏文艺出版社2014年版，第434页。

到，一时无法估计。"①

当时傅雷刚翻译完丹纳的《艺术哲学》，打成"右派"后境遇不佳，研究中国艺术史及碑帖排遣自己的烦闷。

傅雷给傅聪的书信极其翔实，每一次提到的事没有回复，稍后都会继续追询。傅雷1960年11月26日的信里答应送傅聪的新婚礼物，1961年1月9日才寄出：

> 1月9日与林先生的画同时寄出的一包书，多半为温习你中文着眼，故特别挑选文笔最好的书——至于艺术与音乐方面的书……②

1961年1月26日给梅纽因信：

> 此次呈画作一幅（1月9日寄出，约二月中寄达），此画由一位好友，也即当今我国最佳画家之一林风眠所绘。兹备画家简介，随后奉上。③

2月9日致梅纽因：

> 林风眠画作谅已收到，不知是否喜欢？狄阿娜是否亦喜欢？④

结合几封信文的意思，1月9日寄出的第一幅林风眠作品，应该是给亲家梅纽因夫妇，而不是给傅聪夫妇。故1962年1月27日致梅纽因信：

---

① 傅敏编：《傅雷家书全编》，江苏文艺出版社2014年版，第435页。
② 傅敏编：《傅雷家书全编》，江苏文艺出版社2014年版，第470页。
③ 傅雷：《致梅纽因[十五通]之一》，载傅敏主编《傅雷著译全书》第二十六卷，上海远东出版社2018年版，第349页。
④ 傅雷：《致梅纽因[十五通]之二》，载傅敏主编《傅雷著译全书》第二十六卷，上海远东出版社2018年版，第350页。

> 得知两位喜爱前奉之中国画，十分高兴，惜此间既无太多杰出的当代画家，也无美丽的刺绣物品，稍佳或稍古的作品，均禁止出口，而较次之物，又不敢奉寄。①

因为大家都知道的原因，在研究傅雷与他人的通信时，只能读到他寄出的信，很少可以读到友朋写给他的信，我们只能在他写回信时的相关内容中，读出对方来信的含义。

1961年前后，傅雷的家庭日常开支往往需要傅聪帮助：

> 要你每隔二月（或正月三月五月……或二月四月六月……）汇一百人民币，不知有否困难？②

1961年春天朱梅馥给傅聪的信里讲到的令人读之落泪的家庭状况：

> 牛油是你在家从小见惯吃惯之物，也不是什么奢侈品，为什么去年十一月我忽然要你千里迢迢的寄来呢？你就是没有用过脑子想一想，分析一下。③

信件中因饥饿带来触及底线的无奈与现实处境中欲言又止的微妙，读来令人潸然泪下："傅雷的家信中有三个方面好像是在刻意回避：一是自己的情况，二是国内的情况，三是动员傅聪回国。"④这就是母亲朱梅馥忍不住提醒傅聪在读信时要想一想、分析一下的原因。

1961年5月23—25日下午，傅雷与傅聪书：

> 林先生的画寄至国外无问题。我也最高兴让我们现代的优秀艺术家在西

---

① 傅雷：《致梅纽因［十五通］之四》，载傅敏主编《傅雷著译全书》第二十六卷，上海远东出版社2018年版，第355页。
② 傅敏编：《傅雷家书全编》，江苏文艺出版社2014年版，第470页。
③ 傅敏编：《傅雷家书全编》，江苏文艺出版社2014年版，第487页。
④ 叶凯：《傅雷的最后17年》，中国文史出版社2005年版，第154页。

方多多露面。要不是限制，我早给你黄先生的作品了。但我仍想送一二张去文管会审定，倘准予出口，定当寄你。林先生的画价本不高，这也是他的好处。可是我知道国外看待一个陌生的外国画家，多少不免用金钱尺度来衡量；为了维持我国艺术家在国外的地位，不能不让外国朋友花较多的钱（就是说高于林先生的原定价）。以欧洲的绘画行市来说，五十镑一幅吧。钱用你的名义汇给我，汇出后立即来信通知寄出日期和金额。画由我代选，但望说明要风景还是人物，或是花卉——倘你自己也想要，则切实告知几张，风景或人物，或花卉，你自购部分只消每幅二十镑，事实上还不需此数，但做铅皮筒及寄费为数也不很小。目前我已与林先生通过电话，约定后天由妈妈去挑一批回家，再由我细细看几天，复选出几张暂时留存，等你汇款通知到后既定做铅皮筒（也不简单，因材料和工匠极难找到），做好即寄。倘用厚的马粪纸做成长筒，寄时可作印刷品，寄费既廉，而且迅速；无奈市上绝无好马粪纸可买。关于林先生的画价，我只说与你一人知道，即弥拉亦不必告知！……还有，希望你关于此事速速问明朋友，马上复信。我把林先生的作品留在家中，即使是三四张吧，长久不给人回信，也是我最不喜欢的！[①]

此段通信涉及林风眠作品进出口的问题。1960年7月，国家颁布《文物出口鉴定参考标准》[②]，规定1949年以前制作、生产、出版的有一定历史、艺术、科学价值的文物、图书原则上禁止出口，林风眠的作品不在其列。通信言辞中我们发现，傅雷虽然自身物质困难和处境不佳，却一如与黄宾虹交往中表现的那样，希望中国优秀艺术家在西方多露露面，义无反顾地承当起优秀作品海外推广与销售的责任。林风眠的《在第一看守所写的自传》里说：

  1965年时有一次曼斯来到家里来买画，因为我把画价提高了，他说我的画卖得很高的价钱，我说我在上海卖画的价钱其实很低的，我有一个朋友傅

---

① 傅敏编：《傅雷家书全编》，江苏文艺出版社2014年版，第504—505页。
② 《文物出口鉴定参考标准》是1960年7月12日文化部、对外贸易部发布的文件。文件第五条第一点规定："包括名家作品或非名家作品以及不署名的画家的作品，1795年以前一律不出口。"

雷，他的儿子傅聪在伦敦和一个音乐家女儿结婚，他作为父亲买了一张画，送给他们作为礼物，听说有一个英国人看见后，愿意出五十英镑买我一张画，我现在卖二百元人民币是很便宜的。①

若把林风眠狱中交代与傅雷的这封信结合参读，卖画价格大概接近，虽然细节操作上稍有不同。

在同一封信中，傅雷又再三交代：

> 以下两页，望细看几遍，内容有曲折，不能粗心大意！
>
> 妈妈今天上午拿了一批林先生的画回家；我替你挑了一幅《睡莲》，一幅人物（东方式仕女），专为你的，届时你若不喜欢，可调换别的。我们拟先送二百元与林先生。接信望即寄四十镑来——上次是送你的，海关无条件放行；此次要多寄几张，海关就得问我们要外汇。故预备凭你四十镑的汇款通知单去寄，既无问题。大概可寄你四五幅至六七幅，看你来信而定，其中两张是你的，其余由朋友们挑。一时无人买的暂存你处，陆续有主，再陆续汇款来。下次来信望告知：（一）上次寄你岳父的画，伦敦付了多少关税？要说清楚是一张的税还是两张的；（二）朋友中肯定要的有几人？要几张？（三）可能要的有几人？几张？——我将根据你的答复决定寄你数量。（四）画到伦敦而你们俩都出门了，则如何？是否可先致函邮局及海关声明，要求暂代保留，勿退回？望即打听清楚此法是否可行！
>
> 预计你为此事的复信，六月二十五日左右可到沪；我们那时才能开始装裱，做铅皮筒，还要等你的四十镑汇到；画寄出当在七月中旬。若走苏联，到伦敦当在八月底九月初；若走海道，当在九月底。以上都要说与弥拉知道，让她届时酌量情形办事。
>
> 同时希望你切实做到：（一）整批寄到时付的关税要平均摊在每幅画上。故事先必须向友人声明，除画款五十镑另加进口关税，届时由你凭税单计

---

① 林风眠：《在第一看守所写的自传》，载林风眠著，朱朴主编《林风眠谈艺录》，中国青年出版社2014年版，第207—208页。

算，平均各自负担。——否则你白垫了钱，人家也不见情分。（二）友人画款未收到时，勿代垫。收到后汇款。（三）未售出之画须妥善保存，装在原寄铅皮筒内，以免受潮。

关于画价，笔墨较少的可酌量减为三十五镑，届时我将另有单子给你。但若对方不在乎，则亦不必减价。反之，若有真正爱好而财力不充的，则五十镑的画亦可酌减，由你作主即行；但对朋友仍不能当场答应，要说明等写信问过画家后方能决定。否则出足五十镑的友人知道了会疑心你从中渔利。做事最要防为人当了差，反蒙不白之冤。这也是不可不学会的人情世故！原则仍是五十镑一幅，由你机动掌握就是。

林先生本人对此毫无意见，能十足收到一百一幅即满足。他说确有外国人在上海买了他的作品在香港和巴黎等地卖到几倍以上，赚他的钱！我们当然涓滴不沾，皆归作者。林与我们是多年朋友，当然不会要你花四五十镑一幅的代价的，且已当面说过。而他售向国外的画，我觉得应当让他多得一些报酬，因为国外艺术品代价本来大大的高于国内，我们只是按具体情形办事。

此次有我选定暂存家中的，有像送你一类富于梦境的神仙世界（黄山），也有像送你岳父那样非常富丽、明快，近于柏辽兹的 orchestration（配器）的（以上各一）。又有比较清谈的西湖风景（绿、黑、白三个色调）；一幅是水墨的渔翁——捕鱼鸟——小艇和芦苇；一幅是几条船，帆樯交错，色调是黑与棕色；一幅是对比强烈（棕色、蓝、黑、白），线条泼辣的戏剧人物（倘你喜欢此幅，可与仕女调换，或由你多买一幅，随你吧）。告诉你大概的题材与色调，征求友人们意见时也可比较具体。[①]

这段话涉及关税平摊问题，替人做事时的节奏把控，"做事最要防为人当了差，反蒙不白之冤"，并告诉作者的心理价位，中间人可控的价位，自己买可以便宜一些，但帮助买卖中多赚的钱也是给作者，言辞中一是一、二是二，秉承傅雷一贯作风。其实这封信还涉及这一时期英镑与人民币兑换的比值，根据当时物价情况，就能评估出一幅画的市值。《林风眠全集5. 年谱》记录，1960

---

① 傅敏编：《傅雷家书全编》，江苏文艺出版社2014年版，第510—511页。

| 激荡时代与个人抉择 |

年林风眠的作品陆续被捷克布拉格国立美术馆收藏①，是年7月林风眠参加第三次全国文代会，并被上海美术家协会选为副主席，社会境遇与生活环境有了很大的改善。

这一年傅雷给新加坡刘抗的一封万字长信中提到林风眠：

> 现在只剩一个林风眠仍不断从事创作。因抗战时颜料画布不可得，改用宣纸与广告画颜色（现在时兴叫做粉彩画），效果极像油画，粗看竟分不出，成绩反比抗战前的油画为胜。诗意浓郁，自成一家，也是另一种融合中西的风格。以人品及良心与努力而论，他是老辈中绝无仅有的人了。捷克、法、德诸国都买他的作品。②

傅雷这封给刘抗的信，几乎涵盖美术史思考的方方面面，并直言不讳地批评了同时代很多画家，给予林风眠如此高的评价，在傅雷的眼中除黄宾虹之外应属罕见。

1961年6月14日夜，傅雷与傅聪书：

> 关于林先生的画，望参照前言（五月二十五日LTC-22）所说的办法，早日给回信。虽则林先生不在乎，但我总不愿把他的九、十幅作品留在家太久。事情务必做得细到谨慎，切勿莫名其妙，几方面吃力又不讨好！若西友不过说说，并非真想买画，更须早早来信。总之，此事必须迅速回音，不能拖拉。③

6月26日晚，傅雷与傅聪信：

> 林先生现在内蒙一带旅行，下月初才能回来。三分之二的画需要他亲自

---

① 参见朱朴编著《林风眠全集5.年谱》，中国青年出版社2014年版，第200页。
② 傅雷：《致刘抗［二十六通］之十七》，载傅敏主编《傅雷著译全书》第二十六卷，上海远东出版社2018年版，第45页。
③ 傅敏编：《傅雷家书全编》，江苏文艺出版社2014年版，第515页。

装裱（上回两张亦是他自己动手裱的）；预计至早当于七月二十日左右寄出。大概一共寄你九张。除早已肯定要的友人，你收到款子后即汇来之外，其余的尽管慢慢待价而沽。林先生也绝对不急，倒是担心你代人受过。此次寄的画多，即使写明GIFT（礼品），恐仍有纳税可能。若果如此，将来可将关税平均摊在每幅画上，另外向购画人收取。若有困难，则可在画款项下扣除税款，林先生决不计较。[1]

6月26日夜，傅雷与傅聪书：

我现在并不叫你吝啬，可也不能做"冤头"、做"傻瓜"，所以林先生的画，一定要收到了款再放手。[2]

7月7日晚至8日上午，傅雷与傅聪书：

林先生去内蒙访问未返。画已交荣宝斋装裱，待其返沪再请过目，是否需要润色一下，因装裱后色彩略淡。大致月底月初方可寄出，九月中旬或左右可到伦敦。[3]

8月1日，傅雷与傅聪书：

今晨（八月一日）又接汇款五十镑，想必是你友人中有一位已经把汇款先交给你了。可是林先生的画都未签名，五月至六月我们选画时疏忽未注意，（你看爸爸一生如此细心，照样出岔子！）等到画交给荣宝斋装裱完成才发觉，而林先生却远行内蒙未归。据代他料理杂务的学生说，要八月底九月初回沪，比原定日期延长了两个月。他家留有图章，已去盖好；但转念一

---

[1] 傅敏编：《傅雷家书全编》，江苏文艺出版社2014年版，第519页。
[2] 傅敏编：《傅雷家书全编》，江苏文艺出版社2014年版，第525页。
[3] 傅敏编：《傅雷家书全编》，江苏文艺出版社2014年版，第537页。

想，没有签名总不够郑重。倘林先生能于九月五日前回来，画可于九月十日前寄出，则十月底可到伦敦。你在十一月初除五日一场演出外，还有空闲料理画事，倘购画的友人不在乎签名，有了图章即行，我们当然可提早寄你，不过总觉不大妥当。你看怎么办？①

你自购的画二幅只消三十镑，上次已汇四十镑，以后汇他人所付画款时，可扣去十镑！此事望即告知弥拉，让她届时提醒你！②

1961年10月，林风眠参加中国文联组织的内蒙古参观团，同行有叶圣陶、老舍、梁思成、曹禺、谢稚柳、徐平羽等，历时一个月，行程数千里，参观呼伦贝尔牧区，过摩尔根河，行进在牙克石道，穿越兴安岭林海，饱览扎兰屯和莫力湖的塞外风光，凭吊昭君墓。信中说内蒙之行延时两个月，不知何故。料理杂务的学生为席素华③、潘其鎏等，林风眠外出会留钥匙给他们。这一年他杭州玉泉的旧居以人民币7000元征收。其时因林风眠先生在港也能偶尔卖画，经济条件明显改善，从通信中海外朋友寄赠食物看，傅雷要捉襟见肘得多，在如此困难的前提下，傅雷给朋友做事的严谨自律，显示在生活细节的方方面面。

8月31日夜至9月2日中午傅雷与傅聪信：

林先生处连日常打电话去问，只要他一回上海，立即送画去签名，一两天内寄出，但愿在十月中旬到达伦敦，则你去美前还能抽空解决一部分画。Kaboso夫人处你要送林先生画，由你挑选便可；将来我们补送一百元给他。——你以后汇画款时，不必再如我前信所说扣去十镑。你已汇的四十镑，除原购两幅外，还多人民币约七十元，今添购一幅，只要我们代你补上三十元即可。此尾数你也不必再汇。总之，今后只将你友人画款汇来即可。④

---

① 傅敏编：《傅雷家书全编》，江苏文艺出版社2014年版，第540—541页。
② 傅敏编：《傅雷家书全编》，江苏文艺出版社2014年版，第545页。
③ 据马国亮先生回忆，席素华家住茂名路的一个公寓，步行到林风眠家不到十分钟。参见马国亮《人世几回伤往事——怀念林风眠先生》，载《浮想纵横》，香港开益出版社1996年版，第123页。
④ 傅敏编：《傅雷家书全编》，江苏文艺出版社2014年版，第561页。

9月13日灯下至14日下午傅雷与傅聪书：

  林先生的作品八幅，总算于今日下午航空寄出了。从五日起九天之内，妈妈跑了七次，外贸局的许可证真不容易领到……画到以后，立即通知我们，并写明收到日期。一则妈妈辛苦了一场，连日睡觉也没睡好，让她早早知道事情圆满成功；二则花了四十元航空费，我们也急欲知道究竟迅速到什么程度。其次，画一到，就该于一两日内决定你自己究竟要哪两张，选定后马上送去配框子，（原来你已配好的林画画框，或许背后还有地方，可将新画压一张在下面，如我们常用的办法。那么你只要添一新框即行，否则多了框子也麻烦。）装上框子，才是保护作品最可靠的办法。送卡波斯太太的也应该迅速选定。大尺寸而且裱的层数多，老卷着不太好，尤其幅数多，不能卷得太小太紧，（我们因为邮寄，不能不卷得较紧，你收到后却须大大放松着卷。白铅皮的芯子你不能再用，卷松时将芯子留在里面，反而要损害作品！）存放待售几件，保藏需特别小心，既要防潮，又要防鼠齿。你们俩离英将达四个月，不可不事先妥善安放，最好外面里面裹柏油纸，倘存放在大箱子或柜子内，四周多放些樟脑精，一般的樟脑丸（如弹子大小的那种）是化学制品；樟脑精是天然树脂，味道浓烈，放多了连耗子也受不了，所以比较保险。以上种种千万细说与弥拉听。总之，这批不但以艺术品论应当小心保护，抑且代人办事（一方面对林先生、一方面对国外友人）也得郑重周到；妈妈为之流了多少汗，费了多少手脚，也值得你加倍珍惜。她除了寄递时奔走七次以外，从五月起上林先生家先后五次，电话不计其数；为了装裱荣宝斋也去过三回。我们不是诉苦或是丑表功，只不过要你知道这件小事做来大不容易，要你们俩特别重视，把以后的几步也做得尽善尽美！①

  这封信涉及林风眠作品因为画得比较厚产生的卷得松紧及保护问题，另外傅雷家在长宁区，林风眠家在黄浦区，来回由傅雷夫人朱梅馥处理。

---

① 傅敏编：《傅雷家书全编》，江苏文艺出版社2014年版，第566—567页。

1961年10月5日深夜，傅雷与傅聪书：

> 来信问林先生要不要食物，问过了，他极欢迎，但只能寄给我们，仍用我的名字。否则税太大，林先生负担不起。……（付了林先生的食物，连同寄费报一个总数来。以后在画款项下扣除。）①

1959—1961年，傅雷家书中海外朋友的寄赠食物资助也可以反映社会之实况，作为大都市的上海再窘迫都比其他地方好很多，困难程度从家书中可见一斑：

> 到新时务必向刘抗、陈人浩二伯父代我们道谢。他们都不断寄赠食物药品。最好能抽空到刘家去一次，欣赏欣赏刘伯伯的画。②

11月19日，傅雷与傅聪书：

> 倘若离英前匆忙，未及将林先生画款交汇，倘若你眼前手头不太紧，希望将代购林先生的食物及寄费扣去后汇回。大概Van Wyck先生可以代办吧？当然所谓画款是指已收的而言，绝对不是要你垫付！③

1962年1月21日下午，傅雷与傅聪书：

> 林先生的画，你自购三张已清账（原汇40镑，还差十几元，早已代你补足）。你经手的两张，应是100镑，你说过款已收到。若果如此，则再扣去代购食物14镑半，倘有85镑10先令整。倘去信伦敦，可嘱银行将汇费就在85镑10先令中扣除，然后汇给我，换句话，将来我收到时，大概不到85镑

---

① 傅敏编：《傅雷家书全编》，江苏文艺出版社2014年版，第581页。
② 傅敏编：《傅雷家书全编》，江苏文艺出版社2014年版，第582页。
③ 傅敏编：《傅雷家书全编》，江苏文艺出版社2014年版，第583页。

的了。——其余未有人要的当然不急，林先生也再三说过。①

2月21日夜，傅雷与傅聪书：

二月份的一百元人民币，伦敦迄今未汇来。不知是你们去秋临行未交代明白，还是银行疏漏，望即日向他们查问！林先生画款亦无消息。你知道我对友人负责的脾气，尤其银钱方面要随时手续清楚。已收之款积压已有五个月，固然林先生没有催问，他也不急需钱用，但我们总是的主动把事情办了。②

9月23日，傅雷与傅聪书：

林先生送你一帧小型的仕女，稍缓寄你。去年存你处的几幅，大概还没人请教吧？有人要了，望即将收到的画款随时汇来。林先生并未催询，勿误会。③

这个阶段傅雷还参与了了《黄宾虹年谱》的校订、黄宾虹诞辰100周年筹备等黄宾虹身后事。

1962年12月30日，傅雷与傅聪书：

林风眠先生于十二月中开过画展，作品七十余件，十分之九均精，为近年少见。尚须移至北京展出。④

1962年12月，中国美术家协会上海分会在上海举办林风眠画展。展出作品70余件，均为近年创作的设色中国画，画展期间上海美术家协会为林风眠

---

① 傅敏编：《傅雷家书全编》，江苏文艺出版社2014年版，第593页。
② 傅敏编：《傅雷家书全编》，江苏文艺出版社2014年版，第598页。
③ 傅敏编：《傅雷家书全编》，江苏文艺出版社2014年版，第646页。
④ 傅敏编：《傅雷家书全编》，江苏文艺出版社2014年版，第665页。

举办了座谈会，展览期间陈秋草撰文《诗趣 梦境 画意——林风眠画展读画漫记》。这次上海展览和第二年（1963）北京展，可以说是林风眠来沪后十年努力的集中展示。是年林风眠留下一段与傅雷的谈艺，简单介绍了自己艺术灵感源于记忆：

> 我出身在一个风景异常美的山区乡村里。小时候，有一种习惯，常去湍急溪流旁、山谷里、树林中漫步、玩耍，大自然赐予我的这种美好的记忆，深深地镌刻在我心灵深处。现在我已年逾花甲，也有四十来年没有机会回家乡了，但我常会回忆及家乡的树、家乡的岩石，以及铺砌在小溪底下的圆滑的鹅卵石、空中漂浮的云、植物的气息、流水的絮语；这一切对我来说，直到今天还栩栩如生。这些回忆，尽管事隔半个多世纪了，但仍不断地在我脑海里唤起新的模样，和新的形象。我在杭州西湖边生活了十年；然而在那些年里，竟一次也没有画过西湖。但在离西湖之后，西湖的各种面貌却自然而然地突然出现在我的笔下，抗日战争期间，我跑遍了华西南，对我来说，这些回忆也都成了我创作的素材。也许我正是一个从记忆中汲取创作灵感的画家。①

这段引文出处模糊，年谱等文献引用标识为"1963年林风眠先生与文学评论家、翻译家傅雷先生的一次谈话"②。

1963年3月17日，傅雷与傅聪书：

> 你一定回伦敦了——林先生的画到底送了勃隆斯丹没有？若送可汇二十三镑（合人民币一百五十元）来。③

傅雷在替林风眠作品交易代理时，也有自己买了做礼品的，价格与代理不

---

① 林风眠：《与傅雷谈艺（1963）》，载谷流、彭飞编著《林风眠谈艺录》，河南美术出版社1999年版，第209页。
② 朱朴编著：《林风眠全集5.年谱》，中国青年出版社2014年版，第210—211页。
③ 傅敏编：《傅雷家书全编》，江苏文艺出版社2014年版，第672页。

一样。4月26日,傅雷与孩子书:

> 五十镑已收到。凡是优待侨汇的购物享受(如肉、鱼、糖、烟、布、肥皂等的票子),也按比例分一部分给林先生。这一回又叫你花了近八十镑(去掉林画款,加上港汇),心里总是不安。……四月一日、八日,分别寄你唐云山水及林先生仕女各一帧,收到否?唐画较易得,寄你亦无困难,倘有人情要还敬,不妨作送礼用。林画海关估价甚高,大有麻烦,以后除非有外汇(而且像去年那种大幅的,要外汇五十镑才能寄一张),即不能往外寄了。此次小幅仕女也估到人民币百元,海关只准寄五十元以下的,故托林先生写了证明,说明是赠送给我的,方始寄出。而这种方法也可一不可再。因此那幅仕女望自己留存……在美遇到王济远伯伯事,你未提只字。他却有信给九龙萧伯母,由他们转告我们了。[①]

从1959年到1963年,小幅仕女大概一平尺(35 cm×35 cm)已要100元,可见其时林风眠作品销售的涨价幅度;同一封信中还提起九龙萧伯母转告傅雷夫妇,傅聪赴美演出碰到了傅雷"决澜社"旧友王济远[②]。马国亮回忆:

> 我第一次到他家里,是马思聪从北京来上海开演奏会期间。马思聪要去看林先生,并且有朋友托他买林先生的画。于是我同他一起到林家去。谈到有人要买画的时候,林先生搬出了一大叠未裱的画,让马思聪挑选。马挑了两幅。内容甚么记不起来了。只记得林的画值是每幅150元人民币。当时中国画家的作品并不值钱。五十年代早期,齐白石的画不过十多块钱一幅。150元算是相当高价了。[③]

---

① 傅敏编:《傅雷家书全编》,江苏文艺出版社2014年版,第675页。
② 王济远(1893—1975),江苏武进人,祖籍安徽。早年毕业于江苏省第二高等师范学校,抵沪从事艺术活动。1920年与刘海粟等发起成立西洋画团体"天马会",任上海美术专科学校教授。1932年参与"决澜社"活动。1975年逝世于纽约。
③ 马国亮:《人世几回伤往事——怀念林风眠先生》,载《浮想纵横》,香港开益出版社1996年版,第120—121页。

有关林风眠的画价，假如马国亮记忆无误，这个画价应该在20世纪60年代初，而不是在50年代。

1965年5月21日夜，傅雷与傅聪书：

> 你在加拿大演出时，不是有位李太太（年纪六十左右）到后台去看过你呢？她是张阿姨的朋友，你可称她李伯母，今在香港，写信来要林先生的画。国内对林画出口限制极严，即使寄外汇来也很难批准。想到你还存有林画两张，假如李太太一定要，不妨让她买了，在你也算了结一桩事。张阿姨已去信通知她，说你可能下月初在港，她可就近找萧伯母与你见面。将来她可以托人在伦敦带了款子，到你家去取两张画。记得剩下的是一张粉彩的京戏，一张风景，对不对？她伦敦有熟人，一切方便。你只管一手收钱，一手交画；包扎邮寄等等都不用你操心。价原来是每张五十镑（照你以前代外国朋友买的例子），现在大家是中国人，可减为每张四十镑，林先生处由我说一声，决无问题。我们还特意告诉李太太，因你经常在外，故不要把款子自香港直接汇沪，宁可在伦敦取画时付给你；否则她先寄了钱回来，一时拿不到画，要发急的，因为她也是性急的人。①

香港的李太太想买林风眠的画，傅雷想起傅聪手头还有两张待售，书信往返皆沟通细节，西人买画50镑，华人可稍作照顾40镑。时隔几日，傅雷给成家和的信里谈到同一桩事。1965年6月5日，傅雷与成家和书：

> 李太太购画事谈妥没有？不是我们要强挨给她，而是她既要不着（在港她到×古斋挑过，不中意），聪手头又有现成的，乐得给人方便，而聪也了却一件事。只是请你再在电话中提醒李太太，七八两月聪一家多半不在伦敦，如此事不在六月底以前办，只能等到九月初了。（再望告知李太太，画款在伦敦取画时交聪。切勿预付。）
>
> 我们寄你的一幅你喜欢吗？我们在家曾挂过三个多月。国内现在就是这

---

① 傅敏编：《傅雷家书全编》，江苏文艺出版社2014年版，第744—745页。

一位老辈还有好作品。人也朴实可爱,我虽和他交往历史很浅,倒是挺投机,谈谈艺术,境界理想彼此比较接近。①

帮人代理首先愿者帮助,不是一定要卖给对方。这封信里还提到,傅雷把自己家里挂了三个多月的林风眠的一幅画,送给了成家和[在傅雷遗留照片中有一张傅雷夫妇在家里的合影(1965),照片的背景里挂着林风眠的作品,不知道是否就是这一幅]。这封信里还有傅雷对林风眠的评论,尤其是林风眠随和的一面,傅雷评价林风眠朴实可爱,他对艺术的认识与境界与自己可以聊投缘。"交往历史很浅",估计是在林风眠赴沪定居以后,故有林风眠传记作者把傅雷与林风眠的交往上限划到林风眠在杭州国立艺专时期,应该没有什么根据。②

1965年6月13日晚,傅雷与成家和书:

李太太购画事下文如何?也许你在下一信中已经提了。③

6月17日,傅雷与成家和书:

你问的画价,大的国内一百五十,只是寄不出。(要外边寄外汇来买,公家即不允许以此价结算;而且不论以什么价结算,最近根本不允许寄出。此是原我二十天前亲自向有关机构问明的,故李太太还想向国内定,简直是单相思。)小的无价,因平时不画,我们朋友要的画,他临时画,随人送,

---

① 傅雷:《致成家和[八通]之四》,载傅敏主编《傅雷著译全书》第二十六卷,上海远东出版社2018年版,第416页。
② "在杭州这段时间,林风眠虽然基本是闭门谢客,可还是常同傅雷、无名氏赵无极、苏天赐相互探讨艺事,有时艺术界对林风眠的追随者像黄永玉,也来登门拜访。"刘世敏:《林风眠:中国现代美术教育和现代绘画的奠基人》,百花文艺出版社2011年版,第170页。郑重《画未了:林风眠传》无1949年前傅雷就与林风眠交往的记录:"1954年上海市第一届政治协商会议召开,林风眠应邀出席,并当选为上海市第一届政协委员。后来,傅雷也参加了政协活动。林风眠和傅雷又见面了。"(中华书局2016年版,第221页)按:这里有"又",但之前何时不确切。
③ 傅雷:《致成家和[八通]之五》,载傅敏主编《傅雷著译全书》第二十六卷,上海远东出版社2018年版,第420页。

不计较（大概三十至五十）。上次寄你能收到，完全是碰运气。他国外市价大约五十镑，港岛更贵，自五百至二千五百港币不等，但与他本人不相干，价不是他定的。过去他只在国内照国内价收款，后来听说交中艺公司（是他们要，不是他主动委托）作代售性质，由中艺抽成。到底怎样，也不知道。因好久未见，上述办法不知是否实行。①

到1965年，林风眠的画价每张（四尺对裁大小）已到150元，国家已对其作品限制出境，虽然比国外便宜，但没法寄出。大概一平尺见方小画平时不太画，偶尔随画随送朋友，每张要卖大概30—50元。这里提到的"中艺公司"，不知道是否是中国艺术品进出口公司，那个年代国营性质的代售是另一个艺术品经营的话题。

《傅雷家书全编》中关于林风眠的记录，以傅雷、傅聪帮助林风眠作品交易为主。（1）1961年1月9日，傅雷寄出送给梅纽因夫妇的礼物第一幅（富丽明快，或为大丽菊一类的花卉），但从"1961年5月23—25日下午"的信看，还有一幅送给傅聪的山水《黄山》。（2）"1961年5月23—25日下午"的信中提到，朱梅馥去林风眠家取了九幅画，其中朱梅馥为傅聪选了《睡莲》《东方式仕女》，九幅中一幅因没有签名，1961年9月13日寄出八幅，另几幅的内容为"有像送你一类富于梦境的神仙世界（黄山），也有像送你岳父那样非常富丽、明快，近于柏辽兹的orchestration（配器）的（以上各一）。又有比较清谈的西湖风景（绿、黑、白三个色调）；一幅是水墨的渔翁——捕鱼鸟——小艇和芦苇；一幅是几条船，帆樯交错，色调是黑与棕色；一幅是对比强烈（棕色、蓝、黑、白），线条泼辣的戏剧人物（倘你喜欢此幅，可与仕女调换，或由你多买一幅，随你吧）"②。其中傅聪自己买三幅，另外五幅待售。（3）1963年3月17日，傅雷寄出送给傅聪的一幅仕女画。从来往家书只言片语总结，傅聪处经手共十幅以上林风眠的作品。（4）价格自己买20英镑，西人朋友买50英镑，华人朋友买40英镑；

---

① 傅雷：《致成家和[八通]之六》，载傅敏主编《傅雷著译全书》第二十六卷，上海远东出版社2018年版，第423—424页。
② 傅敏编：《傅雷家书全编》，江苏文艺出版社2014年版，第511页。

林风眠的画几年间每幅（四尺对开）涨幅100元到200元，从书信中获悉，当时23镑折合人民币150元的；傅聪收取的英镑中，除了邮寄、包装费用外，多赚的钱也都给林风眠。(5)社会崩溃的边缘，林风眠处于以画易食品的窘境。

林风眠的作品经傅聪海外交易的时期（1960—1965），也是林风眠艺术风格深化的重要阶段，他借助传统戏剧的爱好，解决了现代绘画所追求时间与空间的矛盾：

> 像毕加索有时解决物体，都折叠在一个平面上一样。我用一种方法，就是看了旧戏之后，一场一场的故事人物，也一个一个把他叠在画面上，我的目的不是衣物、人的体积感，而是求综合的连续感，这样画起来并不难看，我决定继续下去，在旧戏里有新鲜丰富的色彩，奇怪的动作，我喜欢那原始的脸谱，画了一共几十张了，很有趣，这样一画，作风根本改变得很厉害，总而言之，怪得会使许多朋友发呆，也许朋友会说我发狂了。①

傅雷与林风眠怎么认识等尚待进一步研究，但在傅雷家书中1960年有记录之前，傅雷与林风眠的交往已有明确记录。1957年5月，林风眠应邀参加宣传工作座谈会并发言，傅雷听后觉得说得好，陪《文汇报》总编徐铸成登门拜访林风眠，要他为《文汇报》写文章。后来傅雷把林风眠在宣传工作座谈会上的发言整理成《美术界的两个问题》，发表在1957年5月20日《文汇报》上。6月，林风眠应《美术》杂志之邀写了《要认真做研究工作》。此文与《文汇报》上发表的一文调子不同，在后来成为石西民、赖少其保护林风眠的理由。②柳和清回忆："1957年……林先生因为曾经写过一篇为美术作品增加报酬和改善美术工作者生活待遇的文章，差一点被打成右派。对于这段经历，我认为那是因为他的好友傅雷从北京听了报告回来后，多次动员他才写的，主要责任并不能算在林先生身上。但林先生却认真的说：'这怪不得别人，文章是我自己的思想认识。'"③

---

① 林风眠:《致潘其鎏》，载《林风眠长短录》，中国青年出版社2014年版，第201页。
② 参见郑重《画未了：林风眠传》，中华书局2016年版，第221—227页。
③ 柳和清:《与林风眠交往的日子里》，载朱朴主编《纪念林风眠先生诞辰110周年：林风眠研究文选》，岭南美术出版社2010年版，第216页。

潘其鎏回忆："50年代之后他几乎躲避一切现实活动，他写过几篇迎合时宜的短文，以应报社采访的要求。据我回忆，大多是由别人代笔的。"①两位接触林风眠最多的人的回忆，小有出入。应该说那时的文章，不管是整理发表还是他人代笔，至少是经本人认可后发表的。

《傅雷家书全编》最后一封家书是1966年8月12日的。1966年9月2日深夜，傅雷与夫人相伴离开了这个世界。那一夜，林风眠家被几十人查抄近二十个小时。②潘其鎏回忆：

> 当听到好朋友、翻译文学家傅雷，被音乐学院学生折磨至夫妇双双开煤气自杀，林先生悲痛不已，悄悄对我说："无论如何你设法去探听一下具体事情的真相，探听傅先生的下落。"当我在傅家的墙外等待，看到两具尸体从傅家抬去火葬场的情况，证实了可靠的噩耗告诉林先生。当他确知老朋友已被迫含冤离开人世，他长声叹息，眼睛里噙着泪水："他是一个自尊自爱的正直的人，是受不了这种侮辱的。"③

1991年7月，傅聪赴港举办傅雷纪念音乐会，有意请其父亲的挚友林风眠题字，在病榻上已不能够使用毛笔的林风眠闻讯，只能用水笔写下"傅雷纪念音乐会"几个字并签上自己的名字。没想到，这几个字竟成了林风眠的绝笔。④

---

① 潘其鎏：《侨居异国忆恩师——林风眠辞世八周年祭》，载朱朴主编《纪念林风眠先生诞辰110周年：林风眠研究文选》，岭南美术出版社2010年版，第258页。
② 参见朱朴编著《林风眠全集5.年谱》，中国青年出版社2014年版，第216页。
③ 潘其鎏：《侨居异国忆恩师——林风眠辞世八周年祭》，载朱朴主编《纪念林风眠先生诞辰110周年：林风眠研究文选》，岭南美术出版社2010年版，第262页。按：上吊误为煤气。
④ 1991年8月12日上午10时，林风眠在香港港安医院病逝，享年92岁。

离开林风眠之后
——助手苏天赐的"青岛困惑"

臧 杰[*]

摘　要：作为林风眠最后的助教，苏天赐经过在华东人民革命大学政治研究院的学习，于1951年3月抵达青岛，成为新山东大学艺术系的讲师。他此前面对的形式主义批评和拥抱新时代新生活混杂在一起，他试图作拟古风的写实，描绘新青岛并投稿报纸，但发现仍无法融入现实。及至一年半后随艺术系南下合组华东艺专，苏天赐并不长的青岛生活透露着困惑。本文试图还原与厘清苏天赐在变动期遇到的问题，以部分回应林风眠式艺术路径的时代处境。

一、"新派画"的负荷

苏天赐的"青岛之路"是载着新派画的负载打开的。

1947年，由广东省立艺术专科学校折身前往杭州的苏天赐，在重新追随林风眠一年后，被林风眠邀作国立艺术专科学校（以下简称"国立艺专"）林风眠画室的助教。他对林风眠的认同始于在重庆国立艺专西画专业（三年制）读书时期，在1945年1月的现代绘画联展上认识了林风眠，是次展览的出品者有林风眠、汪日章、关良、倪贻德、庞薰琹、方干民、丁衍庸、周多、李仲生、郁风、赵无极等，展览标举的"现代中国绘画艺术与现代世界艺术合流"的主张，曾令较为保守的陪都画坛耳目一新。

---

* 臧杰，青岛文学馆馆长，青岛市文艺评论家协会副主席，一级作家。

同年秋，升入三年级的苏天赐入林风眠画室学习。同学有陈泽浦、谭训鹄、谭雪生、徐坚白等，他还与刘予迪、陈泽浦、刘颐涌、梅先芬、席德进发起组织了"西画研究会"。1946年自艺专毕业后，丁衍庸在林风眠的举荐下执掌广东省立艺术专科学校，苏天赐、谭雪生、赵蕴修等毕业生也在林风眠的安排下南下助力，后谭雪生因帮助戏剧部的学生排演戏剧讽刺当局被丁衍庸停聘，于是苏天赐就和谭雪生回到了杭州，借住在郭庄附近卧龙桥艺专宿舍三楼，从而与林风眠赓续师生谊缘。

1948年，苏天赐经常出入于玉泉路的林宅，在林风眠女儿蒂娜过生日时，在院中为她绘制了《蒂娜像》（布面油画，50 cm×34 cm），并为林风眠绘制了《先生像》（布面油画，51 cm×40 cm）。

苏天赐的绘画深受林风眠的启发，他在此后的访谈中，常提及因为在《良友》画报上看到的一面汉墓壁画画页而很受感动。他说，直到1982年，他才在洛阳的西汉墓中看到了原作："色块和线条结合得很好，线的流转、徐疾、顿挫，恰到好处地表达了形体和空间，而且意态飞扬，笑意洒脱，很有感染力。"[1]

这种趣味也和林风眠一脉相承。林风眠1957年在南昌路寓所接受李树声访问时曾说："我非常喜欢中国民间艺术，我自己的画从宋元明清画上找的东西很少，从民间东西上找的很多，我碰上花纹很注意。我画中的线，吸收入了民间的东西，也吸收了定窑和磁州窑的瓷器上的线条，古朴、流利。汉代画像石也很好，不论是战国时期楚国的漆器，还是后来的皮影，我都十分注意学习，都非常喜爱。"[2]

而时为苏天赐女友的凌环如清楚地记得，在一次和林先生进城的过程中，"在半路上的一堵泥墙边，林先生发现了一块古陶器残片，画得很精彩，他很兴奋，拿了一根树枝在周围起劲地挖，我也和他一起寻找，可惜没能再有发现。林先生仔细端详着那块陶片，对我说：什么是幸福呢？这就是幸福。"[3]

---

[1] 邱春林：《画境与诗心——苏天赐访谈录》，《美术报》2002年7月13日，转引自南京博物院编《苏天赐研究》，译林出版社2016年版，第24页。

[2] 李树声：《访问林风眠的笔记》，载郑朝选编《林风眠研究文集》，中国美术学院出版社1995年版，第170页。

[3] 凌环如：《怀念我的老师林风眠》，载刘伟冬主编《苏天赐文集》（二）书信日记卷，东南大学出版社2009年版，第227页。

1948年入林风眠画室学习的凌环如，不久成为苏天赐的恋人。而苏天赐在1948年绘就的《蓝衣女像》（布面油画，73cm×51cm）、1949年绘就的《黑衣女像》（布面油画，83cm×68cm），模特正是凌环如，笔意饱含着创新，还有深情。半年后，《黑衣女像》伴随他创作的《干部与农民》成为形式主义"新派画"的批判样本。

按照《中国美术学院大事记》中的记载，学校研究部在1950年组织的以生产建设为中心的"创作观摩会"，就形式主义倾向展开的讨论先后有两次：一次为4月7日，另一次为6月中旬，第二次的讨论还涉及了形式主义和民族主义。①

有关这两次讨论而引发的"新派画批判"，林风眠在1971年12月8日于上海第一看守所写的自述中提到过。林风眠在文中所释放的主要信息有三：一是对马蒂斯与毕加索等人的标举；二是在艺术上认为解放区的教授技术上比较差，因此学生不欢迎甚至反对解放区的教授；三是有些学生在反对的同时，在课堂上修改"解放区教授"的作品。

这些信息实际上包含了艺术价值和方向上不认同、态度上不欢迎与反对、行动上改画的三个层面。兼任党组书记的第二副校长江丰在延安时期就是"马蒂斯之争"的主要批判者。1942年5月，庄言在一次三人画展中展出了散发着煤油味的土油画，这些画因风格类似马蒂斯而招致批判。延安"鲁艺"的墙报《同人》，推出了江丰、胡蛮等人撰写的批评文章，认为庄言不顾战争年代的气氛，醉心于以马蒂斯、毕加索为代表的现代派绘画，特别欣赏其色彩、线条所构成的画面形式美，是不符合革命实际需要的，"在延安公开提倡这种脱离生活、脱离人民、歪曲现象、并专在艺术形式上做功夫的所谓现代派绘画是错误的"。

在延安文艺座谈会召开后，周扬为此专门在《解放日报》作检讨，以《艺术教育的改造问题》一文说明"有同志热烈爱上了马蒂斯"是"鲁艺"艺术教育的糊涂观念。

"鲁艺"类似观念的下延，在解放区教授接管国立艺专后本身就是一种应然，更何况学生们有了具有挑衅意味的"动作"。

在参与新派画的批判中，还涵括了另外一个曾经的形式主义"阵营"——

---

① 参见《中国美术学院七十年华》，中国美术学院出版社1998年版，第47—48页。

早期决澜社成员倪贻德和庞薰琹。苏天赐在此后的访谈中也提到：

> 就是这张《黑衣女像》给我带来了很大的麻烦。画家后不久就讲这幅画是形式主义，这种批判出自我们学校内部，主要是一些教师过于想表现自己进步而已，有的批判者其实在中国现代绘画发展中倒真是一个很激进的人，本人曾参考未来派的主张，起草了决澜社宣言。①

林风眠在谈到这个问题时，语义指向也有类似处，他在接受李树声采访时曾说：

> 在当时的艺术教育上也只是小脚放大脚，并不是完全的形式主义。倡导形式主义的只有"决澜社"。

在批判新派画之时，倪贻德正担任国立艺专的第一副校长，庞薰琹则是绘画系主任，后还代理过教务主任。此时的倪贻德已是"新现实主义"的倡导者，他在《胜流（1947—1948）合刊》中曾撰有《战后世界绘画的新趋势》一文，文中称"战后的绘画是导源于为人民而绘画的运动，形式主义的技巧的游戏的绘画必然逐渐消灭，而现实主义的绘画必然会成为当前艺术的主流"。

也就是说，尽管倪贻德、庞薰琹与解放区教授对新派画的认知边界有所不同，但他们在对以林风眠为代表的形式主义批判上出现了合流。而相较于林风眠等人对马蒂斯的推崇，倪贻德在形式认知上一度更推崇塞尚。这种合流所生发的矛盾是无法避免的。一个和林风眠"很亲近的学生不满于庞薰琹批判'形式主义'、宣扬'现实主义'的态度，让庞薰琹画个石膏像给大家看看他自己是不是会搞'现实主义'"②。而这个与林风眠很亲近的学生究竟是谁尚难确知。

---

① 邬烈炎：《信步与回眸——苏天赐访谈录》，载南京博物院编《苏天赐研究》，译林出版社2016年版，第36页。
② 水天中：《"国立艺术院"画家集群的历史命运》，载《历史、艺术与人》，广西美术出版社2001年版，第79页。

赵思有撰写的《东方神韵·时代风采——中国杰出油画家苏天赐》一书披露，此前的苏天赐被分配教新生素描，因为教学效果突出，在全校大会上还被江丰点名表扬，并被安排作教学经验的发言。个别同事在他的卧室中发现他还挂着《黑衣女像》，检举他"仍然把资产阶级形式主义的东西挂出来毒害青年"后，学校对他的态度才急转直下，将他派到苏州参加华东人民革命大学政治研究院的思想改造。①

在去苏州之前，在第二次"新派画"批判来临前，苏天赐和凌环如于1950年5月在国立艺专举行了婚礼，并在太和园办了两桌宴席。林风眠担任主婚人，刘开渠、江丰为证婚人，邓白为介绍人。刘开渠送了一本厚厚的马列主义著作作为贺礼，而江丰则在当晚请他们去看了一场电影。他们在林风眠玉泉路寓所的楼梯上，还留下了一张合影。

四个月后，苏天赐奔赴苏州，林风眠在行前对他说："通信会被检查，如果你受到批判，就写你的身体不好，如果你很苦恼，就写这里的天气很不好等等，这样我会明白你的情况。"②

二、新青岛与新生活

林风眠在看守所的自述中回忆："我在记忆中苏天赐只写过一封信，说他被调到另外的单位，希望我能设法调回学校来，后来我和学校领导说明此事，结果因为他所在的单位已经调了，学校不好再要求调回来。"

有关苏天赐在华东人民革命大学政治研究院的思想改造状况，在他1950年十二月初十写给伯浒和雨汀的信中可见一斑，他认为伯浒下乡参加的土改"在古老的中国这实在是一个惊天动地的伟大的改变"，同时道及了自己的情况：

> 我们近来很忙，除了忙于学习，我们也热烈的展开抗美援朝运动，下周

---

① 参见赵思有《东方神韵·时代风采——中国杰出油画家苏天赐》，甘肃人民美术出版社2003年版，第47页。
② 林风眠：《在第一看守所写的自传》，载林风眠著，朱朴主编《林风眠谈艺录》，中国青年出版社2014年版，第206页。

还出动宣传演剧，我的工作是更忙了，由于上两周的测验中，我的成绩最好，在最近的改选组长中，我兼任了副组长，本来在这些年高学博的教授当中，我实在不敢担起这领导的责任，只是推辞不得，而且这也是一个服务的机会，还是一个学习的课程，也只好担承下来。[1]

三个月后的1951年3月3日，苏天赐给雨汀又写了一封信，信中说：

我于二月十八日结业，由教育部派至青岛华东大学文艺学院任教。同派在一处的有柳亚藩、施世珍、汪勖予，另有戴策心、程尚仁则派至济南师范学院，回杭后，学校曾至教育部接洽挽留我、汪、程三人，但仅只挽留了后二人，理由为青岛亟须西画人才，坚持要我前去。

现在我不去多想这些问题是教育部的意见或学校的意见了，为我本身着想到青岛倒是很好的，我将于七号左右起程，大概要隔相当的时期才能再见到你了。[2]

由此可见，苏天赐和凌环如抵达青岛的时间是1951年3月7日之后。凌环如时在上海军管会文艺处美术室工作。这个月的15日，华东大学与山东大学正式合并，四天后举行了合校典礼，故而苏天赐和凌环如到来后，实际投身的是以华东大学文艺系为班底而新成立的山东大学艺术系。

多年以后，凌环如在接受采访时表示：

我们因为突然跑北方去，气候上，还有生活习惯上感觉挺不习惯的，但那会儿都讲服从国家需要，到艰苦环境锻炼自己，这样的觉悟是很真实的，一点没有夸张或者提高。我们就认为应该锻炼、改造自己。当时山东大学艺术系的上课条件还挺好的，各种必要的教学设施也基本具备。学生都是文工

---

[1] 刘伟冬主编：《苏天赐文集》（二）书信日记卷，东南大学出版社2009年版，第3页。
[2] 刘伟冬主编：《苏天赐文集》（二）书信日记卷，东南大学出版社2009年版，第4页。按：原文戴秉心误植戴策心，汪勋予误植汪勖予，济南师范学院应为山东师范学院。

团员，年龄也比较大，三四十岁的人都有，北方学生非常朴实，交往起来特别简单，渐渐我们都和大家熟悉了，觉得山大很好，人际关系也比较融洽。①

在山东大学艺术系，苏天赐受聘为讲师，主授素描；凌环如受聘为助教，协助柳亚藩教授雕塑课。

山东大学艺术系的相关资料证实，该系分设美术、音乐、戏剧三个组，美术组下设素描、水彩画、水墨画、技法理论、实用美术、创作六个教学小组，雕塑为选修课。

教员计有15人，学员计有32人。教员分别为臧仲文、俞成辉、柳亚藩、曾以鲁、申茂之、施世珍、张鹤云、苏天赐、金若水、张矩、陈积厚、林希元、钟露茜、凌环如、张树云。其中臧仲文和俞成辉先后担任主任。32名学员中，有张华清、刘典章、张道一、臧林川、李国杰、赵玉琢、戎玉秀、赵杰（洁）、王剑华、江小竽、于雁、牟磊、魏克、朱迪、李金桂等。

根据学员张道一的回忆，1951年的基础课以素描、水彩和水粉为主，"画素描不用铅笔，是专门烧制的木炭条，最后喷上松香水以固定画面。我们每天上课要发半个馒头，用以擦画，有时会不自觉地吃两口"。

后来教学效仿苏联，素描开始改用2B铅笔，工具的改变让学员们很不习惯，张道一犹记得："在青岛海边的栈桥附近，有许多外国侨民开的小店，其中有不少是'白俄'的后代，1952年后苏联承认了他们，都陆续回国了。在他们开的小店里，能够买到很便宜的'维纳斯铅笔'和英国的水彩画纸，我们曾炫耀说，别看画得不好，但材料是最好的。"②

美术组有关素描的教学计划安排：

目的——素描是造型美术的基础，从素描课程的实习中，获得现实主义的表现手法，为创作作好技术上的准备。

要求——使同学在面对物象时，能观察入微，在技术上能借线色明暗的处

---

① 凌环如访谈，载刘伟冬、黄惇主编《山东大学艺术系、华东艺专研究专辑》，南京大学出版社2012年版，第781页。
② 张道一：《从华大、山大到华东艺专》，载刘伟冬、黄惇主编《山东大学艺术系、华东艺专研究专辑》，南京大学出版社2012年版，第163页。

理，以表现出物象的形体，重点要求在于人物形象的正确，具体要求如下：石膏像写生要求轮廓准确、体积充分，并能表现出质量的感觉；半身人像写生要求轮廓准确、体积充分，动态正确，并能初步掌握表情、性格，而对解剖、衣褶不产生原则上的错误。

内容和进度——以石膏像写生与半身人像写生为基本内容，比重为一比一，每两周为一个单元，相间进行。

方法——依据不同水平分组进行指导，力求深入；在实习开始前先作讲解，在进行中分组指导，记录成绩，每单元结束后进行检查和评定成绩，并进行小结；教师经常示范习作；重点提高较差学生的业务水平。

课外作业——每周每人作速写三张，肖像一张，交教师评定作为平时成绩之一。

成绩考查——重视平时成绩，并采取教师集体评定成绩的方法。[1]

王剑华、刘典章、张华清（华青）是当时较为活跃的学生。作为素描课代表的刘典章曾有文字回忆：

> 笔者曾有幸在山东大学艺术系师从苏天赐先生学画二年，当时同班30余人，无不为先生高超的写实技巧、深刻的艺术见解、循循善诱的启导式教学所折服，先生是大家心目中最佩服的导师。先生平日讲话不多，却极真诚；为人质朴无华，却思维敏锐；可惜我们当时年轻无知、尚不能完全理解先生。[2]

入学时美术基础比较差的张华清，曾被誉为美术组进步最快的学生[3]，他有回忆说：

> 当时印象最深刻的是苏天赐老师，他教我们素描，我上素描课很用功，画

---

[1] 参见史洋《华大文艺系、山大艺术系教学档案文献综述》，载刘伟冬、黄惇主编《山东大学艺术系、华东艺专研究专辑》，南京大学出版社2012年版，第338—339页。

[2] 刘典章：《生命的律动与震颤——简论苏天赐先生的油画艺术》，载刘伟冬主编《苏天赐文集》（三）附：苏天赐研究，东南大学出版社2009年版，第38页。

[3] 参见再萌《不断进步着的张华清》，《新山大》1952年第28期。

得也非常认真。苏天赐老师很注意我,在评定成绩时把我的素描作业放到前三名,对我鼓励很大,觉得进步比较快,这时我已经有信心学好绘画专业了。①

由此可见,苏天赐所担纲的素描教学,不仅很受学生们的欢迎,也是有一定实绩的。苏天赐自己总结这段教学经历时说:

  我在国立艺专刻苦学习所摸索出的经验,使我比较容易理解初学者所遭遇的难题。每次课题结束,我把所有作品排列起来比较,讲解其优劣所在,很容易为学生所理解和接受,颇受欢迎。②

而其时的《青岛日报》为配合形势宣传和形象化传达的需要,积极发动私立青岛美术专科学校的师生和山东大学艺术系的师生创作宣传画、连环画与插画,苏天赐也拿起了画笔,创作了《建设人民的新青岛》系列素描,集中刊于1951年12月的《青岛日报》,绘画题材则包括市街、工厂、公园等,这些素描同时配有"之人"写的同题短诗。

从系列素描作品中可以看出,这些作品均系炭笔写生,散发着质朴的现场感和深厚的生活气息,场景宏阔,既有较精细的人物刻画,也有概括的形象传达,所及建筑造型沉实,人物情态各异,呈现出比较从容的造型能力,也有效地回应了苏天赐寻求线条与体积结合的表达致力。

而对初来青岛的生活,苏天赐和凌环如似乎还算满意,凌环如回忆说:

  好像是在学校附近由后勤部门给我们租的房子,在学校附近环境还是挺好的,面积也可以,苏老师画画还有地方,学生来往也比较方便,那时学油画的学生不多,我印象中刘典章是一个。③

---

① 张华清访谈,载刘伟冬、黄惇主编《山东大学艺术系、华东艺专研究专辑》,南京大学出版社2012年版,第694页。
② 苏天赐:《我是这样地走了过来》,载刘伟冬主编《苏天赐文集》(一)著述画论卷,东南大学出版社2009年版,第31页。
③ 凌环如访谈,载刘伟冬、黄惇主编《山东大学艺术系、华东艺专研究专辑》,南京大学出版社2012年版,第782页。

三、拟古风与整风

让苏天赐感受到曾经的形式主义所带来的压力,是在山东大学结合"三反""五反"运动开展文艺整风之后。1952年3月,山东大学党委决定,在校内清除"资产阶级腐朽思想"的同时,安排艺术系全体师生参加青岛市的"五反"运动,师生们与市里的干部、工人被混合编入"工作队",到工厂、商店参加斗争。[①]

在此之前,苏天赐完成了布面油画《拟古风的肖像》(33cm×23cm),这幅尺度不大的作品,"试图以文艺复兴时期那种古典风格的方式来练笔"。用苏天赐的话说,"我当时有一个心理障碍,别人都说我搞形式主义,我就想证明给别人看,我也会写实主义"。

在这张画中,苏天赐试图放弃侧重线条勾勒的表现方式,而改以块面造型;偏平涂的表达也易为厚涂的方法,他似乎希望借此使画面趣味显得更典雅古朴。

令他没有想到的是,对他的批判,从素描到油画一同倾泻而下。当然,批判也并不是独独指向他一个人,而是指向整个山东大学艺术系。

对艺术系的批判在当时的校报《新山大》上出现时,最初只是一则消息,文中点名批判了艺术系文艺整风与"三反运动"脱节的现象,甚至包括"美术组在教学用具的设备上存在着严重的浪费现象,每个同学使用三块画板,书架本来就够用,而又做了八个新的"[②]。

1952年3月15日,《新山大》一周年庆祝专号第六版刊出一个整版的内容开展批判,这份署名为"艺术系学生三反学习代表团整理"的批判稿,主标题为《资产阶级的教育思想侵蚀了艺术阵地》,其中涉及素描的内容写道:

> 教学内容脱离政治、脱离实际,不切合当前建设需要和同学的实际要求。如强调技术课,把素描作为压倒一切(包括创作在内)的重点课,称之

---

① 参见王秉舟《脚印》,澳门文星出版社2005年版,第185—190页。
② 《文艺整风应与"三反"运动结合起来 艺术系存在浓厚的自满情绪该系领导应切实带头纠正》,《新山大》1952年第30期。

谓"一切造型艺术之母",而素描课的内容又是与创作相脱节的。旧型正规化的一套:先画石膏,再画人体,先画头像,再画胸像,教师在讲解中,只讲光线明暗、质感、量感,不讲人物的阶级性,人物的思想感情,把画人物和画静物同等看待。但素描课却不能满足同学们对各种复杂的动作、姿态、人物的造型。在为了创作实习下工厂时,教师并不注意同学怎样去体验生活,表现生活,而是叫同学收集材料和画机器,所以从工厂回来后,创作内容、形式,还是一般化、概念化不切合实际。

有关素描教学的批判,虽然没有直接点名苏天赐,但实际批的就是苏天赐。因为正是他将素描作为造型艺术之母写入了教学大纲,这种纯技术论的观点无疑成为另一种形式主义,而他讲评式的教学方法,则也被总结为鼓励个人英雄主义。与素描教学批判相伴随的是,他试图回到写实的《拟古风的肖像》则被指责为脱离劳动人民。

因为《黑衣女像》画的是凌环如,来到青岛后,苏天赐依例把它悬挂在卧室里,这幅画被曾经来来往往的学生"揪"了出来,"认为是严重的资产阶级情调,认为要改造,并且写进档案里"。

这使得经历了"新派画"批判的苏天赐陷入了双重的困惑。一重困惑在绘画本身。他在《拟古风的肖像》画完以后:

> 觉得此路不通,因为这是勉强而为,因为它已有标准在,走下去是技术的完善和精湛的完美,但它没有生命。时代不对,心境不同。古典时期那种单纯地致力于艺术追求的专注,使画面呈现出一种坚强而崇高之感,是那个时代的灵魂,它已走远了。[①]

另一重困惑则是情感与精神。他坦言:

[①] 苏天赐:《我站在画布面前》,载刘伟冬主编《苏天赐文集》(一)著述画论卷,东南大学出版社2009年版,第6—7页。

> 我的精神一度处于崩溃的边缘，我不得不严峻地思索：要不，放弃我的追求，要不，放弃绘画。放弃我曾经探索多年而自认为美好而诚实的追求，使我非常痛苦。但放弃绘画我将无事可做，更为痛苦。①

此时的苏天赐觉得艺术单纯的快乐消失了，以艺术参与现实的快乐也没有了——他甚至想起"以前在抗日战争的时候，我画画很单纯，就是要唤起民众，要起到宣传作用，那时很得群众的欢迎"。

为适应文艺整风的形势，艺术系在批判了技术观点和专家思想后，增加了"基本技术练习"和"创作实习"课程，并发动师生画起了连环画，以消除被集中批判的影响。系主任臧云远总结道："在整风与三反运动中，画了几张连环画，结合运动的实际，画起来情绪不同了，过去不创作的，现在也动笔了。"② 其中一组《附设医院行政科集体贪污的罪行》连续刊登在《新山大》第37—38期上，署名为"美术组 王剑华、苏天赐、钟露茜、杨文秀、华青、再萌、赵杰 绘"。这是艺术系美术组在《新山大》上最后的创作。

苏天赐有没有从连环画创作中找到更好的情绪，无从得知。山东大学艺术系伴随着全国院系调整离开青岛，对他和凌环如倒可能是个不错的消息，他说："要从山东搬回南方我们很高兴，因为在北方很多不习惯，况且，又是组建专业艺术院校，总觉得更专业化，我们大家热情都很高。"

1952年9月20日，艺术系一行经过近一周的火车旅途抵达无锡，他们将迎接华东艺术专科学校的新开局。

有关自己的20世纪50年代，苏天赐在此后的回忆中常这样说：

> 进入五十年代后，当我又回到画布面前时，胸间塞满了惶惑和苦恼。我必须放弃已经开始并有了一些收获的攀登。并且同时还面临着是否还能保留于绘画队伍之中的选择，因为我的工作岗位已被调离。绘画艺术已经成为点

---

① 苏天赐：《信步与回眸——创作历程自述》，载《信步与回眸——苏天赐艺术历程油画展》，（香港）王朝文化艺术出版社2002年版，第93页。
② 臧云远：《艺术系文艺整风的初步收获》，《新山大》1952年第38期。

燃我生命的火种，我只能选择适应，切不能放弃。只是，当年那种单纯的快乐已经消失了。

而他的老师林风眠在1951年前后写给另一名学生孙仰中（木心）的信中这样表达：

> 我像斯芬克士，坐在沙漠里，伟大的时代一个个过去了，我依然不动。

尽管这是木心为纪念林风眠先生写就的《双重悲悼》一文里的一份孤证，且没有当时的原信作文献实证，甚至带有一些木心自己心灵投射的意味，但其中隐含的体悟是很明晰的，亦可感知到此间埋藏在一条路径下的两代画家心中的精神历程与抉择。渡尽劫波、已臻大成的林风眠，确非正热烈拥抱艺术与生活的年轻人苏天赐可比，但他们的确是共处于时代和人生的拐点上，且留下了对自我影响深远的选择。

林风眠在激荡的1927年

徐宗帅[*]

摘　　要：本文以史料碎片拼图的方式呈现林风眠比较清晰的1927年行踪。经过对原始资料的梳理、比对、考证与甄别，拨开北洋政府与国民政府交替之际的迷雾风尘，透视林风眠的艺术精神、教学理想、社会关系与生存状态，回望在大时代激荡中个体生命的抉择、搏击与沉浮。

只要翻开中国近现代史，无论是社会史，还是文化史与教育史，1927年都是一个风云激荡的年份。在汹涌澎湃的大时代下，作为个人的林风眠是渺小的，但在浮沉中的搏击却格外耀眼。

1926年，在中国艺术界可谓是林风眠年。一位广东乡间的农家子弟，26岁，没有家庭背景，没有教学经验，仅有6年留学欧洲的履历，从法国回来就执掌了全国最高艺术学府——北京国立艺术专门学校（以下简称"北京艺专"），不能不说是一个传奇。只要翻开当年的报刊，关于林风眠的行踪报道、画展评论、作品照片铺天盖地，推崇的文字居多，当然也有争议，但关注度是空前的，十分风光。新人新举措。他引进国外教授，破例邀请民间各类优质师资授课，鼓励学生组建艺术社团，改革教学方法，学生活跃，学校面貌焕然一新。林风眠确实不负众望，走上了艺术教育的改革之路。

林风眠的任职成功，传说纷纭，基本上都在人际关系上说事。一是蔡元培的引荐，二是王代之与萧子升的帮衬，等等，往往偏重于单线的人际关系，而忽视多维的社会推力，即天时、地利、人和的综合考量。天时还是关键。林风

---

[*] 徐宗帅，自由撰稿人。

林风眠在激荡的1927年

眠的回国，适逢其时。北洋政府政权动荡，但社会言论自由、兼容并包，教育领域废旧鼎新，求贤若渴，新文化运动势不可当。林风眠这样在国外就已声名鹊起的海归艺术家成了不二的选择。当时的北平又是新文化运动的中心，起用新人又最为积极，民主气氛又浓，北京艺专采取全体学生投票的方式，票选校长，也是与时俱进。林风眠以遥遥领先的高票当选，确是以新制胜。当时的宽松开放，现在难以想象，没有身份查验，没有学历审核，能看到的可能就是林风眠的从国外带回的画作，而北京艺专的大印就落到了他的手中。（图1）

进入1927年，除了已到达北京的洋人克罗多之外，作为校长的林风眠继续呼朋唤友。同乡、同学、挚友的留法钢琴作曲家李树化被聘为北京艺专驻欧通信员之后，也于2月9日抵达北京，被聘为音乐系教授。

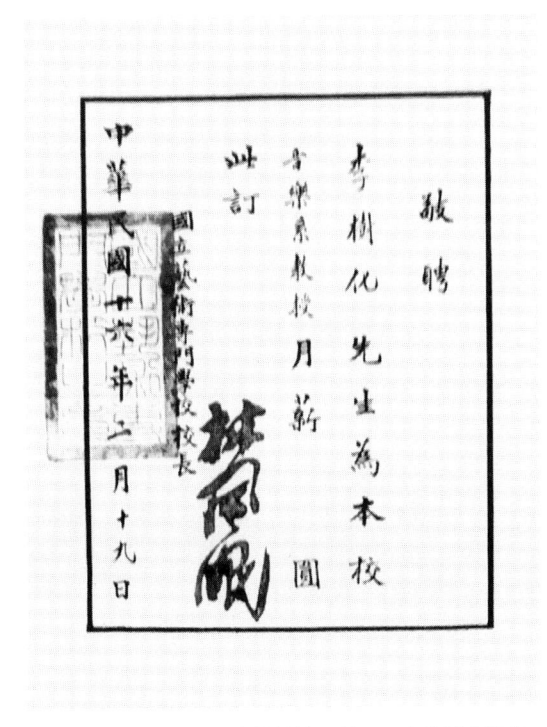

图1 国立艺术专门学校校长林风眠1927年签署的聘书

图2 1926年，林风眠（右一）与同事们在花园胡同四合院

这样，林风眠夫妇、克罗多夫妇与李树化夫妇合住花园胡同四合院，养有狼犬，过上了安稳优越的生活。而同样留学法国的林文铮、吴大羽、刘既漂即将一起踏上由巴黎经莫斯科回国的路，准备汇集北京，大显身手。（图2）

177

林风眠聘请洋人克罗多与民间画师齐白石之外，也不忘聘请传统画家，中西融合一直是教学改革的宗旨。只要读一读余绍宋这两则日记，至今仍能感受到林风眠的虚怀若谷与其情可感。2月23日："章献猷又与杨适生来，适生者，艺术专门学校秘书，林风眠委其为代表，坚约余为该校画史、书法教授，意甚诚笃，余仍不允就。"①2月25日："林风眠、杨适生来，仍约任艺术专门学校事，余坚辞主任。风眠此次扶疾来，情词极诚恳，不得已许其为教师，渠又坚请任八时之多，余仅允任四小时，画史及画法两科。"②"扶疾来"，"极诚恳"，这位年轻校长不容易。之后，余绍宋不但在北京艺专授课多时，而且与林风眠的情谊一直延续至国立杭州艺术专科学校（以下简称"杭州艺专"）。

林风眠踌躇满志，但社会并不太平，刀光剑影，寒流滚滚。3月18日，北京艺专学生会主席姚宗贤、北师大女学生刘和珍等惨遭屠杀，经历了鲁迅称之为"民国以来最黑暗的一天"。4月9日，李大钊在北京被张作霖逮捕，28日就义。4月12日，蒋介石在上海对共产党大举搜捕屠杀。4月15日，血洗广州，林风眠的朋友熊君锐在中山大学被枪杀。在如此腥风血雨之中，林风眠或许是初生牛犊不怕虎，5月11日，"北京艺术大会"在北京艺专照常开幕。这是仿效法国艺术沙龙的艺术展览，宗旨是"实行整个的艺术运动，促进社会艺术化"。展期近一个月，展品达3000余件，除了中西绘画、图案、建筑、雕刻外，还有音乐演奏、演剧、灯会、漫画社的特刊。大会提出的激烈口号，虽然属于艺术范畴，但标新立异，轰动京城。这无疑是林风眠从学校走向社会艺术运动的一次大胆尝试，但艺术大会确实给林风眠带来了麻烦。有关这段史实，郑重在《林风眠传》中全文引用了李树声《访问林风眠的笔记》：

后来张作霖进入北京，他说艺专是共产党的集中地。后叫刘哲（当时的教育部长）找我谈话。这次谈话形成一种审讯的样子，各报记者均在，报纸曾以半页的篇幅报道了这次谈话。时间是在张作霖执政的时候，李大钊同志死后不久。记得当时刘哲曾问："你既是纯粹的学者，为什么学校里有共产

---

① 《余绍宋日记》第2册，中华书局2000年版，第593页。
② 《余绍宋日记》第2册，中华书局2000年版，第593页。

党？"自从这次谈话之后，我只好悄悄离开北京，到南京投靠蔡元培，然后到杭州创办国立艺术院。①

所谓的"半页的篇幅报道"，就是《晨报》1927年9月3日第7版的《刘哲昨与林风眠谈话》。这篇谈话可以说是面镜子。笔者为了刨根究底，对这篇报道反复研读，果然读出了一些历史细节，可以澄清林风眠年谱与传记中的一部分模糊地带。（图3）

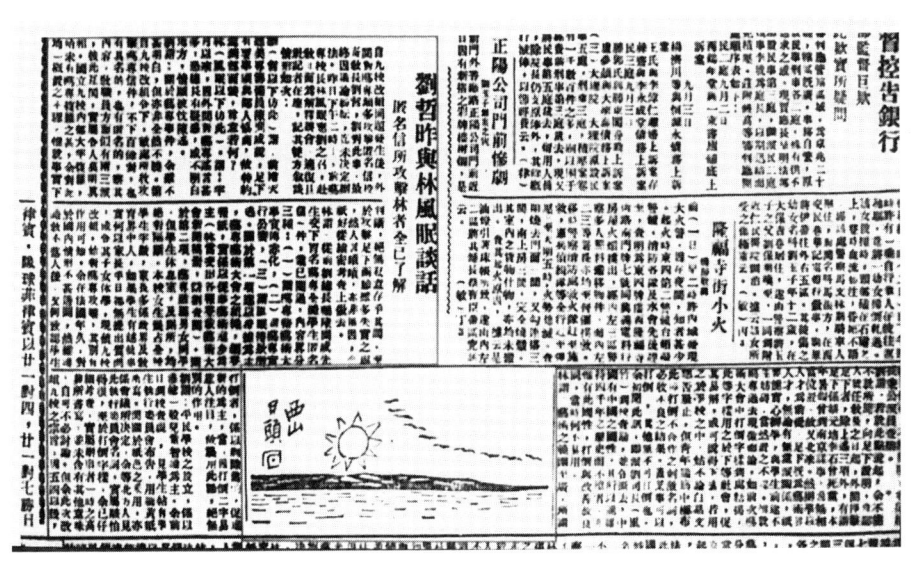

图3 《晨报》1927年9月3日上刊载的《刘哲昨与林风眠谈话 匿名信所攻击林者全已了解》

1927年9月2日，北洋政府教育总长刘哲应林风眠的要求召见了他。当时林风眠已不在职，其实是教育总长与离任校长的谈话。现场的新闻记者记录了谈话的内容，刊发在《晨报》。

由于是记者在场的公开谈话，其真实性是可靠的。这篇近2000字的谈话记录，给人的印象会是上峰与下属的正常沟通。其中没有居高临下，没有权势压人，有的只是平等互谅、推心置腹。刘总长所言有理有据，开诚布公，而林风眠也能侃侃而谈，畅所欲言，消除了不少谣传，达到了一定的共识和理解。

---
① 李树声：《访问林风眠的笔记》，《美术》1990年第2期。按：访问时间为1957年5月10日。

气氛是平和的。这场谈话实际上是由外间对北京艺专颇多攻击匿名信引起的,林风眠向刘总长当面消除误会,找不到"这次谈话形成一种审讯的样子"的影子。

为什么会形成如此截然不同的历史记载?溯源追索,在千家驹的《我在北大》中有了答案。关键的是两则信息:一是传闻,刘哲曾以留下遗嘱威慑请愿学生,成就了"枪毙部长";二是亲历,千家驹鞠躬时没有把手从插兜里拿出来,受到刘哲的严厉训斥。[1] 千家驹这位学生运动领袖的文字,对刘哲的人物形象一锤定音,颇具权威性,不少文章都引用或引申千家驹的这段定论。(图4)

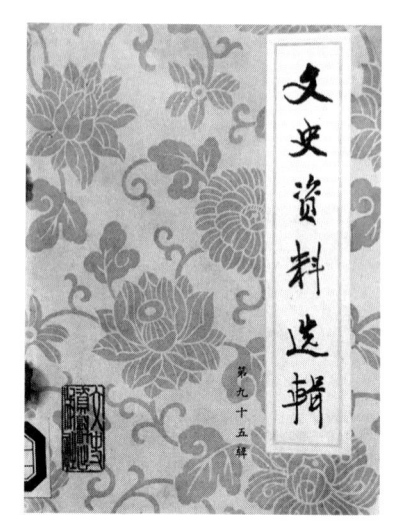

图4 刊有千家驹《我在北大》的《文史资料选辑》

刘哲(1880—1954),吉林人,北京大学文科毕业,曾留学日本。全国教育总长任后,继任京师大学堂校长、京师大学校美术专门部学长。流传甚广的是,有人扬言林风眠是共产党员,向张作霖建议把他抓起来枪毙,幸亏张学良说了句话:"林风眠一个画画的,没什么了不得的,放他一马吧。"一句话的救命之恩,林风眠记了一辈子。1989年,林风眠到台北办画展,专程去探望了张学良。恶人是不是刘哲,一时还真难以考证,简单地将张、刘对立起来,对刘哲会否有失公正?

如何解读《访问林风眠的笔记》呢?是林风眠记忆有误,还是1957年的语境令林风眠的口述改腔走调?犹如走进了历史丛林。

谈话记录中还有两点,也有必要作一深究。刘哲说:

> 外间抨击足下者,除上述三项外,有谓足下系蔡元培李石曾死党,本年暑假曾到南京谋事,因无相当位置,故又北来。然办学以人才为前提,足下

---

[1] 参见千家驹《我在北大》,载中国人民政治协商会议全国委员会文史资料研究委员会编《文史资料选辑》(第九十五辑),文史资料出版社1984年版,第38页。

既然为艺术界人才，无论有无党派关系，只能实心办学，与学生前人不生妨碍，当然置之不理。

虽是传闻，但还真是无风不起浪。

据蔡元培1927年6月29日日记，"林风眠住一品香六十八号"[①]。一品香在上海西藏路，是兼营西餐的上等旅馆，由于文化名人纷至沓来，被称为"文化客栈"，罗素、胡适等人都曾入住。（图5）这次南下，林风眠显然是朝蔡元培而来的。蔡元培自1926年2月3日从法国回来抵达上海，一直盘桓在南方，没有北上。何去何从，林风眠都需要蔡元培的指教与支持，特别是在北京艺专面临树倒猢狲散之际。林风眠是主动辞职还是因九校改组而被解

图5　1927年上海一品香旅馆

聘，还有待另考。不过来上海时，林风眠应该还在任内，因为1927年7月13日《晨报》的《漫社昨展览会》报道中还提到"艺专校长林风眠到场指导"，所以这次在上海的时间不长。在这个闷热的夏天，林风眠来也匆匆，去也匆匆，回程可能更为沉重。6月，国民党中央政治会议通过蔡元培关于组织中华民国大学院全国最高学术教育行政机关的提议。南京国民政府成立伊始，千头万绪，教育事业的改革细则与具体安排还无法提到议事日程，至于人事聘用，蔡元培一时更是爱莫能助，正应验了这句话："曾到南京谋事，因无相当位置，故又北来。"

等待，对林风眠来说是最为痛苦的煎熬。

李树化的女儿李尘生5月24日在京出生，养家糊口是头等大事，李树化只得四处寻找教职。在刘哲约谈林风眠的前一天，李树化终于收到了京师公立师范学校校长王西徵的担任艺术教席的聘书，悬着的心才算落下。（图6）

就在林风眠与刘哲交谈的几天前，即在8月26日，林风眠的千金林蒂娜

---

① 王世儒编：《蔡元培日记》（下），北京大学出版社2010年版，第357页。

呱呱落地。喜事临门，值得庆贺，但却遇上了糟心的失业，怎样面对嗷嗷待哺的骨肉？

请再回味一下其中的另两段对话：

> 林（风眠）谓：今天所述，非为个人进退，实因中国艺术前途，急待光明。希望总长派一妥人续办艺专。
>
> 刘（哲）谓：余对艺专，正在考虑，决无停办之意。如果将来举办，仍希望足下照旧帮忙。
>
> 林（风眠）谓：余自今以后，拟切实研究学术，著点书册以自治，并无想在艺专讨生活之心。
>
> 刘（哲）谓：听足下所言，实系老成人，如果续办艺专，必须借重，但希望对学风特别注意。

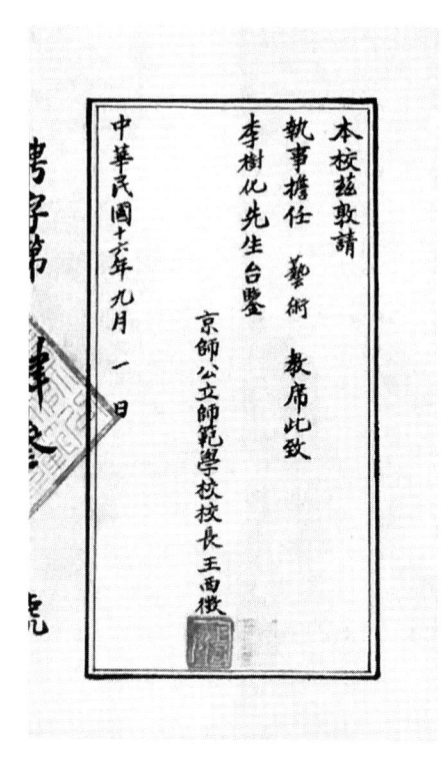

图6 京师公立师范学校校长王西徵致李树化的聘书

林风眠这次求见，内心还隐含着希冀聘用复活的意愿吗？燃眉之急，找米下锅，现实生活真是太需要这份薪俸了。余绍宋的日记侧面证实了林风眠这段话有点言不由衷。

余绍宋1927年9月6日日记（时寓天津）：

> 林风眠、杨适生（映华）、黄怀英自京来，谈艺专学校事，彼等皆以余为希得学长者，可笑可鄙，好词遣之。[①]

余绍宋谈笑风生，而来访的林风眠等则有点坐立不安。

---

① 《余绍宋日记》第2册，中华书局2000年版，第627页。

182

紧接着是9月8日日记：

> 林风眠来书，告艺专教授联名请教育部速派学长，征余署名，此甚可鄙，九校既已改组，原有教授已与新校无关系，何必更有主张，因作书拒绝之。①

余绍宋的直抒己见跃然纸上。艺专教授联名上书的历史档案至今未见，但可以推理的是林风眠心中还是没有放弃北京艺专的职位，并且因焦虑而付诸联名上书，在作最后的争取。当然，这也无可非议，毕竟南方就职仍渺茫。

9月20日，京师大学堂开学典礼在教育部大礼堂举办，刘哲不但任京师大学堂校长，还兼任改组的京师大学校美术专门部学长。尘埃落定，林风眠北京艺专东山再起的希望灰飞烟灭，丢掉校长饭碗的原因是九校改组合并，或是北京艺术大会，或是有更深层的冲突，讨论与研究延续至今，也还无法断论。

以上时间与人事经过明晰，可以推断，郑重说"1927年的7月，林风眠接受蔡元培之聘，带着法国妻子和出生不到半年的女儿蒂娜，离开北京南下了"②，不仅蒂娜的出生日期不符合事实，而且南下时间也明显不对。

9月25日，一封从北京花园宫胡同寄出的信，令人心酸而始料不及。（图7）此信是林风眠寄给蔡无忌转交其父蔡元培的，二纸套红长条格国立艺术专门学校用笺，全信抄录如下：

孑民先生道席

　　前上一函　谅邀察阅　弟现既不能留京又无旅费南下　进退维谷一筹莫展　弟素寡交际　此穷困之时　尤无办法　先生知我　故敢冒昧商借二百元为维持家计及南下旅用　如荷俯允　并请电汇为感　一切容面陈不尽

　　此渎敬颂　起居　夫人均此

　　改居西城都城隍庙街花园宫甲十号　弟风眠　九月廿五日

---

① 《余绍宋日记》第2册，中华书局2000年版，第627—628页。
② 郑重：《画未了：林风眠传》，中华书局2016年版，第75页。

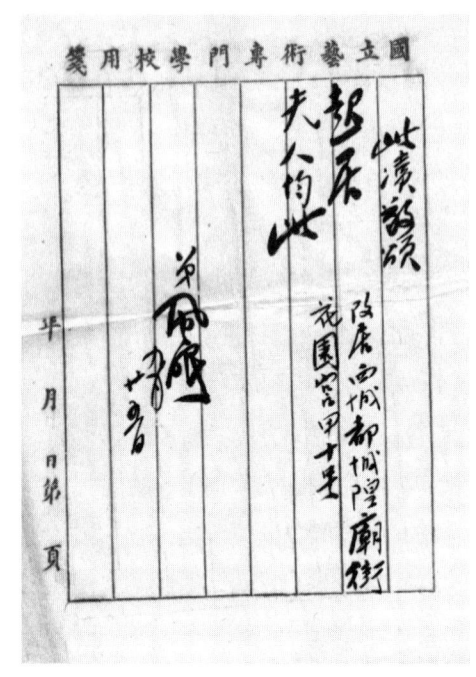

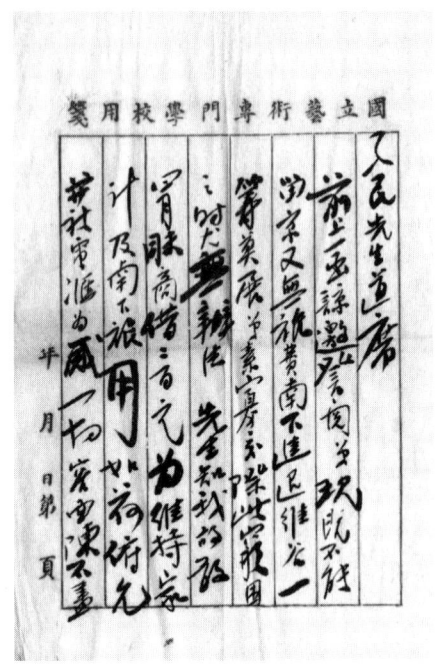

图7　1927年9月25日林风眠致蔡元培信

林风眠作为北京艺专校长，薪金应该不薄，但北洋军阀政府长年积欠教育经费，教职员工每月只能领到二三成薪金。根据留存的《民国十四年十一月起至十七年七月底止艺术学校欠薪清单》，照聘章计算至1927年7月31日止，林风眠名下共欠"拾个月又五成五厘"。（图8）

8月开始断薪，9月当然更加窘迫，迁居可能也是为了节省开支。在精神

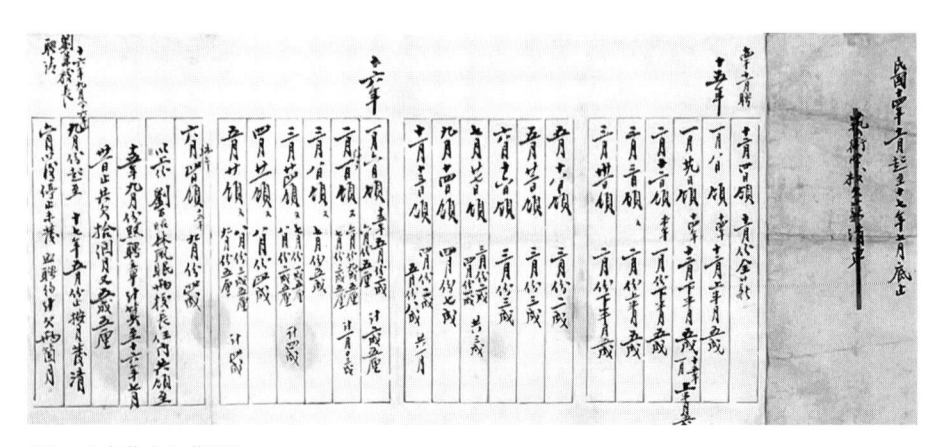

图8　北京艺专欠薪清单

和经济双重打击之下，林风眠可说是到了崩溃的边缘。蔡元培与林风眠亦师亦友，对林风眠的资助已不是第一次。蔡元培也是林风眠唯一可以坦露困境而启齿求援的人。

1927年8月之后，《蔡元培日记》断档残缺。想来即使有日记保留，蔡元培这类提携后人、乐善好施的行为实在是太多了，绝少自己记录在册，所以无从查阅林风眠什么时候收到电汇，什么时候启程南下。李金发1956年写的《林风眠与我》中有这么几句：

> 一九二九年我在大学院蔡元培那里帮闲，有一天蔡老先生告诉我林风眠已南来，住在上海的一间小旅馆里。我当时建议写一封信去叫他来南京谈谈，蔡老先生签名在信上。①

不但年份记错了，而且由李金发向蔡元培"建议"，有点言过其实，但林风眠先抵上海是可能的。

林风眠南下最早也应是10月了。上天还是眷顾这位南粤山沟里的客家小子的。山重水复，柳暗花明。10月1日，大学院成立，蔡元培担任院长。随即着手建立和完善组织机构。在大学院增设研究机构和各专门委员会，延揽和选拔各种人才，被誉为"集一时学政界之秀"。按时间推算，此刻可能正是蔡元培阅读林风眠9月25日求援来书之时。蔡元培于11月初任命林风眠为艺术教育委员会主任委员和美术博物馆筹备员②，而林风眠隆重亮相是在11月20日的中华民国大学院中央研究院暨各专门委员会成立大会合影上。林风眠气宇不凡地立于与蔡元培仅隔一人的中心位置。（图9）

卸任的北京艺专校长居然进入了国家艺术教育的顶层决策核心，当然是轰动新闻界。1927年11月29日，《晨报》以大字号标题报道《林风眠现在南京——组织艺术委员会》。（图10）

前一日，即28日，《申报》也披露了《艺术教育委员会会议记》：

---

① 李金发：《林风眠与我》，香港《祖国》1956年第15卷第11期。
② 《中国大学院各委员》，《申报》1927年11月7日。

| 激荡时代与个人抉择 |

图9 中华民国大学院中央研究院暨各专门委员会成立大会合影（1927年11月20日）

图10 1927年11月29日《晨报》报道《林风眠现在南京——组织艺术委员会》

专电召林风眠等来京办国立美术馆，最近又在大学院成立一艺术教育委员会，函聘林风眠张静江张溥泉李金发周峻高鲁吕徵吕颜萧友梅王化（代）之李重鼎等十一人为委员，该会业于昨日……开第一次全体大会……筹办国立艺术大学案。①

风风雨雨，历尽磨难，林风眠又站了起来，并且成了艺术教育界的领军人物。筹建国立艺术院，宏图再起，一张白纸可画最新最美的图画。从艺术教育委员会成立以来，蔡元培

①《艺术教育委员会会议记》，《申报》1927年11月28日。

就一直倍加重视,从几次会议的召开时间、参加人员与务实议题,可见一斑。

第一次会议:1927年11月27日(星期日),在上海法界马斯南路98号,出席者是蔡元培、林风眠、王代之、杨杏佛、高鲁、周峻、李金发、吕彦直、萧友梅,筹办国立艺术大学案。

第二次会议:1927年12月27日(星期二)午后二时,在南京成贤街大学院会议厅,出席者有蔡元培(杨杏佛代表)、林风眠、吕澂、李金发、高鲁、王代之、萧友梅(杨杏佛代表)、李重鼎(王代之代表)。

第三次会议:1928年2月26日(星期日)上午10时,在上海法界霞飞路国立音乐会议室,出席者有蔡元培、张继、周峻、林风眠、萧友梅、李重鼎、王代之,推定林风眠、李金发、萧友梅、王代之为常务委员。

第二次会议之后,《晨报》就《宁大学院开办艺术大学》的议题作了详尽的报道,认为选址西湖,理由重要,地点适当。查阅《蔡元培日记》,发现1926年以来,蔡元培来往杭州最为频繁,踏遍西湖。蔡元培这一选择,可能那时就已酝酿在心。除了着眼西湖的环境幽静、人文气息之外,政治地理的战略抉择,更显蔡元培的胸有成竹。日后杭州艺专的十年偏安发展,也许可以证实这点。(图11)

蔡元培集一生美育研究之精华,积北大十年教育之经验,满腔热情投入国立艺术院的创办。初期的几次会议不但每每躬身亲为,夫人周峻也都到场,接着女儿蔡威廉、女婿林文铮加盟,可谓是举全家之力。蔡元培还曾再三叮嘱林文铮蔡威廉一辈子不要离开这所学校,这寄托着他对未来美学教育的厚望。

蔡元培此创办非一般意义之创办,其中既有美育精神的继往开来,又有创

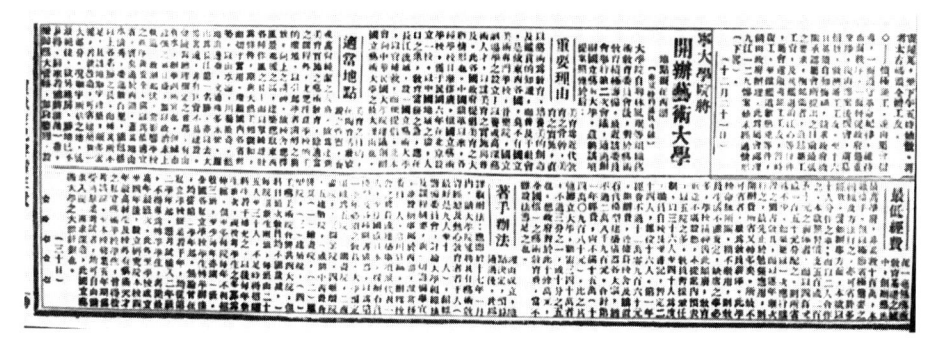

图11 1928年1月8日《晨报》报道《宁大学院将开办艺术大学》

建的策划指导，还有校址的选择等具体操作，甚或时间、心力与人力的投入，都是有目共睹的。杭州艺专黄金十年是蔡元培北大光辉十年的延续，应该是不言而喻的。

林风眠经过北京艺专的"实习"之后，更走近蔡元培，在蔡元培的耳提面命之下，开创了艺术教育的新纪元。蔡元培器重林风眠，又扶林风眠上马，送了一程又一程……转折中的1927年，成了林风眠南北艺术教育生涯的分水岭，也创立了美育事业成功实践的新起点。

完稿于林风眠先生逝世三十周年前夕[①]

[①] 蔡磊砢和余怀仲对本文都有贡献，一并致谢。

历史与机遇

——林风眠和他的梅州籍艺术家"朋友圈"解读

张 华[*]

摘 要: 自辛亥革命以来,处于传统文化与现代文化、本土文化与外来文化中徘徊纠结的中国人,总是试图在这一历史变革时期寻找一条适合本民族生存和发展的道路。自"五四"新文化运动以来,中国人就把"文化"思想和"文化"运动看作关乎国家和民族发展的根本大事。在那特殊的历史时期,有一群梅州少年,于民族危难之际,背负民族复兴理想,漂洋过海,满腔热情地去追寻他们的艺术理想和初心使命,在新文化运动的狂风骤雨中扛起艺术运动的旗帜,推动中国文化艺术现代化的进程,深刻地影响和改变着民族的前途和命运。

1928年,在蔡元培的支持下,林风眠创建了中国第一所国立高等艺术学府国立艺术院,他以学校为基础,积极投身于新艺术运动,发起成立了"艺术运动社",艺术运动社扩展为"中国艺术运动社",形成了一个由全国艺术精英组成的群体。在林风眠的引领下,"中国艺术运动社"通过培养优秀艺术人才、发行艺术刊物、举办艺术展览、开展艺术实践,为中国艺术教育和艺术运动的发展作出了重要的贡献,取得了令人瞩目的成绩。而艺术运动社的主要成员中有十余位梅州人,如林文铮、李金发、刘既漂、李超士、李树化等。

---

[*] 张华,泰国西那瓦国际大学在读博士,梅州市林风眠研究会研究员。

一、历史缘起

在两晋至唐宋时期，因战乱饥荒等原因，黄河流域的中原汉人被迫南迁，历经五次大迁移，先后流落于南方各地。由于平坦地区已有人居住，只好迁往人迹罕至的偏远山区，故有"逢山必有客、无客不住山"之说。当地政府为这些移民登记户籍时，立为"客籍"，称为"客户""客家"，客家人称谓由此而来。客家人作为汉民族重要分支之一，在大迁徙过程中，其中一部分进入赣闽粤三角区，与当地畲族、瑶族等土著居民发生血缘上和经济文化上的交融，最终形成一个独特而稳定的汉族支系。他们具有独特的客家方言，独特的文化民俗和情感心态。而梅州正处于客家人聚居的赣闽粤三角中心地带的核心区域，由于从梅州迁移到世界各地的客家人分布最为广泛，影响最为深远，因此梅州也成为文化概念上的"世界客都"。近代以来，这片客家人聚居地孕育出了29名两院院士，340多名大学校长，473名将军，以及叶剑英、黄遵宪、林风眠等光耀中华的人物。

客家人四海为家，以他乡为故乡，仁德待人，广交朋友，团结互助，自强不息，努力拼搏，每到一处都要建功立业。这种客家精神，是中华民族优秀品格、良好道德、伟大气魄的体现，是客家人对中华传统美德的继承和发扬。客家人不论是在颠沛流离、长途跋涉的流离中，还是新到一处人生地不熟的居地，面对环境恶劣的穷山僻壤、天灾人祸和野兽盗匪的肆意攻击，都有一家一户所难以克服的困难；在危机意识和传统意识的支配下，血缘就成了维系的纽带，要在人生地不熟的环境中生存繁衍，只能采取相对封闭的聚族而居的生存方式；在客家建筑中，居住房间是按辈份高低及尊卑来分配房间的，其建筑中心位置都安放祖宗牌位，供后人拜祭；客家人团结互助、敬老尊贤、礼貌文明、知书达理、崇文重教、尊宗敬祖的美德，是儒家忠、孝、礼、义、信、温、良、恭、俭、让思想精髓的最好诠释，展现了客家人坚韧不拔、不屈不挠的奋斗精神，体现了客家人与世无争、自给自足的崇高生存理念，寄托着客家人对美好生活的向往，铸就了独树一帜的客家文化。

客家先民勤劳、智慧和勇敢的精神生生不息，传递着客家人的喜怒哀乐，承载着客家文化的传统，它如一盏明灯，激励后人不断前行。据估计，现在全球客家人有1.2亿，客家人足迹遍及世界各地。故而有人说：有太阳升起的地方就有中国人，有中国人的地方就有客家人。

近代以来，为了国家和民族的命运，无数客家人正义凛然，挺胸而出。在这特殊的历史背景下，正是受到这种精神的影响，产生了林风眠等一大批影响中国美术现代化进程的客籍艺术家，而梅州籍艺术家群体又是不可或缺的参与者和推动者。

二、历史机遇

近现代中国文化的变革，主要是在西方文化影响和介入下发生的。绘画作为西方艺术的主要表现形式，直接影响了中国绘画变革与发展。民国时期，中国绘画坛经历了新旧消长、中西杂糅的混元发展。有提出"中西融合"思想，试图通过调和中西艺术的途径来实现国画创新的"折衷派"；有据守着"四王"为"正统"绘画的"守旧派"；有西学东渐、引入西方绘画来改造中国绘画的"革新派"；等等。总之，民国时期中国画坛出现的文化现象，以前所未有的方式改变了中国绘画，丰富了中国画的形式和语言，改变了中国绘画传统的评价模式，改变了人民的美育追求和美学理想，进而推进了中国美术的现代化进程。

民国时期，在西方文化艺术观念及绘画创作方法的影响下，中国绘画审美产生了多个不同角度的需求，有写实为主的革命美术，有追求民族精神的写意绘画，有个人风格表达的形式主义绘画。总而言之，当西方文化和绘画理念介入之后，中国画坛由于视觉审美的现代转型，使绘画作品产生了蜕变，在一定程度上改变了传统的视觉审美观念，中国绘画从相对单一的审美趣味发展成多元审美方向的格局，这对绘画变迁中视觉审美的现代转型起到了推波助澜的作用。这一多元趣味的美学思想形成，直接改变了国家、民族和百姓生活的方方面面。

1928年，在蔡元培的支持下，林风眠建了中国第一所国立高等艺术学府国立艺术院，他以学校为基础，发起成立了"艺术运动社"，积极投身于新艺术运动。后来，艺术运动社又扩展为"中国艺术运动社"，形成了一个由全国艺术精英组成的群体，在林风眠的引领下，通过培养优秀艺术人才、发行艺术刊物、举办艺术展览、开展艺术实践，为中国艺术教育和艺术运动的发展作出了重要的贡献，取得了令人瞩目的成绩；而艺术运动社的主要成员中，有十余位是梅州人。这一时期，围绕在林风眠身边的梅州籍艺术家还有被誉为"中国粉画第一人"的李超士；中国现代建筑先驱、中国现代建筑设计教育启蒙者刘既漂；我国近代著名的美术理论家和评论家林文铮；中国现代象征派诗歌的开山鼻祖、雕塑家李金发；我国第一代钢琴家、作曲家、音乐教育家，中国新音乐的发端者李树化；林风眠的学生，中国第一个革命美术团体"一八艺社"的发起人，中国新兴木刻运动先驱陈卓坤、陈铁耕；等等。他们驱驰在古老中国向现代艺术转型之路上，且在回眸传统与探索当代之间推陈出新，无一例外地在思想性、创造性上为时代标举出一个新的高度，为推动中国现代艺术史的进程，作出了令世人瞩目和不可磨灭的历史性贡献。

2020年11月22日，梅州举办林风眠诞辰120周年纪念大会。浙江省美术协会主席、中国美术学院院长高世名在会上致辞中讲道：

> 林风眠先生1928年创建了中国第一所国立高等艺术学府。期间，创办"艺术运动社"，形成了一个囊括全国精英的艺术群体，而艺术运动社的骨干成员中，有十余位是梅州人，如林文铮、李金发、刘既漂、李超士、李树化等诸位先贤……百年前，是这样一群梅州少年，从粤东岭海之滨出发，东寻西觅，上下求索，于民族危难之际、在新文化的激荡风云中高高举起艺术运动的旗帜，为中国现代艺术史和教育史开天辟地。

三、历史命运

中国是文化历史悠久的国家，历来重视文化艺术的传承与发展，中国绘画在发展历程中不断地创新与变革。

20世纪上半叶，清末民初的中国经历了"数千年未有之变局"，随着封建王朝的解体与西学东渐，中国近代美术教育开始了由传统向现代形态的转型，呈现中西兼学、博采众长的局面，中国传统画院、师徒制美术教育模式和西式美术教育模式并行发展，中国美术教育总体进入了由坚守、传承到探索、借鉴、变革的特殊转型时期，中国绘画也走向了坚守传统和锐意创新的分水岭，对之后中国画发展产生了很大影响，造就了一大批富有强烈个人风格的绘画大师，如林风眠、徐悲鸿、吴昌硕、黄宾虹、高剑父、刘海粟、齐白石、张大千、潘天寿、傅抱石等，因而进入了中国绘画的黄金时期。在这个特殊的历史时期，画家们不断探索寻找新的发展空间和模式，不断寻找属于自己和时代的美学理想，形成了百花齐放、百家争鸣的文化现象。

新文化运动影响下的美术革命彻底颠覆了中国画家传统的视觉审美观念。民国画家为了达到以艺救国的目的，积极向西方国家学习，中国绘画从此从相对单一审美向多元审美转变，形成了新的视觉审美体系。特别是林风眠致力倡导的"介绍西洋艺术，整理中国艺术，调和中西艺术，创造时代艺术"，以兼容并包、学术自由、中西融合、尊重艺术自身规律为特色的美育观念和教学模式，在不断的研究和创新过程中产生了许多有价值的美术教育和美学观点，深刻地改变和影响着当代美术教育的发展，这种全新的视觉审美观对新中国成立后绘画的传承、创新与发展产生了积极而深远的意义；这一美学理想的追求，改变着人民的艺术观念和生存方式，为实现中华民族伟大复兴的中国梦提供了永恒的精神动力。

吴柯在2007年发表的文章《简析林风眠美学思想的主要内容与形成原因》中认为，林风眠先生作为中国当代艺术教育家、中国美术学院的创始人、20世纪中国美术界的精神领袖之一，在中国当代美术史上占有重要的地位。这种地位一方面来自他所创作的优秀作品，另一方面来自他对中国美学思想理论体系的构建。

林风眠先生一直坚持不懈地进行艺术探索，融合中西艺术之长，独立地创造出一种富有时代气息和民族特色，而又具有高度个性化的抒情绘画风格，影响了中国的艺术教育和艺术发展。他的美学理想和美学追求，给人民开启了通向自由精神高地的大门。

林风眠一生以复兴东方艺术为己任，融中西艺术之长，培育出李可染、吴冠中、赵无极、朱德群等一大批卓有成就的名师巨匠，是中国现代美术教育的重要奠基者之一，中国"中西融合"艺术理想的倡导者、开拓者和最重要的代表人物。英国牛津大学学者苏立文曾评价说:"林风眠在中国现代绘画史上占有独特的地位已是世界公认的。"

  回望历史,当中国美术现代化进程的画卷徐徐打开时,以林风眠为首的梅州艺术家群体,已然在画中留下了精彩的一笔,感动和激励着后人。

艺术何为

——克罗多与北京艺术大会

方小雅*

摘　要：1927年5月，任教于北京国立艺术专门学校（简称"北京艺专"）的法国画家安德烈·克罗多出现在北京艺术大会的现场。他的公开演讲和展陈方案均传递了跨越国界、媒介隔阂的主张，回应了林风眠沟通东西方艺术的期许。与此同时，艺术大会筹备期间的动荡局势，催化了北京艺专师生的"民众"话语和展览、创作实践。而克罗多身为跨国谋生者和高校外籍教员，他的左翼社运者身份被遮蔽，其更具社会关切的作品也在这一场合"缺席"。

打倒模仿的传统艺术！

打倒贵族的少数独享的艺术！

打倒非人间的离开民众的艺术！

提倡创造的代表时代的艺术！

提倡全民的各阶级共享的艺术！

提倡民间的表现十字街头的艺术！

全国艺术家联合起来！

东西艺术家联合起来！

人类文化的倡导者世界思想家艺术家联合起来！[1]

---

* 方小雅，广州美术学院硕士研究生。

[1]《如火如荼　昨日之艺术大会　观者千人　批评极佳》，《世界日报》1927年5月12日；《艺术大会开幕盛况　艺专校景一新　观者甚为踊跃》，《晨报》1927年5月12日；《艺术大会之使命》，《海灯·北京春季艺术大会特刊》1927年第1期。各版本存在的细微内容偏差，应是校对、排字过程中的疏漏。

| 激荡时代与个人抉择 |

这组口号，作为北京艺术大会的宣传标语，激发了今人对于这一重要艺术史事件的想象。其中的"东西艺术家联合起来"让人联想到北京艺专唯一一位外籍教员安德烈·克罗多（André Claudot，1892—1982），这一口号也仿佛成了克氏中国之行的按语。这句口号究竟意味着什么，艺专师生集体以怎样的姿态与克罗多"联合起来"，值得更贴切的回顾。[①] 此外，从字面上读者可以轻易地将这组口号与林风眠的艺术倾向、办学理念甚至蔡元培的"以美育代宗教说"联系起来，但其生成的具体语境却未受到足够关注；北京艺专师生集体如何看待和回应标语所涉及的广泛议题，林风眠的外援克罗多在其中扮演怎样的角色，也有进一步讨论的空间。本文将回顾克罗多在北京艺术大会上的公开演讲、展陈方案和参展作品，并以这位中国现代艺术界的闯入者切入口，考察共同参与展览筹备的北京艺专师生集体的观念和实践，为艺术大会研究提供新视角。

一、"'绘画'而已"：打破边界的展演

（一）克罗多的艺术观

安德烈·克罗多来自法国，1905年至1909年在第戎美术学院学习绘画。1909年，他考取了省政府奖学金，短暂就读于巴黎国立装饰美术学院。他在巴黎与无政府主义者交往甚密，既创作油画，也为众多政治类报刊提供讽刺漫画，并从事剧场装饰等零工以艰难维生。20世纪20年代初，他与林风眠相识。1926年，克罗多应林风眠之邀到北京艺专西洋画系教授素描和油画，希望改善窘迫的生活境遇。

1927年5月14日，克罗多在北京艺专大礼堂作公开演讲，这是考察他如何参与艺术大会的关键线索之一。根据当时发表的讲稿中文译本《艺术大会的评

[①] 菲利普·杰奎琳认为艺术大会中林风眠直接受克罗多的启发，对"四一二"政变发起了一场"红色和无政府主义"（rouge et anarchiste）的"挑衅"（provocation）。杰奎琳的判断一方面可能受到中国学界对于艺术大会成见的误导，另一方面似乎将克氏早年的政治斗争史与20世纪30年代起其学生们的左翼木刻活动不加分析地关联起来，逻辑上存在值得商榷之处。Philippe Cinquini, " Le Projet artistique d'André Claudot en Chine", Jessica Watson, Rachel Mazuy, *André Claudot: la couleur et le siècle*, Musée de Dijon, 2021, pp. 36–47.

价》，他对展览作品作出了评判，同时对绘画和其他创作门类在中国的发展提出了个人意见。[1]

克罗多直陈此次展览中有不少"坏的"作品，并指出了作画技巧的问题："在作品中很少能表现有音乐的意味的及基础很坚固的，但其中有以清淡的墨色谐和的音调表现其个性的特别的一种作风。"[2] 被译为中文的这段话，其原意难以把握。句中"音乐的意味""音调"，可以简单理解为色感、色调[3]，他似乎是认为参展作品大都拙于运用色彩。后半句则反映出他对中国水墨传统的特殊兴趣。克罗多于次年发表的一篇法文文章中，形容满墙的宣纸条幅上被压以"有声的墨黑"（repoussés par des noirs d'encre sonores）[4]，落款1928年1月17日。水墨画的创作过程和视觉效果在他眼里具备特殊的听觉通感。由此也可以将他认可的"特别的一种作风"诠释为，大会上令他眼前一亮的是一些作品中富有表现力的微妙笔墨，于他仿佛悦耳别致的乐音。更大胆地设想，"音乐的意味""音调"的表达是否与"气韵"的概念有所关联？

克罗多惋惜一些并无新意的作品，不论西画还是中国画，"以其青年热烈的兴趣，而压迫在传统的方法之下，变为纯粹摹仿的艺术"。他认为此种现象是"艺术上一种特别的病态"，将其称为"假的艺术"。克罗多与主办方的态度基本一致。在征稿阶段，主办方就刊出启事，重申大会的遴选标准是"创造的作品"[5]。开幕后，来自艺专的评论文章也反映了各画种因循守旧的现象都极为普遍。[6] 崇尚创造、摒弃模仿，既是欧洲现代主义的通识，也是新文化运动发起"美术革命"论的价值起点。除此之外，针对克罗多评论的出发点，需作更具体的说

---

[1] 参见《艺术大会请克罗多演讲 本日下午四时……题为艺术大会之感想》，《世界日报》1927年5月14日。
[2] [法]克罗多讲：《艺术大会的评价》，李树化译，《海灯·北京春季艺术大会特刊》1927年5月25日第1期。
[3] 同年克罗多友人给他写的信中也用到类似的借喻，参见《安德烈·克罗多画作集》，台中景薰楼艺术集团333画廊，2021年，第170页。另外，考虑到演讲的翻译者是从事音乐专业的李树化，可能直译"tone""tonalité"这些有音调和色彩双重含义的词汇。
[4] André Claudot, Les peintres de Pékin : Ling-Ouen-Yen, L'Essor, juillet-août 1928, p. 7.
[5] 《艺术大会审查作品以有创造作风者为上品》，《晨报》1927年4月30日。
[6] 如杨适生《整个的艺术运动》、李朴园《艺术大会与艺术运动》、虞开锡《中国化的今昔观》。

明。克氏在法国学院接受过系统训练，与"巴黎派"群体联系紧密[1]，同时长期从事自由主义的政治性创作。出于这些经验和知识系统，艺术大会上的西画显然既欠水准又千人一面。至于中国画，他在来华前对中国文化的了解是极为有限的。在他眼里，一成不变的中国画是"剽窃"（démarquage）和机械模仿的"罚抄作业"（pensums）。画家倘若在此基础上以巴黎美丽城（Belleville）装饰工的水准挥洒数笔，便能赢得满场赞誉了，所以同样称不上"创作"（réalisation）。[2]值得注意的是，克罗多对中国画的理解伴随着文化转译的复杂过程，不免随时受到身边法语使用者的价值取向的影响。此外，克罗多的批判实际上并不限于绘画界，还牵涉到对中国官僚系统和文化心态的整体感受和观察。

接着，克罗多话锋一转，表扬起了大会的广告画：

> 我个人尤其注意于艺术大会中之各种广告画，现出一种新作风的意味，排列在大会之门首，如描写歌舞的表现，那活泼的意味，及色彩的鲜明，在丁香花下感觉有意味。[3]

林风眠赴法勤工俭学期间，也从事过绘制布告牌、招贴的工作。他与图案系毕业班学生雷奎元、孙昌煌和西洋画系毕业班学生邝铺远等共同制作的广告画，不但在展览空间内随处可见，还被张贴到街头巷尾，成为艺术大会中颇具规模的"民间运动"。[4]《北洋画报》上的四幅图版虽是单色印刷，却仍能引人

---

[1] Jessica Watson, Mazuy Rachel, *André Claudot: La couleur et le siècle*, Musées de Dijon, 2021, pp. 90–91.
[2] André Claudot, *Les peintres de Pékin : Ling-Ouen-Yen*, L'Essor, juillet–août 1928, p. 7. 按：克罗多学生时期曾在美丽城做剧院装饰工。
[3] ［法］克罗多讲：《艺术大会的评价》，李树化译，《海灯·北京春季艺术大会特刊》1927年5月25日第1期。
[4] 参见《第一次春季艺术大会》，《海灯·北京春季艺术大会特刊》1927年5月25日第1期，其中三位学生的制作也被称为"漫画"。林风眠所画的是"广告画封面"，"画意及色调俱富于美术的价值"，可能是北京艺专出版的某本专刊、场刊的封面。这幅画一年后被选入齐白石的第一本画集中，后被齐蒂尔购藏。胡氏石墨居印行：《齐白石画册初集》，1928年。收藏信息见［捷克］贝米沙《布拉格的东方眼：捷克画家齐蒂尔研究》，周蓉、黄凌子译，广西美术出版社2017年版，第171—173页。笔者注意到在与《归航图》构题类同的一张条幅上，齐白石于题款中抒发了他对这位知交的珍惜之情，克罗多很有可能向齐白石表达过对其笔下云山帆影的喜爱。《荣宝雅集·京津画派书画名家精品》，荣宝斋出版社2021年版，第14页。

浮想。（图1）有着漫画、木刻、广告和装饰画经验的克罗多，或许从这些稚朴的画面上看到了创造力的勃勃生机。似乎出于巧合，象征艺术运动活力的新式图案画与康有为风格的行楷书风的奇妙结合，恰与版面右侧齐白石的参展作品《归航图》相映成趣。在克罗多眼里，它们是否也有互为参照的内涵？

图1 《北洋画报》1927年6月25日 第98期第3版上的北京艺术大会广告

通过指摘部分绘画并肯定广告画，一抑一扬之间，克罗多传达了视觉艺术并无高低贵贱的观念。更进一步，视觉之外的其他感官也可以纳入审美趣味的范畴。这样的观念，不但能为绘画专业的听众打开思路，对于现场的音乐、戏剧专业师生，甚至熟悉京剧表演和戏画的北京听众而言，想必都能引发思考。继而，克罗多陈述了对于不同国别、媒介的艺术一视同仁的看法。他认为这次艺术大会予人最大的"学术上"的"教训"，就是执着于区分国界，这只能对艺术造成限制和隔阂。他说：

> 艺术并没有什么国界的区别，中国画，或俄国画，法国画，这种名词，实在不能成立在艺术上。这种分类，系一种限制的不活动的死的，都是没有什么关系的艺术。除假的艺术应当铲除之外，我们只有直捷明白的说一句，"绘画"而已。[①]

同样，媒介之别也不应成为评价作品的标准：

> 在会场中最好的作品，并不是分别在表现方法的物质上。例如（油画或水彩画画花纸上或在布上）而在于画的自身好坏，这洽似拿着乐具的不一定

[①] ［法］克罗多讲：《艺术大会的评价》，李树化译，《海灯·北京春季艺术大会特刊》1927年5月25日第1期。

是音乐家，穿着某种服式的不一定是道士，同一道理。①

让克罗多最感遗憾的地方，就是雕刻与建筑的缺席。②他提醒听众中国过去的雕刻在世界范围内的重要性，及其与世界上其他文化曾经存在的密切关系，但"堂堂北京国立艺术专门学校中，并没有一个雕刻教室"，"在北京没有新的雕刻"。他还认为北京城中建筑艺术匮乏，留欧的建筑家也难有表现的机会。今天的匮乏与过去的繁荣大相径庭。此外，他从普世角度论及雕塑和建筑都是艺术的重要组成部分，为人类文化所共有，中国不应成为例外。克罗多批评的显然不只是针对艺术大会上两种门类的缺席，他还惋惜于北京艺专科系设置的不完善，以及北京乃至中国艺术生态的不健全。克罗多在这一场合特意提及雕塑和建筑，一方面是在为发展受限的北京艺专发声③，另一方面也充分表达了他对于中国雕塑、建筑艺术现状的认知和期望。我认为，后者还涉及他参加1925年国际装饰艺术和现代工业博览会④的经验。当时，克罗多是现场的一名装饰工⑤（图2）；林

图2　1925年克罗多（脚手架上叼烟斗者）在巴黎国际装饰艺术和现代工业博览会现场，Jessica Watson, Rachel Mazuy, *André Claudot: La couleur et le siècle*, Musées de Dijon, 2021

---

① [法]克罗多讲：《艺术大会的评价》，李树化译，《海灯·北京春季艺术大会特刊》1927年5月25日第1期。
② 北京艺术大会声明其参照的是法国沙龙展，但雕塑、建筑门类的缺席构成了它与其法国原型的显著区别。据笔者所见资料，仅在第二展览室有第戎美院校长Ovide Yencesse的铜质浮雕（《艺术大会会场之布置》，《世界日报》1927年5月29日；《艺术界艺术大会开幕第二日参观者已达千人》，《晨报》1927年5月13日），未出现其他西方意义上的"雕塑"作品。
③ 林风眠原本计划在北京艺专开设雕塑系，并邀请他和克罗多的共同好友、法国雕塑家亨利·马丁内（Henry Martinet）来华任教，但未能如愿。"L'Institut National des Arts de Hangchow (Si-ou)", *Le Journal de Shanghai*, 1929, p. 12.
④ 当时的中文名称是"巴黎万国工艺美术博览会"或"巴黎万国美术工艺博览会"。
⑤ 克氏具体在哪一部分的会场工作，待考。

风眠则作为中国会场的评审主席,参与搭建了一个中国书画、工艺美术和法国装饰风艺术混搭装潢的空间(图3)。克罗多在1925年博览会上的见闻和感触,可能构成了他对中国造型艺术的最初印象。两年之后,克罗多在北京艺术大会上发出的呼吁或许来源于此。

1926年9月,克罗多甫抵中国的次日,京津报纸纷纷刊载欢迎"法国名画家"的通稿,结尾一句是:"使西方艺术家明白东方艺术,借以介绍至欧洲艺术界,使东西艺术渐有沟通机会。"①沟通东西方艺术的主旨,与留法艺术家们在1924年组成霍普斯会办中国美术展览

图3 "中国馆落成",载《中国参加巴黎万国美术工艺博览会目录》

会、1925年参加世界博览会时的理想是一贯的。而"使西方艺术家明白东方艺术",令真正的双向沟通成为可能,亦是林风眠对克罗多的特别期许。北京艺术大会上克罗多的演讲,让我们看到林风眠的这份期许得到了一定的回应,更生动地记录了一个新观念闯入与生成的时刻。

(二)"'绘画'而已"与"绘画底本质是绘画"

看似摈弃了国家和媒介之别,克罗多对"画的自身好坏"的评价标准显然仍植根于世纪之交的西方现代主义语境中。他推崇的是以线条和色彩为基本表现形式的,具备个性、创造性的绘画。而留法的林风眠未尝不是与克罗多共享这一认知背景。② 同时,他们还共享着世界主义而非文化本质主义的艺术观其

---

① 《法国名画家克罗多昨日到京 应艺专之聘》,《晨报》1926年9月11日。
② "绘画在诸般艺术中的地位,不过是用色彩同线条表现而纯粹用视觉感得的艺术而已。"林风眠:《我的兴趣》,《东方杂志》1936年第33卷第1号。

至更深层的思想动向。① 两人正是在这样的认知和思想互动中展开了长达四年的合作。此处需要指出的是，站在克罗多的角度，他在世界现代艺术的中心地巴黎度过青年时期，与来自世界各地的艺术家共同创作、生活，"'绘画'而已"的观念来得再自然不过；但林风眠道出"绘画底本质是绘画，无所谓派别也无所谓'中西'"②，则必须历经更多的文化冲击与现实阻碍。作为新生民族国家的文化精英，林风眠还背负着克罗多难以体会的事关"现代中国绘画"未来走向的沉重包袱。在归国数年间的创作和教学实践中，他才逐步形成了一套在地的"艺术无国界"理念。

那么，如何衡量克罗多在这一过程中可能带来的帮助？在晚年的一次采访中，克罗多将他的中国之行总结为一场对等的交流，中西艺术得以认识和相互影响，促进了艺术的丰富。相较于北京艺术大会上"'绘画'而已"的宣言，此时克罗多更具体地描述了他眼中中西绘画的关联性。在埃尔·格列柯（El Greco）等众多文艺复兴宗师的大作中，他找到了其中隐含的与中国绘画的相似之处，即使他们并无"中国化"的主观倾向。而在中国古典绘画中，他也找到了同样存在于西方的元素。当被问及能给中国学生带去什么，克罗多回答道，他可以传授基础的结构和色彩原理，尤其是增进学生在色彩层面，也即感性、感官层面的认识，包括"晚于中国千年才出现"的表现主义和印象主义。③克罗多的视野和教学方向，与林风眠在1929年提出的中国绘画历史及"复活"之法几乎一一对应④，两人很可能就此有过切磋琢磨。而克罗多对林风眠更直接的刺激，则来自克罗多旅华时期跨越国别和媒材边界的作品。虽然这类作品并没有出现在艺术大会的对外宣传中——艺术大会现场的克罗多仍被认定为一位西方油画家。

---

① "说是大同思想使然也好，说是普遍的人道主义使然也好，说是从两种方法中得到的领悟使然也好，我是从这个兴趣中得到了一种把绘画安置到绘画底地位的主张。"林风眠：《我的兴趣》，《东方杂志》1936年第33卷第1号。
② 林风眠：《艺术丛论》"自序"，正中书局1936年版，第3页。
③ Bernard Baissat, *André Claudot peintre*, Bonne Bobines, 2013.
④ 参见林风眠《重新估定中国绘画底价值》，《亚波罗》1929年第7期。

（三）混合式展陈方案

在艺术大会的布展方式上，基于打破国界、媒介隔阂的观念，克罗多建议采用"混合式"：

> 打破中画、西画、图案画之界限，即各系之分组（如山水花卉工笔）亦不分，完全（以）作品配置相称与否为准。且一律编为号数，故可免除从前个人及团体的标榜主义……各个展览室俱充满各种性质不同画风不同作品，师生及来宾间亦未加区别，以免眩示观众，先有成见不使自由批评。①

在演讲中，他解释了展陈方式的意图：

> 我再静静的考量一番在每个展览室中。其陈列的式样，混杂各种作品，在同一个地位。（如油画与中国画混杂在一处）确能使观者得到特别的兴趣。

由此，新闻通稿中的"配置相称"或许可以理解为，原本有着画种、门派区隔的作品，实能以展陈效果为依据，被安排在一起。通过搭建一个基于"平视"理念的展示空间，布展团队有意识地规避"成见"，带给观众一种"特别的兴趣"，将观众的注意力导向跨越国界、媒介之别的艺术创作之间相互比照、映发的可能性。

关于大会现场的实况，在海量新闻报道中尤其值得注意的是《艺术大会会场之布置》一文。② 与套路化的通稿不同，此文围绕"会场布置"，用客观清晰的描述性文字将读者带进展览现场，逐一介绍参观路线和途中的广告画、标语文字及橡木、墙壁上的装饰。作者还直言不讳地指出陈列方案的不足，提醒观众可能漏看的角落："刻如微粒子大之小字之牙插屏，尤佳，惜置于玻璃笼内之最高级，且光线黑暗，出口往往不易察之。"这篇翔实的展览报道分六天连载于《世界日报》而不是林风眠主持编务的《世界画报》，大概是希望向更广泛的读

---

① 《春季艺术大会今日开会……作品二千余幅，昨日审查完毕》，《世界日报》1927年5月1日；《北京春季艺术会开幕 作品两千余幅》，《北京日报》1927年5月1日。
② 参见《艺术大会会场之布置》，《世界日报》1927年5月27日至6月1日。

者群推广这种新颖的展览文化，激发更多"特别的兴趣"。

至于实际展出的内容，在参照法国沙龙并采纳克罗多建议的基础上，艺术大会呈现出眼花缭乱的视觉效果。然而，混合式展览方案并不是毫无秩序可言。展线可大致分为三段：一进场，两侧分别是漫画和图案设计；第二展览室直到第十二展览室一段，集中了油画、国画、水彩画、铅笔画等各种媒材的绘画，间以书法篆刻和工艺品；靠后三间展览的是图案系的"制版"[1]、建筑和平面设计图样及后续添加的摄影和窑瓷。展品间的联系，也正如克罗多所述，可以给观众带来超越单件作品的观赏意趣，例如美术陈列馆第十展览室内，既有齐白石、萧屋泉、陈半丁等人的中国画，又有留法的李超士和留英的彭沛民的油画。在评论者眼中，前者"多系中国画家之有创造精神者也"，与之对应，后者"西画而有中画意味"。[2]

在美好的跨文化愿景背后，采取混合式展陈还与北京艺术大会的实际状况相关。参展作品数量庞大，质量参差不齐，开幕之后更不断加入新作品。而艺专团队人手有限，很难在短时间内完成筛选、编排。艺术大会筹备人员杨适生就对混合式展陈方案颇有微词：艺术大会本计划像法国沙龙展一样严格审查各类出品，在北京艺术界"终以习尚不惯"未能推行，因而只得采取克罗多混合陈列的"迁就办法"，成了一场"散漫的没有纪律的展览会"。时任艺专出版课主任和校长室秘书的杨适生进一步表示，他失望于艺术大会没有达到"新派画风的集中"这一目标。[3]对此，克罗多演讲中的说法则是："在展览场中虽有一种不是真正的艺术品或简直可说是坏的艺术品。但艺术大会都同样地陈列出来，这种意思固然是希望社会方面有公正的批评，与审择代表时代作风的倾向。"由于未见相关旁证，混合式究竟是现实所迫的"迁就办法"，还是大家都能认可的一种展陈创新和艺术运动策略，尚难定论。[4]无论如何，我们依旧可以作出初

---

[1] 即版画。"如铜锌钢目（木？），三色凹凸等板"，《艺术大会会场之布置》，《世界日报》1927年5月27日。
[2]《艺术大会开幕第二日》，《晨报》1927年5月13日。
[3] 参见杨适生《整个的艺术运动》，《海灯·北京春季艺术大会特刊》1927年5月25日第1期。
[4] 不同的观点参见杭春晓《林风眠的"困境"——一位精英主义者的理想与现实（上）》，《新美术》2021年第3期。

步判断,对于什么是"新派画风""时代作风",何种风格和展览组织方式能有效地推动"艺术运动",在当时的北京艺专还没有一个明确统一的方案。

二、政治风暴中的艺术大会

(一)克罗多的沉默与发声

在克罗多的公开演讲译稿《艺术大会的评价》中,另一半篇幅是关切中国艺术界前途的宣言式号召。与上述翔实、独到的艺术批评相比,这一部分内容与大会期间北京艺专的其他宣传用稿差别不大。令人生疑的是,克罗多在法国是一位社会运动人士,信奉无政府主义,反对国家对政治异见者的镇压。当时,"北京艺术大会的独立艺术倾向和艺专师生的自由空气,受到教育部和奉系军阀从政治到道德两方面的指责"[1]。然而,在动荡的北京城里,身处暴风眼的他,此刻却显得异常沉默。

这场席卷了北京艺专的风暴还要从北京艺术大会开幕的一年前讲起。1926年1月中旬,北京艺专原校长刘百昭被迫请辞,以姚宗贤为首的学生会提出了对继任者的要求,最终林风眠被学生票选为新校长。遇难几天前,姚宗贤刚为林风眠的个人展览写过一篇题为《"不懂"》的展评,针对那些超出了一般观众视觉经验的作品,一一描述了所画内容及其背后意涵,解释了其中来自西方的象征手法。[2] 1926年3月18日,在林风眠成为校长不到半个月时,推戴这位新校长的西洋画系三年级学生、学生会总务主任、国共党员姚宗贤遇难。[3] 19日,学校领回姚同学的遗体后,他的棺椁就摆放在三天前林风眠办展的礼堂中。[4] 1927年3月,"三一八"周年祭时,北京九所国立学校原定合办的纪念会在警局的压力下改为分头举行,北京艺专单独办了一场追悼会。北京艺专请来姚宗贤就学

---

[1] 林风眠绘,郎绍君著:《林风眠》,河北教育出版社2002年版,第18页。
[2] 参见姚宗贤《"不懂"》,《京报副刊》1926年3月13日第437号。
[3] 参见共青团北京市委青年运动史研究室《北京青年运动史(1919—1949)》,北京出版社1989年版,第125页。
[4] 参见《国务院门前伏尸遍地 残忍惨酷空前未有(十) 各校学生死伤之调查:艺术专校》,《时报》1926年3月26日。

时的代理校长陈延龄发表演说《打倒官僚派的冒名艺术家》，林风眠则以《艺术家的人生态度》为题发言。① 同一时间，北京高校的大批学生被捕，其中的数名北京艺专学生和教员，还包括很可能与克罗多有过直接接触的国画系教员方伯务。张次溪遗稿《回忆白石老人》一文中提到齐白石这样题写方伯务的遗画："此小帧，方伯雾所画，其亲属请余补款，且言曰，克罗多先生曾见过，最称许之。余知克罗多好大写，喜之无疑矣，因题记而归还。"②

为了营救学生，包括林风眠在内的九校校长开始了与军警和各路政要漫长的交涉、疏通。雪上加霜的是，这几所高校还面临着经费上的燃眉之急，全靠着一笔每月15万的"俄款"勉强支付部分薪俸。这些来自苏俄的资金也让事态更加复杂。③ 1927年4月27日，报章上传出九校将要关门的消息。④ 28日，追随李大钊的教员方伯务和学生谭祖尧被处绞刑。30日，北京军警当局下令禁止所有学校在5月1日至9日"开会"，"盖因此九日之内，五一为劳动节，五四为学生运动节，五七为国耻纪念，不得不预为防范也"。⑤ 北京艺术大会原定于5月1日开展⑥，"经过惨淡之经营"⑦的筹备团队并不愿计划因禁令被打乱，申明展览会"属提倡学术性质，绝无集会方式"，然而多次与警厅交涉未果，只得延期。

最终，北京艺术大会于1927年5月11日正式开幕。开幕式上，学校总务长、大会主席王代之宣读了那段充满了"打倒""提倡""联合"的口号。据报

---

① 参见《各校今天举行三一八纪念会　大中小学一致举行》《各校昨日举行三一八纪念会　一致哀悼……秩序甚佳》，《世界日报》1927年3月18—19日。

② 中国人民政治协商会议北京市委员会文史资料研究委员会编：《文史资料选编　第28辑》，北京出版社1986年版，第132—133页；关于方伯务，参见荣宏君《方伯务事略》，载荣宏君《文博大家史树青》，上海三联书店2014年版，第48—49页。

③ 参见《世界日报》1927年3月22日至4月27日"教育界"板块。

④ 参见《九校当局有结束校务说　端节前将宣告关门》，《世界日报》1927年4月27日。

⑤ 《学校开会一律禁止　本月一日至九日》，《世界日报》1927年5月2日。

⑥ 《艺专主办之艺术大会自五月一日起至六月一日止》，《顺天时报》1927年3月9日。4月20日，"西画系学生，因天气不良，作品难望及时制出，请求延期"至5月10日举行的新闻（《艺术大会改期　五月十日举行》，《世界日报》1927年4月20日）4月22日至5月1日，各报纸却照常刊登了征集、审查作品和开幕的消息（如《艺术大会分日展览》《春季艺术大会今日开会》，《世界日报》1927年4月30日、5月1日），似是恢复原计划。

⑦ 《如火如荼　昨日之艺术大会　观者千人　批评极佳》，《世界日报》1927年5月12日。

道，在两场演说——校长林风眠的《艺术大会的使命——在北京艺术大会上的演辞》[1]和国画系教授凌文渊的《人类精神生活的表现》之后，全体人员起立呼喊："艺术大会万岁！艺术运动万岁！全世界艺术家万岁！"[2]

这套应时而生的宣言口号，是北京艺专师生的集体创作。返回到具体语境中，"打倒""提倡""联合""万岁"这些慷慨激昂的革命话语不可能不引起当局的敏感反应。1927年9月2日，教育总长刘哲约谈林风眠，对他和北京艺专提出诸多质疑，其中就包括口号中的"打倒不合作之刺激名词"，林风眠解释说："所谓打倒者，系以铲除旧的，促进新的为主，当时因打倒二字易惹人注目，故袭用此语，绝无别的作用。"[3]这些话语也贴合此时高校青年的语词风尚，还能将不同背景的师生们的关切和愿景融会在一起，发展出各自的理解和参与。宣言口号涉及的艺术世界的平等、革新、无国界等观念，与北洋政府治下的时局、思潮之间关系纠结，往往难以划清界限。同理，艺术大会也可以被视作一场立场纷乱的公共展演。展演现场的另一核心人物林风眠，在艺术史叙事中他一次次地被塑造成年少得志、气宇轩昂的艺术家和艺术教育家，但在实际情形中，他更是一位应对乏力、焦头烂额的一校之长。[4]他的外援克罗多，此时扮演的角色便也不那么清晰了。

克罗多在20世纪20年代的巴黎，曾不间断地以漫画投稿为国内外政治事件发声。他是否曾向艺术大会提交了漫画作品（第一展览室集中展出的就是漫画），或是对初尝漫画的学生们提供指导，尚无明确证据。艺术大会展出的漫画作品，许多都与社会现状相关，其中有的作品有所顾忌，"不肯无所牵挂地发表"，抒发出虚无的情绪；有的作品内容则更为锐利，"思想多侧重于政治方面，好是很好，不过在这个时候，亦有相当留意之必要"；还有的作品"有'安

---

[1] 这段演说内容暂未见记载。收录于林风眠著，朱朴主编《林风眠全集4.文集》中的《艺术大会的使命——在北京艺术大会上的演辞》，实为《世界画报》1927年5月22日第87号"北京艺术大会专号"的《弁言》，原刊署名为"记者"。另外，《海灯·北京春季艺术大会特刊》上印有艺术大会的标语口号，题为"艺术大会之使命"。
[2]《如火如荼 昨日之艺术大会 观者千人 批评极佳》，《世界日报》1927年5月12日。
[3]《刘哲昨与林风眠谈话 匿名信所攻击林者全已了解》，《晨报》1927年9月3日。
[4] 参见雷浩《艺专校长林风眠的"角色"分析——以"北京艺术大会"为中心的考察》，硕士学位论文，中国艺术研究院，2021年。

"那其斯特'"的嫌疑。作品均为匿名，因此无从考证与克罗多的关联。[①] 关于当下政局，克罗多讲稿中只略带提及了"现时战争不息""时局各方面的影响"。除此只言片语外，中国正在发生的动荡，并未出现在克罗多在大会期间公开发表的文字或图像中。尤其值得注意的是，克罗多学生时代曾在家乡第戎和巴黎亲历过左翼斗争。1912年，克罗多曾因经手法国无政府共产主义者联合会印制的反战海报和宣传册，遭第戎警方逮捕审讯，自此被列入法国内政部所设名单（Carnet B），被视为可能妨碍战争动员的监视对象。此后，他又加入或参与创建了若干支援劳工、政治犯和反对教权的组织。有理由发问：在北京艺专的小环境中，目睹怀抱共产主义理想的年轻师生的悲惨遭遇，他有何真实反应？他又怎样面对时代旋涡和激流中的学生，如何看待几乎同样年轻但难以施展拳脚的林风眠，还有被政治气候裹挟压抑的艺术教育？

在北京艺术大会的报道场合，克罗多是一位关注中国"纯粹艺术"发展的外籍画家和教员，颇有几分外来贵宾的意味，其左翼革命者的身份则被悄然隐去了。我认为，这不是偶然发生的，也许是一种刻意的修饰。克罗多这层身份的"缺席"，或许出于他作为一位跨国谋生者身处敏感场合的被动和审慎状态，又或许包含北京艺专的介入。克罗多演讲中为中国艺术界未来发出呼吁的部分，生硬地充斥着"整个的艺术运动""社会艺术化""中国的文艺复兴"等口号，与大会期间北京艺专的一批通稿有较多语词重复。这篇讲稿不但是北京艺专专刊《海灯》的首篇文章，还占据了《世界画报》"艺术大会专号"四分之三的版面——这是意在展示主办方实力的"门面"宣传文本。所以，不能排除译者李树化，还有林风眠乃至专刊编辑者们借以抒发己见的可能性。难以判断译稿的宣言部分是否均忠实翻译自克罗多的原话。反言之，李树化的翻译是否遗落了一些内容呢？

笔者所见学生回忆录中，均未提及克罗多在法的经历。在西画系学生李朴园看来，"他是一个艺术家，但他对于社会人心，也像一般汗流浃背的社会运动家一样，有着关心民瘼的最大的热心；这种热心，既不托根于政治的理论，也不发芽于主义的信仰，他的唯一出发点便极深的对于人类的同情！"李朴园于次年发表的记述，提供了一个颇耐人寻味的侧面像——作为教师的克罗多并非

[①]《艺术大会之漫画批评》，《世界日报》1927年5月24、26—27日。

沉默的。虽然他有可能未过多谈及自己在法国的政治倾向和抗争历史[①]，但他向学生们展示过他在一战前线所绘反映战争残酷的速写，如《肩尸》（图4），该速写原名《请记住！》（Souvenez-vous!），作于1916年4月29日，1920年8月7日发表于《光明》（Clarté），在北京个展上以《肩尸》为题展出，刊于《世界画报》1926年10月10日第58期及《盛京时报·图画周刊》1926年10月25日第28号。还有关于墨索里尼的政治讽刺漫画[②]（图5）。这些作品明确传达出克罗多反战主义、支持济贫政策和反独裁的立场。

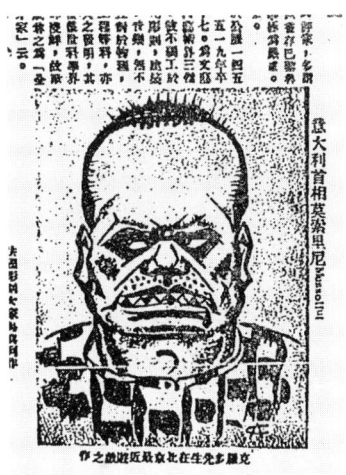

图4 ［法］克罗多:《肩尸》   图5 ［法］克罗多:《意大利首相莫索里尼》

而凭借外籍人士的特权和非法国官方派遣的身份，克罗多在1927年、1928年的环境下尚可以公开谈论中国时局，李朴园回忆了他对北伐战争的即时反应：

……便是对于政治，他也有同样热烈的希望，虽然政治常常使他失望得难堪！

记得是在去年（笔者按：1927年），当党军打到石家庄的时候，他的精神是怎样的兴奋哪？在日常的谈话中，每一谈到党军，他便特地站了起来，眼光十分地奕奕有神，发出无限希望的微笑！但他也很为党军耽心，他屡次表

---
① 参见朴园《欢迎克罗多先生》，《亚波罗》1928年第1期。按：落款日期为1928年8月27日。
② 参见《克罗多在北京最近游戏之作》，《世界画报》1926年11月7日第62号。

明，他甚望革命军不要限制人民的自由，多少如像苏俄同意大利一样！

听说，当今暑国民军争得了北京的时候，虽然张逆的军队还没有完全退得了，他在他住宅的门口，第一个便先挂起青天白日满地红的旗子，并且邀集了许多青年和老年的艺术家，在家中做了一个尽欢的狂欢筵，这个喜筵惊得他的四邻都不免张口结舌！

但在北平抵定一月以后，他看北平市上仍不免如是颓唐，他却也意态肃然，平日不肯多讲一句话了！①

这段文字写于1928年秋的杭州。作者李朴园于北京艺术大会结束后随林风眠南下，在南京国民政府设立的西湖国立艺术院任院长室秘书兼出版课主任。② 鉴于此，他的表述或许不完全可靠，但绝非杜撰。克罗多在一定程度上认同马列主义，并支持十月革命。他对苏俄的疑虑始于1920年左右，1920年共产国际法国支部成立之际他并未加入。克罗多对于苏俄、意大利的态度，可以从他20世纪二三十年代所绘讽刺漫画中得到对证。③ 至于李朴园转述的克罗多在家门口挂旗和宴请艺术家们，确有其事。"艺专教授克罗多氏，于革命军进城之第二日，特邀艺专师生在克氏私宅开庆祝大会。口中满悬中法两国旗。照片中能辨认出的包括同为北京艺专教员的李超士、彭沛民和毕业生叶云。"④（图6）后来克罗多的"意态肃然"和悲观情绪也反映在他未出版的札记中。可以肯定的是，克罗多抱持民本立场，其言论的出发点并不局限于艺术家或教师的"外宾"身份，他将自己视为当地民众的朋友。然而，考虑到他不通中文，语言和文化的隔阂令他对时局的认知程度有限⑤，个人的政治关切终难以落实在其所处环境中。在克罗多的发声与沉默之间，一位左翼革命者、跨国谋生者和高校外籍教员的多重样态浮出了水面。

---

① 朴园：《欢迎克罗多先生》，《亚波罗》1928年第1期。
② 参见《本院职员一览表》，载《国立艺术院第一届周年纪念特刊》，1929年，第51页。关于李朴园，参见李小汾《博学多才的李朴园》，《美术观察》2012年第11期。
③ Bernard Baissat, Tewfik Farès, *Écoutez Claudot*, Créative International, 1978.
④《世界画报》1928年6月17日第139号。
⑤ 克罗多对中国时局的认知程度，涉及对他的中国札记、交友圈和北京法文媒体——尤其是《北京法文新闻报》(*Le Journal de Pékin*)及期刊《北京政闻报》(*La Politique de Pékin*)——的交叉考察。

图6 《世界画报》1928年6月17日第139号上刊登的克罗多相关新闻及配图

（二）艺专学生的民众化意愿

具体而言，克罗多个人的关切与当时北京艺专师生群体的理想，有多大程度的重叠或错位呢？首先，需要厘清一个在以往研究中被忽略了的问题：北京艺术大会这场盛大的公共活动的实际倡办者是谁？北京艺术大会的筹办，甚至最初的企划，都与北京艺专学生群体，尤其是吸纳了全校大半学生的"形艺社"密切相关。

据1927年3月5日和7日的新闻报道，举办北京艺术大会来自该校学生之提议，经学生会通过后才与校方协商共同筹备——形艺社将成为大会的"基本团体"。而在两日后的正式公告中，发起人却忽然变成了林风眠，筹备员则是包括克罗多在内的教员们，"学生方面亦可推出若干人加入"。[1] 稍晚，在官方章程中有关大会组织工作的最终表述是："由本校评议会推出委员十五人学生会推出委员十五人，联合组织筹备委员会。"学生群体通过与校方协商，应是争取到了筹备委员会的半数席位。[2] 近期已有研究指出，林风眠在其中起到协调

---

[1]《艺专之形艺社大会纪》，《大公报》1927年3月5日；《艺专大规模艺术会春末举行》，《晨报》1927年3月7日；《京校近闻：艺专》，《大公报》1927年3月7日；《艺专主办之艺术大会自五月一日起至六月一日止》，《顺天时报》1927年3月9日。

[2]《林风眠等发起北京艺术大会——北京国立艺术专门学校寄来的稿件》，《艺术界》1927年第16期。

学生诉求与履行教育部"维稳"任务的作用,他"将希望'走向民众'的学生群体的活力控制在艺专校园之内",将"运动"保持在"展览"范畴内。雷浩在《艺专校长林风眠的"角色"分析——以"北京艺术大会"为中心的考察》一文中,着眼于长期被艺术史叙事遮蔽的部分,指出北京艺术大会的宣言与霍普斯会宣言的巨大差异,判断除了三个"联合"是林风眠在表达自己的理念之外,"此宣言大部分出自学生之口","直接来自于学生团体的群体呼声";他还推测艺术大会的举行正源于学生群体"改大促进会"的诉求,最终的盛大展览则是林风眠试图在"艺专校园文化网络"和"国家教育指导网络"之间达成"调和"的结果。这些新颖、有据的解读值得关注。这里有必要进一步说明和分析形艺社与艺术大会的民众化倾向,以及克罗多在其中可能扮演的角色。

"形艺社"是于1926年年底至1927年1月初由北京艺专的西洋画系、中国画系和图案系学生组成的学术社团。3月3日的"春季大会"上,社团请一众教职员担任名誉社员并发表讲话。其中克罗多的发言片段比起后来《艺术大会的评价》,政治立场的表达更为直接:

> 中国以前的艺术是进步的,后来受了帝国主义者的压迫,中国时局每天在风雨飘摇之中,大多数国民都得不到安稳、舒服的生活。所以没有机会和意志去研究艺术,因此中国的艺术,渐次衰落。

林风眠的发言则更为谨慎,且更关切学术的能动性,他补充道:

> 克君所说的中国艺术衰落的原因,由于外力的压迫,固然是一因,亦是因为致力于艺术界的人,不努力的结果。[1]

一个月后,在该社团筹办的首次展览会上[2],学生社员们集体拼凑出了一段

---

[1] 《艺专之形艺社大会纪》。笔者调整了引文的标点符号。
[2] 一个值得留意的细节是,展览预告了名誉社员的演讲,但只提了克罗多一人的名字。考虑到林风眠此时正忙于筹校款和解救学生,并不意外。但是否也暗示了该社团与克罗多关系更为密切?这是否又与3月5日至9日间有关艺术大会的协商过程有关?参见《艺专形艺社展览会 自明日开展览三天》,《晨报》1927年4月8日。

与稍晚的艺术大会口号十分相似的宣言文字：

> 我们要打倒一切传统的艺术，我们要打倒一切为阶级而制作的艺术，我们要打倒非人间所谓为艺术而艺术的艺术，我们要创造新艺术，我们要建设为全人类的艺术，我们要使艺术深入人望，不是一种与人无关系的天上的东西。我们各人有了以上的志向，我们为集中势力，我们为运动扩大，我们为相互督促研究，所以我们有了形艺社联合组织，形艺社与民众接触的地方很多。然而最普遍的方法，莫过于展览会，我们形艺社为接近人间，深入人间，使民众知道真正伟大的艺术，并不是鬼世界的玩意。虽然我们组织了不久，没有什么惊人的成绩，也要举行展览会，不断的给社会上最多数看不见艺术的人，一种认识的机会，民众！欢迎！欢迎你们来！①

这段宣言将重点放在了接触民众和深入民间上。这套口号话语承接的是从"五四"时期起就风靡于知识青年群体中的"到民间去"。艺专学生们仍处在懵懂地认识外部世界和自我意识形成的初步阶段，或许部分受到了三民主义或共产主义的感召，但观念和表述都没有超越空洞的口号。相比于同期文学界的"到民间去"运动②，形艺社宣言提倡的仍是一种粗浅的平民美育理念，而展览实际的呈现方式和规模都与其宏大志向相去甚远。

形艺社举办的这次展览，尤其是其宣言，吸引了驻外记者李昭实。③她敏锐地注意到，"似以'接近民众'为唯一之职志"的展览会，虽然不须入场券，但现场的主要群体仍是"'学界'之男女青年"。另外，学生们与后来的艺术大会一样，在展场中放置了留言本。可是，观众"随笔乱写之批评，污人耳目"，令记者汗颜，民众终归"得有建设能力者善为指导"。这恐怕也是学生们此次参与筹划展览收获的经验。④

---

① 《形艺社宣言》，《晨报》1927年4月11日。
② 参见[美]洪长泰《到民间去：中国知识分子与民间文学，1918—1937（新译本）》，董晓萍译，中国人民大学出版社2015年版。
③ 这位记者曾游学欧美，时任《时报》旅欧通讯员。
④ 参见李昭实《形艺社作品展览记》，《晨报·星期画报》1927年4月17日第80号；陈立新《民国著名女记者李昭实生卒考》，《新闻界》2013年21期。

与此同时，艺术大会的筹备工作也在紧锣密鼓地展开。不论是积极参与筹备的形艺社的参展宣言，还是沿用形艺社"打倒"句式的官方宣言[①]，都进一步表达出对民众和艺术从业者之间互动关系的关切。原本作为基本团体的形艺社，虽然因故无法冠名艺术大会，但也推举出了自己的筹备代表，包括毕业班的刘开渠、李朴园和雷奎元。他们后来成了林风眠创办西湖艺术院的骨干力量。形艺社将其在艺术大会上的使命提炼为"艺术的世界化"（这与克罗多的世界主义观念颇为类似）以及"艺术的民众化"（形艺社首次展览会的主题）。形艺社对"民众化"的认知也比此前更清晰了：一是使民众接触和认识艺术，二是创造能让民众共鸣的艺术。[②]

　　大会上展出的漫画《拜倒》（图7），以反讽的方式精准刻画了被权威把持、准入门槛虚高的艺术界现状，反映了艺术应全民共享的愿景：两个平民朝向象征权威的城门、牌坊磕头礼拜，但是门洞小得根本无法通过。

　　为了引导更多的观众进入艺术之宫的城门，主办方确实在布展和宣传上费尽心思。除了前述的大量广告画和各类纸媒上的造势，大会还在展期尾声阶段免费开放三日，并为此新增了一批广告画，更在每间展览室内安排了一位艺专学生担任"说明员"。[③]艺专师生们在动荡时局中致力于中国艺术启蒙的愿景和努力，令克罗多感到"热烈的同情"[④]。

　　在展线的尽头，第十六展览室出口处，竖起了一幅广告画《观众拥挤参加图》[⑤]。（图1左上角）拥挤的观展人群，像暗夜里飞蛾逐火一样为展场中喷射出的"艺术之光""艺人之声"所吸引，涌向艺术大会的大门。画面上题写

[①] 雷浩认为北京艺术大会的宣言"直接来源于"形艺社宣言，且"该宣言应该直接出自学生手笔"。我认为这一推测还有补充空间。许多艺专老师被吸纳为名誉会员，甚至在社团活动中演讲，尤其是克罗多；另一方面形艺社展览和艺术大会展览为同期筹备。但可以肯定的是，学生是艺术大会在布展、运营和宣传全过程中的主体力量。

[②] 参见《形艺社参加艺术大会　举出筹备员》，《晨报》1927年3月13日；《艺术大会宣言（形艺社）》，《世界画报》1927年5月15日第86号。

[③] 参见《艺术大会开放期内之种种》，《世界日报》1927年6月1日。

[④] [法]克罗多讲：《艺术大会的评价》，李树化译，《海灯·北京春季艺术大会特刊》1927年5月25日第1期。

[⑤] 画题引自《艺术大会会场之布置》，《世界日报》1927年5月27日。

图7 漫画《拜倒》,《世界画报》1927年5月15日第86号

的是"北京艺术之宫①里的艺术大会快开幕了",艺专的校园替代了漫画《拜倒》中的皇城,变成向公众开放的艺术殿堂。②前述克罗多在演讲中突然提到对广告画的偏爱,是否也部分出于对这类主题及其活用漫画、木刻的新鲜手法有所感触呢?

除了广告画,展览现场还四处张贴着醒目的口号标语。其中出现了个别内容看似相互抵触的情况,一边说"愿大家离开腥血满地的世界,同向艺术之宫走去",另一边则说"请听听画室外面,尽嚷着的是什么声音?从心灵深

---

① 此时"艺术之宫""艺术宫殿"在持有不同文艺理念的作者笔下,于不同语境中,已带有各异的感情色彩。例如1925年3月29日鲁迅致徐旭生信中,该词带上了反讽意味:"学者多劝人踱进研究室,文人说最好是搬入艺术之宫,直到现在都还不大出来,不知道他们在那里面情形怎样。"《鲁迅全集》(第三卷),人民文学出版社2005年版,第26页。

② 与数年后黄少强的《赏音》(1930—1931)相比,《观众拥挤参加图》无意展示观众的特定社会身份,也并不涉及展览内容与观众的交互感应,表现的更多是尚处萌芽阶段的"民众"这一抽象概念与艺术界之间的关系,其目标观众显然还是文艺界的同人。关于《赏音》,参见王阳杜文《探索现代中国画的"民间"表达:黄少强的联屏人物画〈赏音〉之美术史解读》,硕士学位论文,广州美术学院,2021年。

215

处流出来的生命的呼声啊！"早在3月的形艺社大会上，新闻通稿所引述的克罗多与林风眠的发言，已令人隐约感受到北京艺专人员内部在衡量自身与外部世界关系时的观念差异，它超越了师生的二元界限，构成更为复杂微妙。在艺术大会上，这样的内部差异隐约可见，但同处一室，尚未达到引发冲突的明显程度。

综观现场的广告画和口号标语，它们所表达的"民众""社会""艺术""人生"的观念场是较为调和的。其内容大致包括：号召艺术从业者借此机会向社会"宣传艺术"；指认艺术为疗愈人生消沉苦闷的良方；宣扬艺术是黑暗社会的启蒙之光①；呼吁"到民间去"，引发社会和民众共鸣。至于社会黑暗的现象、原由，以及引发共鸣的创作方向是怎样的，则未明说。比起一个月前的形艺社宣言，鼓动情感的色彩浓度大大提升了，反映出国民革命时期的新知识青年群体，面对个人生存发展和社会问题时的苦闷与日俱增。② 校园内外正在发生的一切想必令艺专学生们借由艺术介入现实的愿望越发迫切。但是除了启蒙民众的艺术认知和提高欣赏水平之外，学生们似乎并没有更多实际途径"到民间去"。一种精英式的使命感被反复强调——"艺术"本身便具备自明的改良社会功能。理想状况下，构筑和捍卫艺术之宫与走向十字街头是可以同步发生的。

三、社会与艺术家

（一）林风眠与克罗多的理念异同

艺术大会现场的广告画、口号标语和相关图文报道，塑造了一种兼具同情心和使命感的艺术家形象。画家凭借手中的画笔，足以担任社会引导者的角色——这也是林风眠在回应艺术与社会的关系这一争议时的表态。在艺术大会期间，"艺术与社会"这个20世纪20年代文艺界的核心议题，也是许多公共演

---

① 将社会的黑暗与艺术的光芒对立起来，是对外宣传中出现频率最高的一类内容，如《艺术大会会场之布置》中的标语："社会这样的干枯，我们要洒点甘露；社会这样的昏暗，我们要筑一个灯塔；社会这样的沉寂，我们要建一个钟楼啊！这就是我们应尽的责任。""新艺术是在黑暗的民众前的一颗明星。""艺术家的思想，是永远站立一般人的前面，负着引导的责任。"
② 参见李志毓《论新知识青年与国民革命》，《史林》2016年第6期。

说和批评文章的主题。邓以蛰于6月3日下午2时,即艺术大会免费三日接近尾声时发表演讲《民众与艺术》,在《现代评论》1927年第6卷第131期出版时题目为《民众的艺术(为北京艺术大会作)》。朱应鹏在大会还未正式开幕时,在他编辑的《艺术界》1927年第16期头两页,即该刊刊印的艺术大会章程之前,插入了自己的批评文章《致林风眠》。杭春晓分析了两位批评者与林风眠的观念差异,认为它们都反映了文艺界"去精英主义"的大流。笔者认为,两篇文章均旗帜鲜明地提出了民众艺术即民众所创造的艺术这一观念,其中涉及的"民众艺术"理论脉络,有待结合艺术大会现场的工艺品、图案设计及歌咏、舞蹈、戏剧活动作分析。另外,本节开篇提及凌文渊在开幕式上演讲《人类精神生活的表现》,后有《应拿艺术化来解决社会问题》连载于1927年5月15—17日《顺天时报》。后者内容上看很有可能就是同一篇演讲稿,其主旨与林风眠所认同的艺术在精神层面的影响力有所关联,但亦含有以艺术助成"宣抚"工作的意味。凌氏指出,在此乱世中,艺术把社会问题"在根本上解决了"。这样一篇同样具有很强政治指向性的文章,直到5月15日才在《顺天时报》上发表,似是有意回应此时的某些言论。[①]

艺术大会期间,林风眠重新刊印了年初已发表过的《艺术的艺术与社会的艺术》一文。[②] 文中他与民粹论的艺术价值观保持了距离,认为如此"艺术家将变为多数人的奴隶,而消失其性格与情绪之表现"。他将艺术的产生过程视为人类情绪冲动的外化,并将其定义为"为艺术的艺术"。同时,他将艺术品的社会影响定义为"社会的艺术"。由此,"为艺术的艺术"与"为社会的艺术"被一分为二。在他看来,具备高尚情操的艺术家可以对社会产生积极影响,而艺术不应被宗教、国家和任何外界因素限制。此时,林风眠对"艺术与社会"议题的回应颇为勉强,更像是在各方压力下,临时组织的一段既维护艺术自律又不想冒犯任何一方的辩白。

在经历了艺术大会以及1927年中国社会的震荡之后,1928年1月,林风

[①] 参见杭春晓《林风眠的"困境"——一位精英主义者的理想与现实(上)》,《新美术》2021年第3期。
[②] 林风眠《艺术的艺术与社会的艺术》(1927年5月22—23日见于《世界日报》和《晨报·星期画报》第58号艺术大会号),实为年初的艺专新年同乐会上林氏演讲词,刊于《世界画报》1927年1月23日第71期。

眠在《贡献》旬刊上发表《致全国艺术界书》，对他的艺术与社会观作出了进一步解释：既然"依照艺术家的说法，一切社会问题，应该都是感情的问题"，而"艺术是感情的产物"，"有艺术而后感情得以安慰"，艺术正是在这个层面调剂人类苦难，并通过增进人与人之间的同情而带来和平。林风眠提出的"艺术代宗教"说，既可以看作艺术家和教育者林风眠，对蔡元培"以美育代宗教说"的追随与阐发，又展现了以《贡献》创刊团队为代表的一群留法知识分子"艺术救国"的愿景。[1]

如前述，在与形艺社学生们交流的场合，林风眠希望学生们在并不理想的环境下，保有艺术的自律和能动性。他甚至曾以与中国师生"同甘苦"的克罗多的名义，鼓励学生们潜心于学术。在林风眠的笔下，克罗多被塑造成一名"视社会混乱现象，绝不为念"的艺术家。[2] 然而，克罗多的观念和创作实践则并非如此。在克罗多看来，艺术家首先是一名"公民"（citoyen），绘画从来不是"为艺术的艺术"（l'art pour l'art）。[3] 在世纪之交直至第一次世界大战之前的巴黎，许多艺术家的先锋探索都伴随着左翼政治倾向，尤其是无政府主义及反战主义倾向，及伴生的跨媒介"形式政治"（politics of form）。画家们一边实验着被看作更"纯粹"的现代主义绘画，一边为报刊投送大量形式上同样大胆、反叛的政治讽刺画，这段"现代主义众声喧哗"（Modernist Heteroglossia）的历史因种种原因为战后艺术史叙事所遮蔽。[4] 克罗多正是在这样高度政治化的文化环境中成长起来的。当他还在第戎美院念书时就开始为报刊供画稿，深受世纪末重要的政治漫画家斯泰因伦（Alexandre Steinlen）的影响，自此便未停止过绘制具有明确政治诉求的油画和漫画，选题和形式语言均是由发生在各地的特定政治事件即时激发。[5] 这与他轻松随性的风景画、静

---

[1] 参见李志毓《1928年前后中国文艺界的政治热情》，《粤海风》2010年第1期。
[2] 参见林风眠《克罗多先生之创作精神》，《世界画报》1926年12月12日。
[3] Bernard Baissat, *André Claudot peintre*, Bonne Bobines, 2013.
[4] Patricia Leighten, *The Liberation of Painting : Modernism and Anarchism in Avant-guerre Paris*, Chicago and London: University of Chicago Press, 2013. "A Politics of Technique: Fauvism and Anarchist Individualism", Carolin Kosuch ed., *Anarchism and the Avant-Garde: Radical Arts and Politics in Perspective*, Leiden and Boston: Brill Rodopi, 2020, pp. 70-98.
[5] Bernard Baissat, Tewfik Farès, *Écoutez Claudot*, Créative International, 1978.

物画、人物画并行不悖,且这两类创作方向的经验时常相互渗透。

理念的不尽相同并不妨碍两人共同展望宏图。克罗多晚年的一位好友曾引述他的一段话,反映出来到北京的克罗多振奋的心态,与1928年学生眼中的"意态肃然"相去甚远:

> 与风眠一道,我们勾画着伟大的艺术蓝图,其中以正义和博爱二词为支柱。中国正在醒来,她擦亮双眼。一片广阔天地在我们面前展开,供我们实现创举。[1]

以"正义和博爱"为立足点的艺术创想,首先使我们回想起克罗多初来乍到时,林风眠介绍他"极赞美中国人博爱和平的性格",并通过援引蔡元培文化互融的观点,将这一"态度"与克氏艺术上的成就联系在一起:"克氏很同情于东方艺术,并极赞美中国人博爱和平的性格。此种态度,实克氏不断的奋斗与其创作所以伟大之处。蔡子民先生常说:'一民族文化之伟大,一方面由于自己创造,一方面吸收他民族之文化。'我希望克氏此次到东方来,能予我国艺术界多少影响。"[2] 这样的介绍语凸显了年轻校长希望中国业界能够接纳这位外国人以及包括他自己在内的海归者们带来的西方艺术和东西艺术沟通的理念。此外,"正义和博爱"也能关联到林风眠所认为的艺术在"感情"层面的社会功用。他在《致全国艺术界书》中指出,不论涉及社会契约还是生产分配,这些结构性变革的动力和阻力全都源自人类的感情,他举出了无政府主义的例子,"最著者,如像巴枯宁、克鲁巴特金辈,则直欲以互助友爱为解决社会问题之第一种手法了!"这类左翼思想,是来自林风眠留法时期或回国后的阅读,还是受到了克罗多的影响,我们不得而知。李金发曾列举他和林风眠在巴黎求学初期接触到的人道主义、无政府主义和共产主义讯息:"我们开始喜欢看托尔斯泰易卜生等作品,讲人道主义,渐渐的看克鲁泡特金的《面包略取》(笔者按:后译为《面包与自由》)及《资本论》,那时周恩来等办的工余杂志我们也定来看。"他还提

---

[1] Jean Nicolaï, Jean-marie Troussard, *André Claudot*, p. 140. 未交代该段落的写作时间点。
[2] 林风眠:《介绍法名画家克罗多先生》,《世界画报》1926年9月26日第56期。

到当时会读《人道报》(*Humanité*)。①但显然，两人对于"博爱""和平""正义"这些概念有着各自基于成长背景和经验的理解。虽然两人始终共有着一层普世人道主义的基底和强烈的社会责任感，但是林风眠大概对克罗多壮怀激烈的现实斗争兴趣淡然。在李金发的回忆中，他和林风眠两人在广泛阅读左翼思想读物后并没有继续接近这些政治思潮，而是一心学艺。克罗多回忆林风眠应了解他的政治抱负，但两人没有明说。②吴大羽在1968年7月22日回忆了一次在巴黎美院旁的"学会"，有美术生李风白、曾以鲁、林风眠、林文铮、李金发、刘既漂、唐隽、徐悲鸿、王代之，还有包括周恩来等在内的他并不熟悉的朋友，"唐隽在议题上曾与人发生了争吵，拍桌而起，不欢离席。似乎是为了艺术为用或是为自由的问题，唐隽是不主张艺术为用的"③。克罗多也难以充分体会林风眠怀揣"现代中国绘画"理想的举步维艰，以及他被寄予的"艺术救国"的厚望。

（二）街景与街头：克罗多的再度"缺席"

在1927年的北京艺专，不论是学生还是老师，都喜用"民众"一词，作为艺术家的个人主体意识和参与历史进程的激情同样高涨，但它与20世纪20年代至30年代中期已在文学界显现的民间意识或革命动员话语都还存在着一定距离。这样的现象并不能简单归因于校方管控，或校长林风眠的个人理念。在艺专这个小环境中，除了谭祖尧和方伯务这样的激进特例，学生群体里如西画系"胡涂画会"和戏剧系的"五五剧社"这样带有明显"左"倾色彩的，毕竟还是少数。大部分学生的社会观、艺术观模糊而抽象，尚在自发摸索中。

艺术大会宣言中带有普罗意味的部分，"打倒非人间的离开民众的艺术""提倡全民的各阶级共享的艺术""提倡民间的表现十字街头的艺术"，实际并未成为大会出品绘画的主流。对参展画家而言，回应大会宣言最直接的途径应是创作"民间的表现十字街头的艺术"。但以现存资料为据，绘画出品中以此

---

① 参见李金发《林风眠与我》，《祖国》1956年第15卷第11期；李金发著、陈厚诚编《李金发回忆录》，东方出版中心1998年版，第53页。
② Bernard Baissat, Tewfik Farès, *Écoutez Claudot*, Créative International, 1978.
③ 参见李雨涵、李大钧《吴大羽留法前后生平史料考证（1917—1927）》，载华天雪、曹庆晖主编《中国近现代美术留学史料与研究工作坊论文集》，文化艺术出版社2019年版，第481页。

为素材的仅有林风眠、克罗多、李超士和"远镛"四人。

　　林风眠的参展作品已知有八幅[1]，前六幅不见图版，根据题目推测，应与1924年、1925年海外展览的作品接近。第七幅《摸索》也是1924年展览上的作品，来自西方的"人类文化的倡导者世界思想家艺术家"聚集在庄严的横向构图中。[2]第八幅新作《民间》[3]则将视角下沉至街头，构图前缩，将观众逼近现场，成为熙攘人群中的一员。林风眠曾用类似构图重现柏林咖啡店的灯红酒绿（图8），而此时《民间》画中赤膊劳动者的休憩场景，散发着更为闲适的气氛。值得注意的是，一年后，在国立艺术院院刊《亚波罗》的创刊号上，这幅画紧接着亚波罗和温奴史（即维纳斯）雕塑的相片，被印在第三页，图注为"林风眠回国后第一幅画"。1928年4月，林风眠在个人展览会上又展出了《民间》，画中表现的"坚苦卓绝，唤起人众对孙中山先生农工政策之信仰不少"[4]。1927年后，林风眠成为当时中国少有的直接表现社会横暴的画家。（图9）他着眼于更宏大的人类境遇，所绘源自现实又超出现实，并用回横向构图，发展出"横长迫塞"的人体群像图式[5]，却再也没有出现如《民间》这般写实的画法。林风眠的创作动向与他所阐述的艺术观达成一致。[6]

　　与《民间》不同，克罗多已知的两幅参展油画《雪景》（又名《北京雪景》，法文名为"Boutiques sous la neige"，意为"雪中店铺"）（图10）和《街市》（法文名为"Larue Tchen-Ou-Miô à Pékin Ouest"，意为"北京城隍庙街"）（图11）都属于城市风光画。

　　在巴黎时，市郊贫民区的四季和拆除古建筑的场面是克罗多反复描绘的主

---

[1]《暗香》《点水》《细雨》《松音》《芦色》（或"芦苞"）《倦》（或"绻"）《摸索》和《民间》。有的题目与海外展览中的相同，很可能是同一幅或类似作品。

[2] 参见杨铮《西洋画家林风眠君之杰作》，《艺术评论》1924年4月7日第50号。

[3]《民间》法文名为"Larue (Pékin)"，意为《街头（北京）》。1929年，这幅画在上海法租界发表时使用的题目"la-rue"一词也不无政治意味。

[4]《时事新报（上海）》1928年4月24日。

[5] 参见郎绍君《创造新的审美结构——林风眠对绘画形式语言的探索》，载卢辅圣主编《朵云第53集·融合中西的探索》，上海书画出版社2000年版，第78—79页。

[6] 关于这些人体群像作品的讨论，参见[美]王德威《史诗时代的抒情声音：二十世纪中期的中国知识分子与艺术家》，生活·读书·新知三联书店2019年版，第307—308页；杭春晓《林风眠的"困境"——一位精英主义者的理想与现实（下）》，《新美术》2021年第4期。

| 激荡时代与个人抉择 |

图8　林风眠:《柏林珈琲》,载《东方杂志》1928年1月10日第25卷第1号;《柏林咖啡店》,载《小说月报》1928年6月10日第19卷第6号

图9　林风眠:《人道》,1927年,油画,载《晨报·星期画报》1928年2月5日第119号

题。到了北京,四季分明、新旧交织的街巷再次激起了他的创作欲。《街市》以斜阳下灰黄的瓦房、黄包车、木牌坊、路面和蓬松的冬树为背景,新漆的铺面、幌子和行人的衣裳构成抢眼的撞色:"虽然红绿相兼,但处处逼真,其最具特长者,能使用画家所忌之最脏、最鲜艳之颜色,描写景物,并不现污秽难看。"[1] 它

---

[1]《艺术大会一瞥　批评录》,《世界日报》1927年5月22日。

222

刷新了北京观众对西方风景画的观看经验。《雪景》中，一切都敷上了厚厚积雪，路人也裹上了冬衣，身型更为憨态可掬。冲天柱和电线杆之间，鸦雀穿行飞远。这类景象与画家关注的社会议题没有直接关联，反映出克罗多作为旅居者对于北京风物和本地居民的好奇与亲近。与巴黎街景不同，北京街景里，他喜欢以寥寥几笔油彩，在全景式的环境中嵌入大大小小的行人。

这些人物原型来自街头。在学生李朴园的观察里，授课之外的时间克罗多几乎都在街上写生。① 他以粗头毛笔和水墨捕捉了大量充满谐趣的劳动者身影（图12），也用炭笔和油彩描画了触目惊心的现实苦难。这一系列速写和油画人像在其现存的北京时期作品中占大多数。它们是否出现在艺术大会展场内，难以求证，起码它们没有出现在北京艺专的对外宣传中——

图10　[法]克罗多：《雪景》，1927年，油画，载《上海法文日报》1929年12月1日

图11　[法]克罗多：《街市》，布面油彩，58 cm×12 cm，1927年私人藏；黑白图版，载《世界画报》1927年5月22日第87号"北京艺术大会专号"

---

① 参见朴园《欢迎克罗多先生》，《亚波罗》1928年第1期。

| 激荡时代与个人抉择 |

图12 [法]克罗多:《蜜蜂》,纸本墨水,60cm×72cm,1927年,第戎美术馆藏

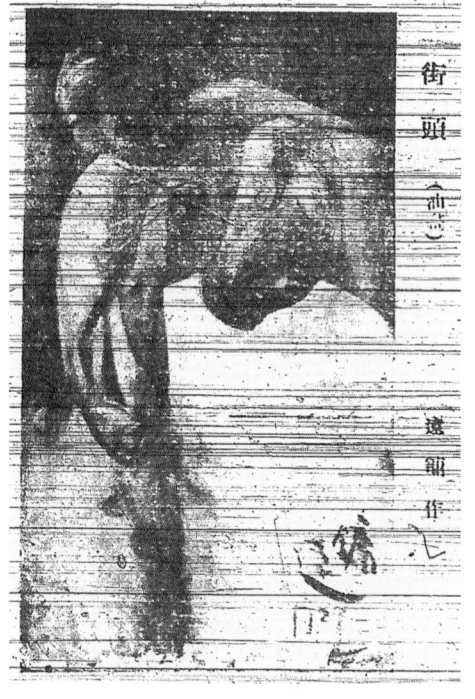

图13 远镛:《街头》,油画,载《世界画报》1927年5月22日第87号"北京艺术大会专号"

这是克罗多的又一次"缺席"。即便如此,这批作品,以及克罗多的写生行为本身,在艺专小环境中的影响不应忽略。这或许成了一个契机,激起了学生对同胞复杂感受的同时,也触发了他们的创作欲望。

大会上的第四幅相关作品就来自学生。油画《街头》捕捉的是沿街理发的场面(图13),署名"远镛",应是克罗多所指导的西画部毕业班学生邝镛远,他在形艺社展览时就已关注街头题材。(图14)邝镛远显然也目睹了克罗多如何捕捉市井生活中的生动情态。邝于同年毕业之后即留校任助教,在西画部中应属成绩优秀的学员。这两幅仍显稚嫩的习作也提示了,相对薄弱的造型基础限制了学生们对现实题材的发掘。

克罗多直面中国"十字街头"的主题创作,则经历了一定时间酝酿。1928年,他将京城风貌和平日积累下的人物速写融汇进一幅主题性作品中——《贫苦之众,北京》(Essaims de misère, Pékin)(图15)。题中"Essaim"一词原意为蜂群或其他群飞的昆虫,此处它指代的不再是街头速写中谐趣的"蜜蜂",而是如蝼蚁般在帝都高墙下苦苦求生的贫民,搂着襁褓里的婴儿,带着蹒跚学步的幼童,在雪泥中捡拾煤渣、破烂或

224

污秽物。

前文提及的部分墨笔速写，以《克罗多之北京生活》为题连载于《世界画报》1928年第120、121、132、133、135号，共八幅，其中五幅画的都是这些最底层的穷苦人群。（图16）转用油彩时，克罗多似乎衍用了毛笔笔触，人物形象由饱满的色块构成。这种形式趣味，也令他所凝视和呈现的景象，与现实苦难拉开了一定距离。画家可能受到了中国装饰工艺和绘画传统的启发，几撇扫笔，从画面圆实的肌理中生长出来。它们带动观者的视线，从琉璃瓦上的吻兽，到枯枝和乌鸦，最后落到前景孩子们的朝天辫上。透过构图、笔触上的节奏、层次和呼应，克罗多兼顾了表达的真切真诚与形式感的灵动。

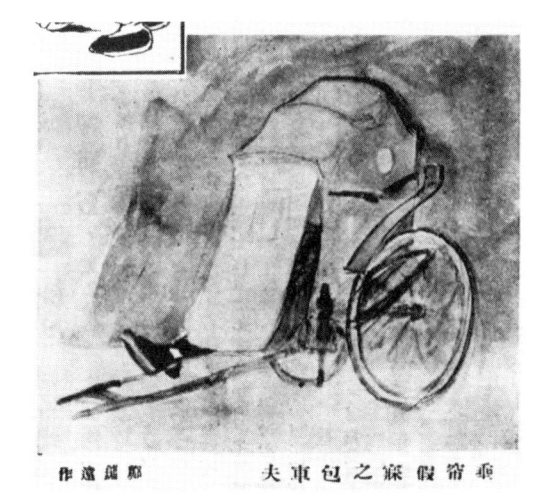

图14 邝镛远：《垂帘假寐之包车夫》，载《晨报·星期画报》1927年4月17日第80号

图15 ［法］克罗多：《贫苦之众，北京》，布面油彩，127cm×157cm，1928年，私人藏

回到法国后，克罗多完成了油画《北京的十字街头》（*Carrefour de Pékin*，1927—1932）（图17），一幅带有漫画意味的快照式构图。高耸入云的牌楼之下，驼队经过卷起路面的尘土，也卷起天上的风沙。巡警身着土黄制服、手持红缨枪、肩背大刀，显得扎眼，他盯着不远处的平民和玩风筝的孩子，画面便悬在这一刻。这是克罗多持续关切的另一主题——警察暴力，同样来自他在北京及中国各地的社会观察。

克罗多归国后于同一年完成的，还有源自浙江旅行经验的巨幅油画《钱塘江的中国纤夫》（*Les Haleurs chinois du fleuve de la digue d'Argent*，

| 激荡时代与个人抉择 |

图16 《克罗多之北京生活》之一、之二、之六、之七、之九

图17 [法]克罗多:《北京的十字街头》,布面油彩,私人藏

1932)。(图18)这幅画参加了当年的独立沙龙展。与20世纪三四十年代的中国油画、水墨画和木刻版画创作者不约而同,克罗多也选择了以纤夫作为中国苦难和力量的象征。吴作人有《纤夫》(1933),余本有《纤夫》(1938),林风眠回忆他在杭州时期一幅名为《斗争》的作品时也说:"画人们在做拉纤一样的动作,表现出人类向生活做斗争,要反抗。"① 体型庞硕、雕塑感十足的纤夫身躯,带来观摩巨幅壁画一般的视觉冲击力,令人回想起林风眠的人体群像。与克罗多以往的作品相较,这次他削弱了作为观光者的视角,美丽的异域风景首

---

① 李树声:《访问林风眠的笔记》,《美术》1990年第2期。

图18 ［法］克罗多:《钱塘江的中国纤夫》，布面油彩，128cm×208cm，1932年，私人藏

次后退到画面的隐约背景中。但同时，纤夫的五官塑造反倒显得更加符合西方对中国人的刻板印象，甚至近乎民族志图像——与林风眠在《人道》《人类的痛苦》中对种族特征的模糊化处理构成一组耐人寻味的对比。中国成为克罗多笔下形塑民间苦难形象和寄托政治议程的抽象远方。

四、尾声：林风眠的南下与克罗多的留守

在北京艺术大会现场，克罗多回应了林风眠沟通东西的期许，传递了跨越国界和媒介边界的艺术主张。这既与林风眠的观念形成了互文，又促成了克罗多对展览最重要的策划理念——"混合式"陈列。艺术大会筹备期间的动荡时局，催化了艺专师生的"民众"话语和展览、创作实践。克罗多身为跨国谋生者和高校外籍教员，他的左翼社运者身份被遮蔽，其更具社会关切的作品也在这一场合"缺席"。

中国艺术教育的版图随着政局变迁发生了位移。6月17日，大会结束两周后，林风眠从天津"放舟南下"赴上海，极有可能已开始与蔡元培商讨后者转

战南京后的艺术教育规划。[1]9月初，在面对教育总长刘哲的责问时，林风眠已明确表示不再留此地谋一官半职。[2]10月初，大学院正式成立之时，林风眠偕团队正式南下。[3]11月，他受聘为大学院艺术教育委员会的主任委员。他用一篇长文《致全国艺术界书》，向"南方艺术界同志们"宣传他的艺术理念，希望得到更广泛的支持。与此同时，差点被解散的北京艺专被改组为国立京师大学校美术专门部。林风眠在南方一时无法为克罗多确保教职。此外，1927年，国立九校经费紧张。林风眠称，北京艺专也无法给克罗多支薪，只得将自己的薪水转给他用。[4]据称，那时克罗多不但急着偿付父亲的钱，还要付给巴黎的朋友大笔画材费、布展费等。[5]克罗多只能选择留任，以期获得稳定的经济来源，并追回欠薪。[6]改组后的学校面目全非、气氛紧张。音乐系和戏剧系停办，幸存的科系均拆为男女分班，规定学生仪表，并严格管制人体写生课。关于刘哲兼任学长后实行的科系调整和新规。[7]曾邀请自己来华加盟的好友正在遥远的南方另谋宏图，留守北京的克罗多此时的窘境可想而知。校园外军阀混战、反帝情绪高涨，据说克罗多甚至需要从法国订购手枪以自保。[8]加之爱人苏珊生病，远隔天涯的妹妹失踪，克罗多越发神不守舍、心灰意冷。[9]1928年8月，林风眠正式聘请克罗多担任国立西湖艺术院教授。这是另一段艺术史的节点。

---

[1] 参见小隐《艺专校长过津记》，《北洋画报》1927年6月25日第98期。
[2] 《刘哲昨与林风眠谈话 匿名信所攻击林者全已了解》，《晨报》1927年9月3日。
[3] 10月7日，李朴园给克罗多写信，称与林风眠、王代之等五人以及戏剧系学生王瑞麟一同于2日到天津。他既向克罗多表示出南下匆匆、前途未卜之意，也向他传达了待南边新的艺术机构确立后，能早日相会的愿望。
[4] 参见《刘哲昨与林风眠谈话 匿名信所攻击林者全已了解》，《晨报》1927年9月3日。
[5] Jean Nicolaï, Jean-marie Troussard, *André Claudot*, p. 170. 未交代该段落的写作时间点。
[6] 参见《美专新教员决定》，《益世报》1927年10月7日。
[7] 参见李中华《筚路蓝缕兴国美：1917—1937年北京国立专门美术教育研究》，第65—70页。关于人体写生的具体限制，见1928年《国立艺专戊辰毕业同学录》中的课堂照片：克罗多指导的油画课所画的是穿着短裤的男性模特，而彭沛民执导的炭画课所画的则是着衫的女性模特，所刊学生或助教的作品中也仅出现上述这两类模特。
[8] 克罗多曾收到法国驻华公使馆主事有关形势和紧急措施的通知，于是高价订购了一支法国手枪。未示史料出处，也未说明通知和买枪的具体时间。Jean Nicolaï, Jean-marie Troussard, *André Claudot*, p. 168. 未交代该段落的写作时间点。
[9] Jean Nicolaï, Jean-marie Troussard, *André Claudot*, p. 174. 未交代该段落的写作时间点。

塔中的十字街头

——北京艺术大会期间林风眠"艺术社会化"的曲折探索

冯嘉安[*]

摘　要：20世纪20年代，在鲁迅译介厨川白村作品《出了象牙之塔》和《往十字街头》等作品后，中国的文艺界开始高频使用"象牙之塔"和"十字街头"这对概念。1927年，北京国立艺术专门学校（简称"北京艺专"）校长林风眠主张举行北京艺术大会时，就以"提倡民间的表现十字街头的艺术"为口号。本文认为，北京艺术大会这组激进得被北洋当局取缔的口号和标语，遮蔽了林风眠对"十字街头"真实认知，即林风眠此时用的"社会""大众""民间"等观念，仍是象牙塔中埋想化的想象。本文对材料的梳理也显露出，此时的林风眠虽然力倡"艺术走向民间"，但"为艺术而艺术"的理想仍在其观念中根深蒂固，是其艺术创作的逻辑起点。

一、20世纪20年代语境下的"象牙之塔"与"十字街头"

　　1922年，刚刚崭露头角的作家易家钺（1899—1972，字君左，后以字行）在《改造》杂志发表《十字街头的中国》。在这篇洋洋洒洒的政论文中，易家钺从"痛苦的呼声""致乱之源""外部的侵迫与内部的紧张"等方面对中国当下的形势进行剖析，最后指出中国站在存亡的"十字街头"——有些路可走、应走，

---

[*] 冯嘉安，中山大学艺术学院助理教授。

有些路不可走、不应走。① 此处易家钺的"十字街头"仍是一个比喻，一个以十字四象限坐标来分析中国前路的理论洞察。

在20世纪20年代，"十字街头"获得其后来普遍使用的含义，用以指代人生与艺术方面的取向——而非易家钺指代的国家与民族方面——成为"象牙之塔"的对立面，还需到1925年左右。1925年2月14日，鲁迅在《京报副刊》发表了翻译自日本文艺评论家厨川白村的《出了象牙之塔》②。周作人在1925年2月23日的《语丝》杂志以"开明"为笔名发表《十字街头的塔》，文中提到："厨川白村著有两本论文集，一本名《出了象牙之塔》，又有一本名为《往十字街头》，表示他要离了纯粹的艺术而去管社会事情的态度。"③ 中国的文艺界开始高频使用"象牙之塔"和"十字街头"这对概念。

鲁迅将翻译的《出了象牙之塔》众多篇目结集成书出版时，还特地翻译了厨川白村对全书的《题卷端》。文中厨川白村引用其《近代文学十讲》一段落阐述"象牙之塔"的含义，即一种对丑陋的俗世视而不见，独享清高的艺术宫殿的艺术至上主义，也就是"为艺术的艺术"（art for art's sake）。④ 至于《往十字街头》，鲁迅并没有全书翻译，唯独翻译了该文之序，附于《出了象牙之塔》译者《后记》之中。厨川白村《出了象牙之塔》中的《文学者和政治家》一篇，鲁迅也没有翻译，其陈述的原委是："惟原著在《描写劳动问题的文学》之后还有一篇短文，是回答早稻田文学社的询问的，题曰《文学者和政治家》。大意是说文学和政治都是根据于民众的深邃严肃的内底生活的活动，所以文学者总该踏在实生活的地盘上，为政者总该深解文艺和文学者接近。我以为这诚然也有理，但和中国现在的政客官僚们讲论此事，却是对牛弹琴，至于两方面的接近，在北京却时常有，几多丑态和恶行，都在这新而黑暗的阴影中开演，不过还想不出作者所说似的好招牌——我们的文士们的思想也特别俭啬。因为自己的偏颇的憎恶之故，便不再来译添了，所

---

① 参见易家钺《十字街头的中国（附图）》，《改造》1922年第4卷第5号。
② 参见[日]厨川白村《出了象牙之塔》，鲁迅译，《京报副刊》1925年2月14日第60号。
③ 开明（周作人）：《十字街头的塔》，《语丝》1925年第15期。
④ 参见鲁迅《出了象牙之塔》"后记"，载《鲁迅译文集》（第三卷），人民文学出版社1958年版，第280页。

以全书中独缺那一篇。"①厨川白村在序文中谈及"十字街头"的含义，即走出象牙之塔外，走到纷扰的街头，而所谓"十字"，便是人生与艺术的交汇点。②

从周氏兄弟对厨川白村的翻译和讨论可以看出，二人对"象牙之塔"和"十字街头"有着截然不同的态度。鲁迅在《后记》中认为，厨川白村如果不遭遇地震灾难，必定选择在战斗的路上一往无前。从厨川白村的遗稿中，鲁迅看到了战士的身影，看到了他对世态辛辣的、让人不禁拍手称快的批评。鲁迅在厨川白村身上看到自己的榜样，通过旁观他来鞭策自己，将他国剜疮的"痛快"，分享给同病的国人。③

鲁迅这篇《后记》写于1925年12月3日，针对的是同年4月24日周作人发表的《十字街头的塔》。周作人说："我现在模仿他（厨川白村，笔者注）说，我是在十字街头的塔里。"这表明了他不赞成"出了象牙之塔，往十字街头"的态度。周作人进一步说明称："只是在现今中国这种态度最不上算，大众看见塔，便说这是智识阶级（就有罪），绅士商贾见塔在路边，便说这是党人（应取缔）。不过这也没有什么妨害，还是如水竹村人所说'听其自然'，不去管它好罢，反正这些闲话都靠不住也不会久的。老实说，这塔与街本来并非不相干的东西，不问世事而缩入塔里原即是对于街头的反动，出在街头说道工作的人也仍有他们的塔，因为他们自有其与大众乖戾的理想。总之只有预备跟着街头的群众去瞎撞胡混，不想依着自己的意见说一两句话的人，才真是没有他的塔。所以我这塔也不只是我一个人有，不过这个名称是由我替它所取的罢了。"④厨川白村"象牙之塔"与"十字街头"这对矛盾，自鲁迅译介到中国以后便产生了语义的转化。周作人发表《十字街头的塔》以后，鲁迅更加意识到这种转化带来的结果。⑤

---

① 鲁迅：《出了象牙之塔》"后记"，载《鲁迅译文集》（第三卷），人民文学出版社1958年版，第280页。
② 参见鲁迅《出了象牙之塔》"后记"，载《鲁迅译文集》（第三卷），人民文学出版社1958年版，第281页。
③ 参见鲁迅《出了象牙之塔》"后记"，载《鲁迅译文集》（第三卷），人民文学出版社1958年版，第282—283页。
④ 开明（周作人）：《十字街头的塔》，《语丝》1925年第15期。
⑤ 参见陈方竞《日本文化取向：鲁迅、周作人新文化倡导"差异"的形成与表现》，《现代中文学刊》2009年第1期。

周作人要在"象牙之塔"和"十字街头"之间造一座"十字街头的塔",这也对应着其自诩兼有的"叛徒与隐士"双重人格。周作人称:"贝尔特堡(Isaac Goldberg)批评蔼理斯(Havelock Ellis),说在他里面有一个叛徒与一个隐士,这句话说得最妙:并不是我想援蔼理斯以自重,我希望在我的趣味之文里也还有叛徒活着。我毫不踌躇地将这册小集同样地荐于中国现代的叛徒与隐士们之前。"①"叛徒与隐士"包含着一种矛盾、彷徨、纠结二重困境:对于传统文化,周作人是主张变革的"叛徒";要献身于全然截断传统、分裂秩序的革命,又是周作人所做不到的,因此只能做"隐士"。②厨川白村认为,文学应作人生的批评而增加与社会的接触,日本的文坛不应在浅薄的享乐中安住下去。③这简直就是鲁迅要对周作人说的话。

对"象牙之塔"和"十字街头"的纠结不仅出现在周作人中。例如与鲁迅关系密切的荆有麟曾于1925年在《莽原》上发表《走向十字街头》,他表达了一种走向十字街头后的失望:"倘若他们中间有被什么强有力者,压迫或宰杀的时候,他们都围在一傍拍手大笑,以表示被压迫或被宰杀者是应该的,而且他们自己是强有力者的一伙。有时候他们都钻进牢笼,过那可怜可惨的生活。若有同情于他们而去营救时,他们总要互相冷笑着说:'这是个傻子!'"④荆有麟表达出一种知识分子走向十字街头以后格格不入、不被街中的民众所理解的困惑。1926年,叶灵凤与潘汉年合编《幻洲》杂志,也是"象牙之塔"和"十字街头"这对矛盾的混合体——刊物分为两部分,上半部分称作"象牙之塔",由叶灵凤主编,下半部分称作"十字街头",由潘汉年主编。叶灵凤的诗《象牙塔中》是《幻洲》"不是宣言的宣言",这篇天马行空的文字表达着一种唯美主义的主张;而潘汉年在《幻洲》创刊号上《徘徊十字街头》则表示:"现在我要来提倡一种'街头哲学',现在想从事搜集'街头'材料,假如你认为这种哲学有提倡的必要呢,请你也常到十

---

① 起明(周作人):《随感录:十八 泽泻集序》,《语丝》1927年8月20日第145期。
② 参见胡伟希、高瑞泉、张利民《十字街头与塔——中国近代自由主义思潮研究》,上海人民出版社1991年版,第259页。
③ 参见[日]厨川白村《现代文学之主潮》,鲁迅译,载《鲁迅译文集》(第三卷),人民文学出版社1958年版,第238—244页。
④ 有麟:《走向十字街头》,《莽原》1925年4月24日第1期。

字街头来徘徊，徘徊！"[①]1927年，朱光潜在给青年的信中有《谈十字街头》，也是源自厨川白村的两部小说，他认为"十字街头"有两种意义：一是近世学问和文艺趋向写实，提倡与现实生活接触，把学问从天上搬到地下；二是学术需普及于民众，流布人间、雅俗共赏。这是"十字街头"的基本理解。朱光潜更强调的是，学问出了象牙塔以后要警惕流俗化，他提醒青年"要时时戒备十字街头的危险，要时时回首瞻顾象牙之塔"，"我们要自由伸张自我，不要汩没在十字街头底影响里去"。[②]这依然反映出，从象牙塔中走出来的知识分子对于十字街头依然存在着隔阂。

以上种种反映出，20世纪20年代中后期的中国知识分子都不能漠视"象牙之塔"和"十字街头"的对立，但是他们走出"塔"和走入"街"的尝试并不算成功，不是回避或失望，就是心存警惕与纠结。

林风眠在1957年回顾1927年的北京艺术大会时表示，这次大会是艺术大众化的表现，言语间林风眠表达了与鲁迅的贴近，对倾向于自由主义的现代评论派的疏远。[③]换言之，1957年的林风眠认为1927年的自己是出了"象牙之塔"且走入了"十字街头"。

然而1927年的情况与1957年的讲述似乎并不一致，此时的林风眠虽也言必称"社会艺术化"，但"为艺术而艺术"的理想并不是全然被丢弃。这一年，林风眠已经自法国归来任北京艺专校长一年余，并觉得在北京举办艺术沙龙的时机到了。经过这一年多的经营，艺专里形成了热闹的艺术空气。林风眠仿照法国沙龙的办法，举办以"集中艺术力量，实行整个的艺术运动"为目的的北京艺术大会。[④]

北京艺术大会前后，林风眠的思想与文艺界对"象牙之塔"和"十字街头"的纠结是惊人地契合的。如果说周作人要在十字街头造一座塔，林风眠则是在艺术的象牙塔中想象十字街头，未曾"出了象牙之塔"，也未曾真正

[①] 潘汉年：《徘徊十字街头》，《幻洲》1926年第1卷第1期。
[②] 朱孟实：《谈十字街头：给一个中学生的十二封信之五》，《一般》1927年第2卷第3期。
[③] 参见李树声《访问林风眠的笔记》，《美术》1990年第2期。
[④] 参见《林风眠等发起北京艺术大会——北京国立艺术专门学校寄来的稿件》，《艺术界》1927年第16期。

"走向十字街头";林风眠踌躇满志地要实现"社会艺术化",却失望地发现"参观的群众哩,太可怜了,在留言簿上,稀里糊涂,不知瞎画些什么"。①这种失望跟荆有麟走向十字街头后的失望是类似的;而林风眠在《艺术的艺术与社会的艺术》中流露出的对艺术庸俗化的警惕,又与朱光潜的《谈十字街头》是一致的。

1927年的林风眠,怀揣着艺术理想希望走向民间,但十字街头的现实却让林风眠在北京艺术大会后倍感受挫。②

二、锋芒毕露的"十字街头"标语与风中飘摇的"象牙之塔"

在北京艺专1927年举办的"北京艺术大会"上,除纷繁丰富的绘画展览、音乐演奏和戏剧表演以外,当以一组态度鲜明、语气强烈的标语"艺术大会之使命"最受瞩目。这种瞩目不仅来自参观者,包括知识阶层和大众阶层,更来自当时北京的当权者。

这组标语醒目地印在1927年5月25日出版的《海灯·北京春季艺术大会特刊》封底,此前也作为标语张贴于艺专校内各处,并通过报刊广为流传。(图1)此标语由何人执笔,如今无史料可查,只能最低限度地知道,林风眠是认可这个标语的。再观北京艺术大会前一个月,《晨报》1927年4月11日刊登了北京艺专学生团体形艺社的《形艺社展览会宣言》。该宣言称:"我

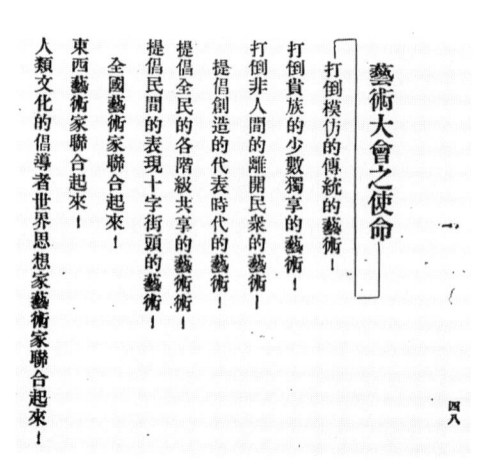

图1 1927年5月25日《海灯·北京春季艺术大会特刊》封底的《艺术大会之使命》

---

① 林风眠:《艺术大会的使命——在北京艺术大会上的演辞(1927)》,载林风眠著,朱朴主编《林风眠全集4.文集》,中国青年出版社2014年版,第15页。
② 参见杭春晓《林风眠的"困境"——一位精英主义者的理想与现实(上)》,《新美术》2021年第3期。

们要打倒一切传统艺术，我们要打倒一切为阶级而制作的艺术，我们要打倒非人间所谓为艺术而艺术的艺术，我们要使艺术深入人心，不是与人无关的天上的东西。我们各人有了以上志向，我们为集中势力，我们为运动扩大，我们为相互督促研究，所以我们有了形艺社联合组织。形艺社与民众接触的地方很多，然而最普遍的方法，莫过于展览会，我们形艺社为接近人间，深入人间，使民众真正知道伟大的艺术并不是鬼世界的艺术，虽然我们组织不久，没有惊人的业绩，也要举行展览会，不断地给社会上最多数看不见艺术的人一种认识的机会。民众！欢迎！欢迎你们来！"[1] 或许从中就能发现"艺术大会之使命"标语的来源。形艺社为艺专学生所组织。本着"师生合作、共同研究"的精神，校长林风眠、教务总长王代之、教务长黄怀英等均加入该社。[2] 从《形艺社展览会宣言》可以清晰地看到，"艺术大会之使命"标语便是脱胎于此。[3]

"艺术大会之使命"这组左翼色彩浓厚的标语出现在1927年，确实足以触目，这也预示着此次艺术大会无法逃脱被压制的命运。

北京艺术大会后，北洋政府最后一任教育总长刘哲甫一上任便实施了"国立九校改组"，北京艺专成为"国立京师大学校"的"美术专门部"。林风眠被排挤在"美术专门部"之外。自九校改组以来，刘哲收到对林风眠具名、匿名攻击信不下百余封。当中署名"艺专全体学生"的匿名信，集中攻击北京艺术大会、北京艺专与林风眠的方方面面，"艺专借艺术大会宣传赤化"的指控，尤其刺痛刘哲的神经。1927年9月2日，林风眠应刘哲之召赴教育部解析误会，复旦社记者记录了对话详情，翌日登载于《晨报》。林风眠对于以上指控解释称："应以证据为主，艺专艺术大会之组织，编登报纸，实系以促进艺术进步为主（林当交出各报登艺术大会新闻稿册请刘查阅）。"[4]

---

[1] 《形艺社展览会宣言（1927）》，载朱朴编著《林风眠全集5. 年谱》，中国青年出版社2014年版，第71页。
[2] 参见《形艺社后天开会　艺专学生所组织　林风眠等均加入》，《晨报》1927年3月1日。
[3] 参见雷浩《艺专校长林风眠的"角色"分析——以"北京艺术大会"为中心的考察》，硕士学位论文，中国艺术研究院，2021，第23—24页。
[4] 林风眠：《林风眠与北洋政府教育总长刘哲谈话》，载《林风眠长短录》，中国青年出版社2014年，第293页。

林风眠向刘哲语"促进艺术进步",套用鲁迅在《〈出了象牙之塔〉后记》的话来说,可谓"对牛弹琴"①。因为刘哲关心的不是艺术的进步与否,而是"打倒"一词带来的"负面"效应。当局对艺专"赤化"的嫌疑,也是源自此宣扬"打倒"的标语,并曾派员撕去。在刘哲与林风眠的谈话中,所谓"艺专实行公妻""林风眠卷款潜逃"甚至"林风眠为蔡元培、李石曾死党"等都不能成为林风眠被刘哲抓住的痛脚。唯独对此标语,刘哲可以理直气壮地大加斥责。刘哲认为在校园出现"打倒"标语是"下等社会"的行为,"使青年脑筋中弥布此阵打倒不合作之刺激名词,必收不良之结果"。在保守的刘哲的观念中,既然艺术上的主张是打倒传统、贵族、非人间,推而广之社会他事亦无不可打倒。②这对刚上任不久的张作霖政权来说,无疑是一种潜在的威胁。

　　《晨报》的记录没有直接提及刘哲质问林风眠北京艺专包庇共产党一事,林风眠1957年5月10日在上海回忆此事时表示,刘哲质问他为何艺专内出现共产党,时间也在张作霖当权、李大钊牺牲前后,因而变得特别敏感。受到这种压力以后,林风眠感觉到北京已经不能久留,因而南下投靠蔡元培。③

　　这就不难理解,为何北京艺术大会上激进的标语会让北洋当局将其与"宣传赤化"联系在一起:如标语中"人类文化的倡导者世界思想家艺术家联合起来!"这样的话语方式,很容易让北洋当局与《共产党宣言》中"全世界无产者,联合起来!"等表述产生关联性的想象。

　　事实上,在1927年4月28日与李大钊共同殉难的烈士中,谭祖尧和方伯务是北京艺专的学生与教师。牺牲于1926年"三一八"惨案的姚宗贤,也是李大钊追随者中的艺专学生。④这些事件让1927年5月至6月举行的北京艺术大会蒙上了艺术以外的政治阴影。

---

① 鲁迅:《出了象牙之塔》"后记",载《鲁迅译文集》(第三卷),人民文学出版社1958年版,第281页。
② 参见林风眠《林风眠与北洋政府教育总长刘哲谈话》,载《林风眠长短录》,中国青年出版社2014年版,第294页。
③ 参见李树声《访问林风眠的笔记》,《美术》1990年第2期。
④ 参见王工《北洋政府时期国立北京艺专三烈士考》,《美术研究》2001年第4期。

三、标语背后：象牙塔中的"十字街头"

在一片"打倒"的口号与标语下，北京艺术大会难逃"有赤化之嫌"，引起北洋政府的注意。但事实上，北京艺术大会创始人和参与者对于"艺术与社会"的观点与左翼美术有相当大的差距，甚至是南辕北辙的。因而需要厘清的问题是，在这些看似激进，激进得让张作霖政府忌惮的口号背后，北京艺术大会的组织者的真正主张是什么？

实际上，标语中诸如"打倒""提倡""联合"等表达方式，以及反传统、反贵族、提倡走进民间表现十字街头等倾向，与陈独秀在《文学革命论》提出的所谓"文学革命军三大主义"，即"曰推倒雕琢的、阿谀的贵族文学，建设平易的、抒情的国民文学；曰推倒陈腐的、铺张的古典文学，建设新鲜的、立诚的写实文学；曰推倒迂晦的、艰涩的山林文学，建设明了的、通俗的社会文学"[1]，无论从精神的内涵到话语的形式都有契合之处。林风眠等艺术运动主张者对"运动"语义的理解也源自新文化运动。能称之为"运动"者，必定聚合一定体量的社群力量，动员了相当一部分群众参与其中。与此同时，运动的过程中也有从精英阶层向平民阶层扩散的趋势，艺术运动的引领者有启民众艺术审美之蒙的愿望。

将主张革新的艺术运动与新文化运动中的文学革命运动对标，是以蔡元培、林风眠为代表的美育倡导者的夙愿。但目睹陈独秀、胡适等人以摧枯拉朽之势确立了白话文运动的成就之时，艺术运动参与者明显感到艺术发展的落伍。蔡元培在1919年就呼吁"文化运动不要忘了美育"。为此，蔡氏勾勒出一幅艺术实践（包括美术、音乐、工艺、表演等）与艺术理论（包括文学、美学、美术史、音乐理论等）并举、艺术专业化（如讲座与研究所）与艺术大众化（如美术馆、博物院、剧院）并重，各种艺术媒介共同发展的理想图景。[2] 蔡元培此言论发表八年后，1927年北京艺术大会"实行整个的艺术运动，促进社会艺术化"的主张，本质上也呼应着蔡元培上述美育发展的图景。

---

[1] 陈独秀：《文学革命论》，《新青年》1917年第2卷第6号。
[2] 参见蔡元培《文化运动不要忘了美育》，《晨报副镌》1919年12月1日。

陈独秀在1920年谈"新文化运动是什么？"时再次提及蔡元培的"文化运动不要忘了美育"，中国若缺乏美术，将成为社会最致命的伤，种种干枯、没有趣味的东西无法引起人的最高情感。他还认为，中国若缺乏知识，仍可以向西方借；缺乏美术，则非得由中国人自己创造不可。① 蔡元培在1924年11月至1926年2月欧游期间遇到林风眠。在蔡元培眼中，此君正是陈独秀所言"可创造中国自己的美术"之中国人，是可以具体践行其美育理想的艺术家。

林风眠留法期间，曾参与霍普斯会1924年5月21日于斯特拉斯堡（"Strasbourg"当时译作"史太师埠"）举行的中国美术展览会。其后，以"画最多，而最富于创造之价值。不独中国人士望而重之，即外国美术批评家亦称赏不置"，获媒体称"中国留学美术者之第一人"。② 蔡元培所言"有吸收欧化之能力""有结合新旧之天才"③ 的佼佼者，亦非林风眠莫属。于是1926年年初，25岁的林风眠自法国归中国，受蔡元培之命任北京国立艺术专门学校校长。

霍普斯会在欧洲的艺术运动实践仅仅是一场热身，一定程度上起到了向世界介绍中国艺术的作用，但其影响力也仅限于留欧艺术圈子，充其量得到来自国内洋画界的遥相支援。④ 随着霍普斯会的主要成员纷纷回国，艺术运动的主战场也从欧洲转移到国内。北京艺术大会不同于斯特拉斯堡展览的重要一点是，组织者希望把这次展览办成一次真正动员起社会参与的艺术运动。等待着林风眠等人的，与其说是一场艺术运动，不如说是一场艺术战争。艺术运动的理论转化成激进的标语后，等待他们的是北洋当局的重拳。

与其说上述激进的"打倒""提倡""联合"等标语代表着北京艺术大会组织者的主张，不如说温和的艺术大会宗旨"实行整个的艺术运动，促进社会艺术

---

① 参见陈独秀《新文化运动是什么？》，《新青年》1920年第7卷第5号至第6号。
② 李凤：《旅欧华人第一次举行中国美术展览大会之盛况》，《东方杂志》1924年第21卷第16号。
③ 蔡元培：《〈史太师埠中国美术展览会〉序》，李凤：《旅欧华人第一次举行中国美术展览大会之盛况》，《东方杂志》1924年第21卷第16号。
④ 自欧抵沪之王代之报告了海外艺术界现状，公推刘海粟为主席，于上海设立霍普斯会的分办事处，筹备第二届海外中国美术展览会。参见《国内外美术界之协进　筹办海外中国美术展览会　上海设分办事处》，《申报》1924年12月2日。

化"①更能体现他们的追求。"整个的艺术运动"几个字也被粉刷至艺专的二门上,而非作为粘贴的标语出现,林风眠等人在这标语下合影,更可见他们对此的认同,尽管二者是同一语义的两种不同的表达。(图2)

"社会"与"整个"是此次艺术大会常并置出现的两个语汇。不仅艺术大会的宗旨"实行整个的艺术运动,促进社会艺术化"如此,就连北京艺专学生会出版的两本刊物——《十字街头》与《整个》②——亦包含了"社会"与"整个"两层含义。在艺术大会的组织者和参与者看来,何为"社会艺术化"？何为"整个"？

图2 林风眠(右二)、王代之(左一)、杨适生(左二)在北京艺专二门。图片来源:《晨报·星期画报》1927年第2卷第84号

(一)何为"社会艺术化"？

林风眠在1927年5月22日的《晨报·星期画报》上发表的《艺术的艺术与社会的艺术》,表达了他对"艺术与社会"关系的态度。林风眠追求的"社会艺术化"与左翼艺术活动所追求的普罗艺术可以说有着本质上的差异性。对于艺术究竟是"为艺术的艺术"还是"为社会的艺术"的争论,林风眠表达为"两者并不相冲突","倡艺术为艺术者,是艺术家的言论,'社会的艺术'者,是批评家的言论"。③这是一种言语策略,林风眠的话看上去是调和论,实质上是在迂回中坚持"为艺术的艺术",因为其本质上是艺术家而非批评家。此外,在文中林风眠态度再鲜明不过地反对托尔斯泰那种以大众好恶作为艺术好坏评判标准的观点——"如果

---

① 《林风眠等发起北京艺术大会——北京国立艺术专门学校寄来的稿件》,《艺术界》1927年第16期。
② 参见《林风眠等发起北京艺术大会:北京国立艺术专门学校寄来的稿件》,《艺术界》1927年第16期。
③ 林风眠:《艺术的艺术与社会的艺术》,《晨报·星期画报》1927年5月22日第85号。

是这样，艺术家将变为多数人的奴隶，而消失其性格与情绪之表现。"①

值得注意的是，林风眠观念中"反对以大众好恶作为艺术好坏评判标准"并不等同于"艺术不表现民间"。他认为艺术创作的原初目的归于艺术家的内心，但表达的对象可以而且应当走向民间，这样才能达到"社会艺术化"。林风眠参展北京艺术大会的作品，便题为《民间》。林风眠在1957年对前来采访的李树声表示："我的作品《北京街头》（又名《民间》）是当时的代表作，我已经走向街头描绘劳动人民。"②

邓以蛰曾对林风眠的绘画风格有入木三分的剖析，认为他的画属于"理想派"，赞赏他富于创造力。③但在"民众艺术观"方面，邓以蛰却与林风眠有区别。邓以蛰发表于《现代评论》的《民众的艺术（为北京艺术大会作）》一开头就表示："所谓民众的艺术，是指民众创造的艺术呢？还是为民众创造的艺术？"邓以蛰认为，中国当时的艺术只是艺术家的艺术，不是民众的艺术，因为它只是"用艺术的眼光"来评判的"为艺术的艺术"，曲高和寡、孤芳自赏，很难打动民众的情感。邓以蛰的观点是："为艺术而有艺术的艺术只是艺术家同鉴赏家的艺术；民众的艺术，必得民众自己创造的，给民众自己受用的才是呢。"④

显然，对于其自己提出的民众的艺术是"民众创造的艺术"还是"为民众创造的艺术"之问，邓氏倾向于认同前者。但林风眠对二者皆不认同：他的"社会艺术化"的主张是艺术家自上而下去提高全社会对艺术的接受水平——尽管在当时的情况下是一厢情愿——而不希望艺术被多数人的意见绑架而流于庸俗。林风眠认为艺术家的创作应该处于先导的地位，艺术的社会功用，只在艺术生产之后发生，在艺术生产之前和之时，艺术家不必过虑这个问题。艺术家的情感体验和艺术创作是个人化的，超个人的"为社会"会使艺术走向庸俗。林风眠此时的"为艺术"优先于"为社会"，甚至可以说，"为社会"不过是为艺术的"额外产出"。

"人生"和"民众"是林风眠在有关北京艺术大会的话语中反复提起的词汇。

---

① 林风眠:《艺术的艺术与社会的艺术》,《晨报·星期画报》1927年5月22日第85号。
② 李树声:《访问林风眠的笔记》,《美术》1990年第2期。
③ 参见邓以蛰《从林风眠的画论到中西画的区别》,《现代评论》1926年第3卷第67期。
④ 邓以蛰:《民众的艺术（为北京艺术大会作）》,《现代评论》1927年第6卷第131期。

例如他在北京艺术大会上的演辞提到：

> 春季艺术大会，在这死沉沉的北京市上出现，真是不容易的事。民众对艺术的观念，现在差不多还在水平线以下，艺术是人生的，根本上，一般人就不知有所谓"人生"也者……我们这次所选的两片漫画一片是《刷新人生》，一片是《向民间去》这两片小画，简直可以抵艺术大会的一篇宣言，却也可以代表我们，做一篇发刊辞哩！①

作为当时的艺术领袖，林风眠期待引领一场艺术上的启蒙运动，起开启民众审美自觉的作用。但民众在艺术大会上的表现又让林风眠觉得失望。究其原因，是艺术未能"向民间去"普及，民众的人生未能为艺术所"刷新"。

《海灯·北京春季艺术大会特刊》中有《艺术与民众》一文，作者为即将毕业于北京艺专西画系的刘开渠。他在该文中从北京艺术大会出发，讨论了"艺术与民众"关系：

> 把艺术给予民众的唯一方法，就是艺术大会。所以艺术大会在研究艺术的人是绝对不容忽视的。
>
> 民众对于艺术的认识是很浅的，他们所以没有鉴赏艺术的能力的原因，也是以前研究艺术者的过。因为他们每出一件作品都送往特殊人的手里或私藏起来，而不知公之予民众。民众向来没有这种素养，当然不能认识艺术。现在研究艺术的人不应该再当一个少数人的消遣品的奴隶者；应该做一位为全人类的伟大创造家。②

刘开渠当时秉持的理念是，艺术对民众起着启蒙与教化的作用。这是对新文化运动开启民智理想的延续，也是林风眠所一贯主张的。此外，刘开渠所言

---

① 林风眠：《艺术大会的使命——在北京艺术大会上的演辞（1927）》，载林风眠著，朱朴主编《林风眠全集4.文集》，中国青年出版社2014年版，第15页。
② 刘开渠：《艺术与民众》，《海灯·北京春季艺术大会特刊》1927年5月25日第1期。

"研究艺术的人不应该再当一个少数人的消遣品的奴隶者"与前文林风眠所言警惕"艺术家将变为多数人的奴隶,而消失其性格与情绪之表现"看似矛盾,实际上是一致的。刘氏强调的是艺术的受众不应是少数人,这样才能实现社会艺术化,林氏则强调艺术的创作主体的自主性,避免艺术走向庸俗化。

(二)何为"整个"?

北京艺术大会除邀请北京艺专美学教授、北大哲学教授邓以蛰外,还特意邀请北大教授丁西林、张仲述、杨振声及陈源、凌叔华夫妇前来参加茶话会。这封由林风眠执笔的邀请信这样阐述"整个":

> 艺术大会,便是负了推动艺术前进的责任的,整个艺术界的同志们,艺术运动,不是一人、一校、一国、一地的艺术运动,而是全世界、全人类文化运动的一部分。所以艺术大会也不是任何人所能私有的,而是全人类、全世界、全中国的工作之一。①

其对应的是大会使命号召"全国艺术家""东西艺术家""人类文化的倡导者""世界思想家艺术家"联合起来。当然,这只是理想的状态。《海灯·北京春季艺术大会特刊》有杨适生的《整个的艺术运动》一文,这篇文章是杨氏对北京艺术大会不足之处的反思。他对艺术大会使命的理解是"集中艺术界的力量,实行整个的艺术运动","所谓'整个的'包括时间的空间的艺术而言。艺术大会网罗各派性质不同画风不同作品在二千幅以上,为北京空前未有的展览会。在展览期间并举行各种有价值之音乐戏剧演奏。这样整个的艺术运动,目的就在引起民众欣赏艺术的兴趣,一面还可以做些改良艺术本身的工作。而所谓'集中',不仅是艺术作品种类的集中,更是有创作精神的画风的集中"。不过,北京艺术大会在"集中"方面的呈现与组织者的设想则相去甚远,因为法国沙龙的作品审查机制在1927年的北京艺术界水土不服,抛弃"画风集中"而采取克

---

① 林风眠:《北京艺术大会——附:北京艺术大会座谈会邀请信》,载《林风眠长短录》,中国青年出版社2014年版,第292页。

罗多建议的"混合陈列",也是无奈的妥协之举。总而言之,在杨氏看来,北京艺术大会所"打倒的""提倡的""联合的",都因为散漫无纪律,终究导致上述主张不能贯彻。①

如果说林风眠的邀请信是从艺术参与者的视角来定义"整个",杨适生则是在艺术内部定义"整个"。无论是林风眠还是杨适生,抑或是勾勒出"整个"美育发展图景的蔡元培,都寄望中国艺术从里到外能有一整个天翻地覆的变革。

四、结语:如何解"十字街头"之困?仍向塔中寻

北京艺术大会是林风眠归自法国以后,在象牙塔中试图接近十字街头的一次实验。可惜在激进的口号式的标语之下,难以掩盖此"十字街头"不过是理想主义者的想象。相较于周作人的"塔"还是实实在在地建在十字街头上的话,林风眠的"十字街头"则是塔上空中楼阁式的虚浮理念。

林风眠失望地离开北京后,写下《致全国艺术界书》。此文发表于1927年其辞去北京艺专校长之职,赴南京任国民政府大学院艺术教育委员会委员期间。这是林风眠回国后篇幅最长的言论。

1936年,林风眠出版《艺术丛论》作自序时回顾这篇文章,称"现在看起来,那'大声疾呼'诚然不免有些稚气;而发出那'大声疾呼'来的心情也有些儿可怜;然而,须知道,那时绝不是像现在这样情形啊!"②林风眠认为1935年到1936年前后,艺术的处境是可喜的,1927年则是可痛的。称前者"可喜",有多少言而由衷的成分?这是一个可以另文阐述的问题。然而1927年的"可痛",却是真切的。刚刚有些许复兴希望的艺术运动之曙光,被不期而来的横逆扑灭,"这是艺术运动中多么可悲的事啊!"在1927年10月发表的《致全国艺术界书》中,林风眠流露出社会艺术化被现实政治无情摧残的悲愤。

---

① 参见杨适生《整个的艺术运动》,《海灯·北京春季艺术大会特刊》1927年5月25日第1期。
② 林风眠:《〈艺术丛论〉自序》,载林风眠著,朱朴主编《林风眠全集4.文集》,中国青年出版社2014年版,第112页。

从蔡、陈二氏在1919年至1920年便反复强调"文化运动不要忘了美育",到十余年后林风眠以及其他艺术运动倡导者反复表达"新文化运动之中,艺术是占着最末一把交椅的……亦万不及其他政治社会运动之澎湃而促人之注意"[1]。艺术运动——或更具体而言以林风眠为中心人物的中国现代艺术运动——在新文化运动中并没有达到白话文运动那般的高峰,对社会的影响也收效甚微。

林风眠对艺术"到底被五四运动忘掉了"的现状感到失望,更感到"人心破裂"。这种破裂既源自北洋政府整肃北京艺专和北京艺术大会的悲愤,又源自对艺术界同行之间互相倾轧的痛心,以及民众对艺术运动一无所知的失望。

充满理想主义的林风眠把"人心破裂""失去人类原有的同情心""冷酷残忍自私"的终极原因归于艺术的缺席,认为中国当下的社会困境是艺术运动不够彻底导致的。改变此现状,出路仍然是社会的艺术化,"这不是别的影响,全是艺术不兴的影响,补偏救弊亦在于当今的艺术家!"[2]

此后,林风眠再造一座象牙之塔,在杭州国立艺术院继续开展艺术运动,探寻着社会艺术化的出路。

项目说明

本文为2020年度国家社科基金艺术学重点项目"中国现代革命题材美术作品研究"(项目批准号:20AF007)的阶段性研究成果。

---

[1]《艺术运动社宣言》,《亚波罗》1929年第8期。
[2] 林风眠:《致全国艺术界书》,《贡献》1928年第5期。

从"运动"到"展览"
——"北京艺术大会"与林风眠角色分析

雷 浩*

摘 要: 20世纪20年代,民国教育部门与各高校之间几乎处于无休止的尊重与合作、抵制与冲突的相互交织、转化的过程中。作为高校与政府"中间人"的校长,不仅要完成其教育工作,同时还要有效地调节教育部与高校自身文化网络之间的权力制衡与利益冲突。因此,当深入林风眠在国立北京艺术专门学校(简称"北京艺专")掌校期间的具体历史事件,往往会发现,后世所认定的作为教育家的林风眠,其教育行为的实施很难作为其自身教育思想的体现,而是在庞大的政治、文化网络中的一种"折中"行为。本文即以此种视角展开,以"北京艺术大会"为切入点,试图在具体事件的表象之下深入历史话语形成的具体过程,发掘被遮蔽的另一种叙事。

一、艺术大会:图像背后的话语政治

历史的影像在某种程度上似乎以一种无差别的叙事记录着镜头前的人和事物,而影像也并非哑口无言,它就在那里成为历史的言说者,告诉我们,这里曾经如此,或者,这就是历史。从一幅影像出发,产生了许多后世精心写就的故事,这些故事与影像的内容时时刻刻在产生着互动与呼应,告诉我们这就是真实。朗西埃曾表示,在某种意义上,它们都是人工虚构之物,然而历史的吊

---

* 雷浩,中国艺术研究院博士研究生。

诡也正在于此，当一种历史虚构成为主宰一切的主流叙事之后，便会压抑其他话语的产生，使得我们远离真实的历史。[①] 面对一幅影像我们也很容易产生"主动在场"的观看心理，认为历史的可见性得以把握，然而忘却了这种可见性本身就凌驾于镜头外的"沉默"之上，只有被选择的对象能够诉说历史，而镜头之外并不具备意义的产生。

北京艺术大会期间林风眠的一张照片，是后世书写这段历史的一件重要"物证"。林风眠同王代之、杨适生等五人于北京艺专二校门前合影，背后是北京艺术大会的口号之一"整个的艺术运动"，该口号以艺术字体写成。这张照片适用于当下对于这场艺术运动的想象：留法归国的林风眠在其助手王代之及其他先进教授的支持下所发动的一场在近代美术教育史上意义重大的艺术运动。如同巴特所言："为世界着色总是否定世界的一种方法"，之所以说这是一种想象或者颇具神话色彩的叙事，并非指示这种叙事完全来自虚构，想象或者神话并非谎言，而是一种概念的自然化，是一种脱离历史逻辑而又过分正当化的叙事方式。[②] 这种话语在生产有关自身知识的同时抹去生产过程的痕迹，使得这种知识的目的性为真理性所掩盖。[③] 当关于一幅影像的认知充分迎合了来自后世的想象之后，那些在影像背后所逃逸掉的历史，在如今的学术研究中似乎更具有复杂的意义，这种意义更多的是历史认知模式而不仅仅是知识生产的层面。

关于这场运动的主题意义，在某种程度上并不属于本文的探讨范围，因为一场运动的发生，其意义并非在运动结束那一刻便凝定下来，相反，意义会不停地在时空转换之中与当时或后世，甚至与事件发生之前的文本产生互文效应，而意义也在多重文本的交织中不断生成。但是，放弃寻找这场运动对于近代美术教育史的某种主题意义并不代表这失去了论述的价值，相反，回到事件发生的历史之中，去探寻这场运动的一些结构意义，反而能够为我们今日理解民国美术教育或者美术教育家提供另一面向。

---

① 参见［法］雅克·朗西埃《历史的形象》，蓝江译，华东师范大学出版社2018年版，第7页。
② 参见［法］罗兰·巴特《神话修辞术》，屠友祥译，上海人民出版社2016年版，第113、160—162页。
③ 参见刘禾《语际书写：现代思想史写作批判纲要》，广西师范大学出版社2017年版，第98页。

回到这张照片，它在直觉上依然能给我们提供一种关于艺术运动的完整叙事：

> 1926年的北京艺术大会，在中国现代美术史上占有光辉的一页，是以林风眠为首的革新派向封建保守势力发动的一次重大战役，这件事使北京的民众为之轰动，全国艺术界为之振奋。由于这些运动触及了当时的统治者，使得军阀官僚怒不可遏，公然镇压。①

一种带有进步主义论调的叙事如同该影像的镜头一般，将北京艺术大会的意义充分地投射在林风眠及其支持者的身上，而这场充满革新精神的艺术运动，却因封建军阀的干预而被迫中止。在这种叙事之下，北京艺术大会的目的与意义得到充分的展现，那就是一种先进且自觉的艺术教育家对抗封建势力的一个光辉事迹。与影像的纯粹在场不同，来自后世的叙事逻辑围绕着一个绝对的主体展开，"创造"了一个具有等级制的叙事框架。在这个框架中，林风眠是这场运动的绝对主角，而他的支持者进行了协助，落后的封建势力作为反派，是导致这场运动谢幕的悲剧性力量。在许多类似的论述中我们都可以看到，对于历史事实的重建与价值的褒贬捆绑在一起，然而这种价值观念极易受到集体意向和个人好恶的影响，使历史屈从于当下。

无论从当时或当下的论述来看，关于北京艺术大会的主要论述都是集中在校长林风眠及其周围的主要人员。如果说这种想象中完全自足的历史主体值得怀疑，那么，蒋梦麟在回忆其担任北大校长的情况时颇具有提示性：

> 在那时候当大学校长真是伤透脑筋。政府只有偶然发点经费，往往一欠就是一两年。学生要求更多的行动自由，政府则要求维持秩序，严守纪律。出了事时，不论在校内校外，校长都得负责。发生游行、示威或暴动时，大家马上找到校长，不是要他阻止这一边，就是要他帮助那一边。②

---

① 肖峰：《林风眠——革命美术的先行者》，载林风眠百岁诞辰纪念画册文集编辑委员会编《林风眠与二十世纪中国美术——国际学术研讨会论文集》（上），中国美术学院出版社1999年版，第17页。
② 蒋梦麟：《西潮》，天津教育出版社2008年版，第126页。

北大与北京艺专同属于北京的国立九校[1]，在处理经费、学生问题与政治问题的时候九校往往开联席会议采取同一态度，让蒋梦麟"伤透脑筋"的各种问题在北伐之前的北京各高校都是普遍存在的，北京艺专也不例外。办学经费是学校正常运行的基础，而包括北京艺专在内的各国立高校在20世纪20年代几乎都完全处于办学经费严重不足的状态。[2] 1923年仍未更名的国立北京美专曾面临长达八个月的教职员薪水不能发放："学校积欠同人薪水，业经八月有余，同人枵腹从公，再难维持。"[3]

这一状况直至林风眠执掌艺专之后仍未有改变，在林风眠到任之前，艺专就已经面临经费枯竭的情况，由于无薪可发，只得靠教职员自愿来校指导学业。[4] 林风眠掌校之后，以经费不足为由被林辞退的数名职员，也曾公开发言："最低限度请林（风眠）王（代之）二人将欠薪发出，俾便另谋生计。"[5]

可见林风眠任期之内，学校经费也如同蒋梦麟在北大所面临的情况，甚至一度面临因学生欠缴学费导致学校无法维持最低办学费用的情况[6]，不得已经林风眠出面筹捐才得以维持办学[7]。

经费对于校长来说还并非无可筹措，更为两难之处也已为蒋梦麟所指出，那就是来自"五四"之后广泛激情的学生群体与教育部的双重压力。"五四"之后的学生群体无疑具有一种强烈的精英意识和反叛精神，在思想和行为上极易偏激，且经由"五四"自由、自决精神的洗礼，处处流露出教育自治的决心。然而"五四"后自由的空气却也丝毫不能减轻青年学子的苦闷，来自各地的学子踏

---

[1] 国立九校除北京大学与北京艺专外，还包括法政大学、工业大学、农业大学、医科大学、师范大学、女子师范大学、女子大学。国立九校于1927年8月经教育总长刘哲提议合并为京师大学校。

[2] 高校教育经费不足，并非仅仅由于政府忽视教育，而是来自政府全面的财政危机。由于地方势力的日益强大，中央的权力几近真空，表现在财政方面，地方政府拒缴甚至截留本属中央财政的部分，使得中央财政全面穷匮。参见杨天宏《革故鼎新：民国前期的法律与政治》，生活·读书·新知三联书店2018年版，第174—175、329—331页。

[3]《美专明天集议索薪，商议最后解决办法》，《晨报》1923年11月2日。

[4] 参见《艺专补救罢课办法，教员自动的指导补习》，《晨报》1926年2月26日。

[5]《艺专被辞职员与林王为难》，《晨报》1926年7月13日。

[6] 参见《艺专昨开校务会议议决五要案》，《益世报》1926年10月8日；《艺专亦准备开学，昨日校务会议议决五项》，《晨报》1926年10月8日。

[7] 参见《艺专今日开学，到校学生甚多》，《晨报》1926年10月18日。

出乡关进入校园，首先便面对着"知识空间跨越"①所带来的焦虑，因此，认同问题便显得尤为重要，这些青年系统性地对当时的社会结构感到不满，反而使得"五四"时期的个人倾向让位于集体行动，如学生会、研究会或其他社团，在这一时期均蓬勃发展。②北京各高校由北大、高师等率先成立"学生自治会"，自治的内容在"五四"之后不断扩大，包括改良课程、减轻学费、改良考试、校务公开、改良设备，甚至教职员之去留。教职员的地位大为改观：

> 由君亲师的师尊，降为兄弟般的朋友，由私塾般的压迫，进为平等的相处。甚或学生对于教职员求全责备，不稍留余地，教职员的去留全权，几尽握在学生手里。③

在这样一种迥然不同的师生关系面前是旧权威的倒塌，而"对抗"便成为风尚，甚至新的"道德"。在这样汹涌的学生风潮面前，校长也时常显得无能为力，甚至更易于受到冲击。在民国八年至民国十七年（1919—1928）的248次学生运动中，直接反对校长的多达99次，反对学校设施、经费问题、学校教职员以及教育当局的占104件，而出于爱国热情反对列强的政治事件所产生的运动占比不到10%。④

早在林风眠归国之前，北京艺专就已卷入学生风潮数年之久，以郑锦掌校时期的风潮为始，驱逐校长、占领校长室甚至学生与教职员之间的相互厮打，如舞台剧一般反复上演。⑤在频频爆发的冲突中，教育的制度性问题始终是学生与校长、教育当局发生冲突的关键因素，一切的旧权威在现代文明的合法性下均已失效，以学生为代表的知识分子则希望获得更大的自主空间，为的是在混乱的教育环境中保证自身的合法权益。而在20世纪20年代的中国，学生的

---

① ［美］叶文心：《民国知识人：历程与图谱》，生活·读书·新知三联书店2015年版，第59—60页。
② 参见［美］叶嘉炽《五四与学运》，载汪荣祖编《五四研究论文集》，台北联经出版事业公司1979年版，第44—45页。
③ 周钧：《学生自治与学校》，《学生杂志》1924年第11卷第4号。
④ 参见吕芳上《从学生运动到运动学生》，台北"中央研究院"近代史研究所1994年版，第22—23页。
⑤ 参见《美专学生与教职员打架，双方各有受伤》，《晨报》1924年1月8日；《美专风潮愈演愈大，少数学生之无理取闹》，《京报》1924年1月10日。

群体激情与社会现实之间激烈互动的后果无疑是双方的互相猜疑和忧惧:

> 学生们担心当局每次都会践踏他们的权利,而当局则害怕学生躲在权利话语的挡箭牌下进行破坏社会稳定的活动。①

而校长在两者的冲突之中,无疑至关重要。校长由教育部委任,由其赋予执掌校务的权力,自然也受教育部的管控,教育部对校长平息校内风潮尤为重视,即使是校长出于自身教育理念而稍有"破例",教育部也必须将其管控在自身权力的可支配范围内。在这样一个场域中,权力的运动从来不是单向的,其间充满了模糊性与偶然性所导致的与现实经验之间的张力,因此有效的论述也必须放入历史语境之中对三者加以讨论。因此,在这种视角下理解美术教育的展开并非易事,它并非完全由林风眠主导,但也并非全然来自学生诉求,而是在多个层面上往返于两者之间。

二、北京艺术大会的"想象"与"现实"

1927年5月11日,北京艺术大会在延期十日的情况下终于得以在北京艺专大礼堂开幕。此次展览活动规模宏大,分为美术展览、音乐演奏、戏剧表演等,由于在展览开始之前仍源源不断地收到来自各地所征集的展品,于是将原定10处的展览室扩充至16处,包括艺专大礼堂、美术陈列馆、会议室、教员休息室、通用教室、第一教室、第二教室、第三教室、内左教室、校长室,展出作品计有3000件以上。展览会场由艺术大会筹备委员林风眠、王代之、彭沛民、黄怀英、杨适生、张剑鄂、虞开锡、周逸等打理,按照法国教授克罗多的建议将作品混合陈列。此外还有音乐演奏、戏剧表演、公开演讲等活动,包括校内与外界个人与团体均有参加。上午9时大会举行开幕典礼,由王代之首唱校歌,继由主席宣读艺术大会标语:

---

① [美]魏定熙:《权力源自地位:北京大学、知识分子与中国政治文化,1898—1929》,张蒙译,江苏人民出版社2015年版,第97页。

打倒模仿的传统的艺术、打倒贵族的少数独享的艺术、提倡全民的各阶级共享的艺术、提倡民间的表现十字街头的艺术,全国艺术家联合起来,东西艺术家联合起来,人类文化的倡导者、世界思想艺术家联合起来!

次报告经过,及希望秋季艺术大会实现之事。报告毕,该校校长林风眠演讲《艺术大会的使命》。①

在北京艺术大会活动期间,丰富的展演无疑是民国时期艺术展览历史上的壮举,然而在另一层面上,对于北京艺术大会意义的追溯无疑超过了此次活动所包含的历史内容。今日研究往往受制于艺术大会诸多口号的影响,而忽略了在北京艺术大会的"理想"与"现实"之间的差异,以及此种差异形成的原因。此种差异,并非如后世论述中来自北洋军阀的压制与破坏而致其"夭折":

在民不聊生、苦难深重的旧中国,艺术大会最终夭折了,这是在20年代军阀统治下的中国必然的结局。②

若试图回历史的脉络,我们不难发现北京艺术大会期间的展览与演出均得到完整的呈现,甚至在北京艺术大会结束之后的一个多月里,各参与团体仍沉浸在艺术大会活跃的氛围中,如"漫社""青年俱乐部"等继续在北京艺专校园举行展演。③ 由此可见在艺术大会结束后的一段时间内,与会的各团体不仅未受到限制,反而受到来自艺术大会的鼓舞继续在艺专举办各种活动。

北京艺术大会可谓完满结束,然而后世的论述基于林风眠《致全国艺术界书》的历史性误读而认为艺术大会"夭折了"。艺术大会虽圆满举办,然而林风眠却因奉系军阀入主北京之后对北京教育界进行的一系列改革措施,被迫南下,并且需要站出来为艺专和北京艺术大会辩护。林风眠在南下后发表的《致全国艺术界书》中说道:

---

① 《艺术大会开幕盛况 艺专校景一新 观者甚为踊跃》,《晨报》1927年5月12日。
② 曹庆晖:《一位意气风发的青年——20年代的林风眠》,《中国美术》2018年第5期。
③ 参见《漫社昨开展览会 林风眠到场指导》,《晨报》1927年7月13日;《青年俱乐部第三次同乐大会》,《晨报》1927年7月21日。

> 然自北洋残余军阀盘据北京以后，蒙昧可怜的同胞们，为了不惯看人体模特儿，竟至伴同军阀走狗，把艺专诬蔑得无所不至；结果，只此星星一点艺术的国立教育机关，竟被他们蹂躏殆尽！①

林风眠谓"蹂躏殆尽"之所指并非艺术大会，而是在张作霖主政期间，教育总长刘哲借九校合并一事对于北京艺专和艺术大会的诋毁。刘哲借外界匿名信对于林风眠的指责，质问林风眠所组织之艺术大会"宣传赤化"、艺专校园实行公妻、林风眠携款潜逃等问题。②林风眠此后虽被迫南下，但在此视角上审视艺术大会的理想与现实，林风眠仍然认为北京艺术大会的意义依然达成了：

> 虽然仍有人在那里侮蔑艺术大会，在我个人，始终觉得这种方法是对的。就现在拉到一个在北京住过的人，问他怎么晓得北京国立艺术专门学校，他立刻回答你，说他曾看过他们的艺术大会！③

虽然此文本中有自我辩护的意味，但不可否认北京艺术大会的顺利举办是林风眠回国后在教育领域内的一次重要尝试，并在之后杭州的国立艺术院仍坚持这一路径。此外，对于林风眠与艺术大会的理解，仅仅依靠对叙事话语的辨别其实还未触碰到历史的"内核"，更重要的是深入话语形成和实践的过程中，去理解艺术大会在"理想"与"现实"之间的断裂。

北京艺专确定举办北京艺术大会的决议最早见于1926年11月22日的评议会上：

> 筹备大规模之春季艺术大会，内容分艺术展览，音乐演奏，戏剧表演，师生作品一律参加。④

---

① 林风眠：《致全国艺术界书》，《贡献》1928年第5期。
② 参见《刘哲昨与林风眠谈话 匿名信所攻击林者全已了解》，《晨报》1927年9月3日。
③ 林风眠：《致全国艺术界书》，《贡献》1928年第5期。
④ 《艺专评议会三项决议》，《晨报》1926年11月23日。

此时对于艺术大会的想法尚为模糊，仅初步确定了艺术大会的举办时间和展览内容。具体筹备应始于1927年3月：

> 艺术专校拟仿照法国先例，于本年春季开一艺术大会，已略志本报……该校校长林风眠在法国研究艺术有年，对于艺术抱有革新思想，故特仿照法国先例，于每年春秋二季，开一大规模之艺术展览大会，凡京内外无论个人与团体，对于艺术有作品者，均可送交该会审查，俾便届期陈列。前昨两日，林与该校各系主任及秘书等开会决议数项，决定即日积极进行。①

在这次艺专决议会上，确定了艺术大会的名称为"北京艺术大会"，宗旨为：

> 实行整个艺术展览，由比较而求进步，以为革新艺术之运动，提高民众倾向艺术之兴趣。②

活动的组织分为：征集、审查、宣传、指导、庶务、会计、文书、出版等股。征集作品包括：绘画展览、绘画雕刻、音乐演奏、剧曲表演。筹备员有林风眠、王代之、黄怀英、萧屋泉、凌文渊、李超士、克罗多、汪申伯、焦曾铭、萧友梅、杨仲子、熊佛西、杨适生等。作品的征集、审查日期为三月十五日至四月末，展览日期为五月一日至六月一日。此外在筹备员后特别声明："学生方面亦可推出若干人加入。"③

艺术大会的筹备流程在此时已基本确定，与正式举办除在日期上由于时局紧张的关系推迟至11日举办外④，其他并无出入。另一篇报道中关于北京艺术大会组织经过的描述为：

---

① 《艺术展览大会开始筹备》，《晨报》1927年3月9日。
② 《艺术展览大会开始筹备》，《晨报》1927年3月9日。
③ 《艺术展览大会开始筹备》，《晨报》1927年3月9日。
④ 参见《北京艺术大会，点缀上林风光》，《大公报（天津）》1927年5月12日。

系艺专校长林风眠及教授王代之等所发起,后经该校评议会通过,即组筹备委员会由教员与学生合作,筹备一切,分春秋两季举行。①

从北京艺术大会的宣言及其现实关怀来看,它与林风眠的"法国经验"并不切合,1925年的《中法大学·半月刊》曾刊登一则名为"霍普斯会之组织"的文章介绍其简章、宗旨及组织原则:

霍普斯会简章(附宣言):艺术界诸君!何以中国的艺术停滞了数千年,不进化也不变化?何以从来无人整理中国的艺术,使成为有统系的艺术?何以自介绍西洋艺术入中国以来,国人不特不能彻底了解他,而且不得其头绪,反致生误会?第一就是因为中国人喜定恶变,根本无历史的观念,根本违背进化的公例;第二就是因为中国人从来不重视艺术,而当作无聊时之消遣,或高兴时之游戏,永不明艺术与人类密切的关系;第三就是因为中国人介绍西洋艺术,毫不根据历史的次序,毫无统系,毫无连续一贯的精神,加之介绍者对于西洋艺术,皆无历史的研究,只能凭其一知半解零星枝节的介绍;所以至今中国艺术界,犹陷于混沌之境……

我们承认中国过去的艺术,是有他的特长,有不灭的精神,有历史上特殊的地位,有介绍给世界的价值,也是国民性过去的残花……我们总应该把学者态度,共同切实去研究他,根据历史的次序,切实整理他,使为有系统的历史的艺术……俾国人可以明白西洋艺术的自古至今之沿革,进化,和精神,可以辨别东西艺术根本同异之处,及优劣之点。并且可以从中择长舍短,以适合时代之趋势……若细索东西艺术界将来之趋势,我们要承认东西艺术有调和之可能……我们应当根据这共同的信仰,一面抱历史的观念,切实研究介绍和整理,一面随时代之倾向,和各人的个性,积极努力创造新的进化的艺术!我们毕生唯一之目的,便是如此!

我们希望艺术界诸君,明白我们的态度,赞成我们的宗旨,加入我们的团体,共同研究,共同介绍世界艺术,共同整理中国过去的艺术,共同贡献

---

① 《北京艺术大会,点缀上林风光》,《大公报(天津)》1927年5月12日。

新艺术于人类!

……

宗旨：以研究和介绍世界艺术，整理中国古代艺术，及创造新艺术为宗旨。①

有学者研究认为，该文很大程度上出自林风眠手笔，且显然该简章及宗旨的"精华版"即为林风眠日后为人所熟知的"调和"理念：

> 这篇宣言，虽然没有署名作者，但只要认真研读这篇宣言的具体内容，可以断定是林风眠所作无疑。证据有三：一、林风眠是这个社团的主要发起者和领导者，虽说刘既漂、林文铮两位也可能是作者，但刘既漂是研究工艺与建筑的，林文铮则是研究美术史与法国文学，没有文献证明此两人像林风眠这样在艺术思想上做过全盘的思考。二、更为直接的证据是1926年林风眠回国不久就于5月25日在全国思想界、学术界的重要刊物《东方杂志》上发表了《东西艺术之前途》（亦载《晨报副镌》1926年第57期）一文（此时刘既漂、林文铮都还没有回国），林风眠发表的《东西艺术之前途》恰似这篇宣言中重要思想的详细阐述。三、林风眠多次写文章批评国人对中西艺术的研究没有历史的观念，也强调艺术创作应该有民族性、时代性及个性等等。这些证据足以证明该宣言为林风眠所写。②

虽然"霍普斯会"的经验成为林风眠此后最为重要的艺术理念，然而在北京艺术大会中，我们却很难找到这种思想的延续。霍普斯会版的"宣言"理性且稳重，重在整理与建设，而艺术大会版的"宣言"热烈且冲动，意在打破与共享。前者仿佛学者式的考究，后者如同青年般的挑衅。无怪乎教育总长刘哲在九校合并的过程中因口号一事质问林风眠：

> 如前次艺术大会中打倒字样到处粘揭，此等字样用之于下等社会，促其

---

① 《霍普斯会之组织》，《中法大学·半月刊》1925年第2期。
② 彭飞：《林风眠与"霍普斯会"及"文艺通讯社"》，《美育学刊》2013年第4卷第1期。

易解，或可说得下去，若用之于学校之中，姑不论白话文应否废止，但青年脑筋中弥布此种打倒不合作之刺激名词，必收不良之结果。①

事实上，此次谈话中北京艺专与艺术大会的诸多"弊端"，如果说是在指责林风眠主持艺专的措施不当，不如说是侧面攻击的借口罢了。从"五四"到北伐之前的校园风气来看，学生团体动辄罢课抗议，甚至直接与教育部当局发生冲突都亦属常态，因此，刘哲不会不知，其所暗示之"不良之结果"本就是包括林风眠在内的每一位校长所忧惧的。之所以在九校合并之中如此"刁难"艺专，其实自有原因：

北京政府所历来想做而做不成的整顿学风这件大事业，现在居然办成功了。九校算是合并改组了，其实有许多部科还是依然故我，一点不受到影响，单是换了一块招牌罢了，其中最受整顿者只有北大文科与艺专。②

北大文科作为五四运动的领军者，使得学生群体的活动扩展至校外，成为反抗北洋军阀、寻求政治改革的先锋队。且此时的学生较之前更为激进和热切，在他们看来"救国"的途径不仅仅是理论讨论，更重要在于直接的整治行动，在运动中改造中国的社会和政治。此后形成了"五四"至北伐前夕几乎从未间断的学生风潮，时常对当政者造成冲击。除了学生运动方面的显性因素外，更为关键的是由于南北对峙中，蔡元培此时成为北方政权的攻击标的，与其关系密切的林风眠，此时刚好作为南北对峙之中政治权力排他性的攻击对象。因此，无论是与蔡元培关系密切的北大，还是蔡元培赏识的林风眠，都成为刘哲上任后"整治"的重点。政治角力隐蔽在教育话语之下，是一种隐形原因，而在当时，最为明显的莫过于学生问题。艺术大会那冲动而热烈的口号都提醒了我们，在此时的艺术教育背后，存在着一个拥有巨大能量且尚被美术史忽略的团体——学生。

---

① 《刘哲昨与林风眠谈话 匿名信所攻击林者全已了解》，《晨报》1927年9月3日。
② 右拉：《整顿学风之系统》，《语丝》1927年9月17日第149期。

此时的学生大多认为传统机械式的"传与教"为主体的教育是不符合时代需要的，而且学生群体自认有较多的知识和敏锐的观察力，富于理想性且有高度的热情，有了相同的诉求之后极易"集结成军"，造成声势。而在民国学生风潮中，作为直接面对学生群体的校长往往首当其冲，受到来自学生群体激情的冲击。[1]事实表明，取得学生信任的校长，不仅不会受到来自学生反抗潮流的冲击，而且由于学生群体的信任与依赖，即使被迫离校，学生也会大力挽留。如在北大"讲义风波"中愤然离校的蔡元培，签名挽留者达2000多人。而遭到反对的校长，往往由于其无专门学术、治校无方、任人唯亲、无高尚人格、思想腐败、行动野蛮等，成为学生攻击的标的。

林风眠得以顺利执掌北京艺专，很大程度上便是由于学生群体的承认，而且不难看出，在这次校长的选择中，学生群体较之教育部似乎更有发言权。在刘百昭免职后，艺专学生会高调发出公告：

> 请各班代表于上午十一时在礼堂开会，十一时各班代表均一致出席。讨论结果，仍议决本前次声张：（一）刘百昭去职，决不挽留。（二）继任校长，须精通艺术，并有声望，能将校内各系平衡发展，且又与前美专风潮未发生关系之人。（三）由学生会致函各教职员，请其以学校为重，不必加入校长问题之去留漩涡中。全体同学，正式投票票选校长。议决后遂宣告散会，闻该生等已拟定五人为当选人，由投票者在五人中任举其一均可，此五人均与前美专风潮无半点关系云。[2]

教育总长易培基在1926年3月20日谈及此事时亦明确表示：

> 身为教育长官，厄于定例，不能以明令行之，故委派校长一事，唯有暗中察视学生意志，以定人选，如农大、医大、艺专、俄大。[3]

---

[1] 参见吕芳上《从学生运动到运动学生》，台北"中央研究院"近代史研究所1994年版，第1323页。
[2] 《艺专生将票选校长》，《晨报》1926年1月26日。
[3] 《易培基之教育部务谈》，《民国日报》1926年3月20日。

因此，在王代之的代为宣传下，学生群体的支持使得林风眠在此次选举中成功晋级，方才获得被教育部任命的资格。因此，经此过程的林风眠不会不知，在艺专校园内，若无法取得学生群体的信任，不仅自己的教育理念无法得到施展，甚至连校长之职也难以维持。而在此视角下，学生的身影似乎在艺专的活动中从未消失，只是一直以来为我们所忽略。回到艺术大会的宣言我们会发现，此一宣言与林风眠的法国经验差异较大，实则直接来源于艺专学生组织之"形艺社"的宣言：

> 我们要打倒一切传统的艺术，我们要打倒一切为阶级而制作的艺术，我们要打倒非人间所谓为艺术而艺术的艺术，我们要创造新艺术，我们要建设为全人类的艺术，我们要使艺术深入人望，不是一种与人无关的天上的东西。我们各人有了以上的志向，我们为集中势力，我们为运动扩大，我们为相互督促研究，所以我们有了形艺社联合组织。形艺社与民众接触的地方很多，然而最普遍的方法，莫过于展览会，我们形艺社为接近人间，深入人间，使民众知道真正伟大的艺术，并不是鬼世界的玩艺。虽然我们组织了不久，没什么惊人的成绩，也要举行展览会，不断的给社会上最多数看不见艺术的人，一种认识的机会。民众！欢迎！欢迎你们来！[1]

我们可以看到，该文字几乎可以称为艺术大会宣言的底本，包括在语言的风格上，开头的三个"打倒"直接被艺术大会的宣言借用而去，在而后增加了"提倡创造的代表时代的艺术"以及艺术家联合的呼吁。形艺社成立于1926年年底[2]，以研究形象艺术为宗旨，会员包括北京艺专中国画、西洋画、图案画三系学生。从形艺社在该宣言中的表述中可以看出，该宣言应该直接出自学生手笔：

> 虽然我们组织了不久，没什么惊人的成绩，也要举行展览会，不断的给

---

[1]《形艺社展览会宣言》，《晨报》1927年4月11日。
[2]《晨报》1927年3月1日所载文章《形艺社后天开会》中写道："特发起组织一研究艺术之团体，定名为形艺社，成立至今，已届两月。"《大公报（天津）》1927年3月5日所载《艺专之形艺社大会记》中有"艺专同学去年所组织之形艺社"，可知该社应成立于1926年年底。

社会上最多数看不见艺术的人，一种认识的机会。①

这样热烈的"打倒"态势，出现在那样一个旧权威全面衰落、新权威尚未确立的时代，当青年人面对政治文化的失落以及国族的危机时，便是轻易愤慨，走向激进，学生运动也随之而起。而在这样一个过程中，一面是不合时宜的传统权威，故而需要打倒，一面是如何建立新的权威与秩序。学生群体面对固有势力的强权，其实并无太多优势，唯一的办法便是"走向民间"，争取和发生更大的力量。如"五四"之后的"六三""六四"和"五卅"，来自底层的工农团体都为学生运动增添了巨大的能量。如此反观在艺术大会宣言中"打倒"与"向民间去""表现民间"的话语，若归因于曾经身处法国的林风眠归国后迅速积累的现实经验显然并不恰当，而是直接来自学生团体的群体呼声，这种呼声在艺专内多个学生社团中都可直观看到。胡涂画会于1926年成立于北京，主要成员为胡蛮、高以俅、徐火、尚宗振等艺专内美术爱好者，由胡蛮任会长。②该会在展览上曾表示："胡涂画会去岁冬在西山成立……该会向以'创造新艺术，打破一切传统的画风与画派'为宗旨。"③

形艺社在1927年3月的展览上，更是直观地提出"接近民众"的目标与宗旨：

> 本年四月九日至十一日，为形艺社作品第一次展览之期，记者抽暇往观，视其宣言，似以"接近民众"为唯一之职志。④

"向民间去"的口号在20世纪初结合了社会主义的思潮，影响了无数学子，该口号最初来自俄国19世纪末学生在政治改革中的角色，而俄国大革命的成功将此前认为是空想的社会带到了现实，对当时的人们来说，不仅有震惊，还有鼓舞作用。在"五四"之后的文章中可以明显看到，人们逐渐将各种问题归纳

---

① 《形艺社展览会宣言》，《晨报》1927年4月11日。
② 参见许志浩《中国美术社团漫录》，上海书画出版社1994年版，第81页。
③ 《胡涂画会展览作品》，《晨报》1927年3月25日。
④ 李昭实：《形艺社作品展览记》，《晨报·星期画报》1927年第2卷第80号。

到"社会"上,认为是"黑暗的社会"造成了当下愚昧的中国。但社会又是可以改造的,而改造后的社会可以是极光明的。因此,知识分子走向社会、走向民众即意图彰显社会正义,以"忏悔"式的态度接近民众、感化民众,使其成为"新社会"的"新人"[1],并成为自身运动的助力:

> 为救济闭塞穷苦的农村的父老子弟;为要谋与占中国人口最大部分的农民相接近;联络其感情,辅进其知识,使他们在必要的时候,能与我们一致的进行破坏与建设的事业,以完成国民革命的工作。[2]

具体的"向民间去"口号在文艺上的表现,在这一时期均与艺术大会的宗旨有更为密切的关联。吕澂在《美育》上发表的专文《什么叫民众艺术?》中指出:

> 新社会的中心就是劳动阶级,所以寇衣说人类全体直接的未来问题全在他们手里,能够教养他们的民众艺术在现代是有很大的价值,无容再说。但真正的艺术不是要单认平民做中心,却要认全体人类做中心。[3]

可见"走向民间"不仅仅是要选择直接作用于工农群体的艺术类型,更重要的目的如同艺术大会的宣言一般是要创造"全民的各阶级共享的艺术"。"走向民间"只是一种选择和策略,是反抗少数精英独享权威的方式。这种激进的反抗者的姿态恰恰体现了这一时期学生所面对的苦闷。科举制破灭之后的迷茫仍未完全消散,数千年传统的价值取向与固定规范的破碎,使得当下价值标准和道德规范的建立成为难题。且适逢政局震荡,各种势力纷繁登场,为中国的学制及其运作带来了诸多问题,使得青年学子面临着各种困境。[4] 然而在面对社会僵化的结构性缺陷时,无数青年学子发觉眼前仍是黑暗与无奈。以胡汉民

---

[1] 参见王汎森《思想是生活的一种方式——中国近代思想史再思考》,北京大学出版社2018年版,第4、5章。
[2] 代英:《预备暑假的乡村运动——"到民间去"》,《青声》1924年第41号。
[3] 吕澂:《什么叫民众艺术?》,《美育》1920年第5期。
[4] 参见桑兵、关晓红主编《"教"与"育"的古今中外》,上海人民出版社2020年版,第258—259页。

在1927年的观察来看，青年学子面临着求知、恋爱婚姻自由、经济独立和就业等方面的难题①，然而这些无一不与当时的社会结构相关。因此年轻人认为社会不仅需要变革，更需要一种整体的结构性变革，才能为自身带来出路。因此创造"全民的各阶级共享的艺术"的根本目标恰恰是在这样一个旧道德崩坏的时代建立一种新的"道德团体"，来解决中国当下的根本困境。王汎森认为，在这样一个烦闷时代，新的"道德团体"的建立需要有两个原则："这样一个新的道德团体，在当时有两个原则决定这个价值系统是否通行：第一，他必须与现实的政治救赎密切相关。第二，他必须提供一种新的'确定性'，不能再充满'问题化'。"②

在各式各样的需求与困顿中，青年学生最为急迫的便是来自就业与生活的压力。青年学生群体由于混乱的社会环境，面临崩溃的数千年传统与新观念强大的力量在他们身上呈现出巨大的张力，一方面是对于新世界的向往，另一方面是来自现实生活的困难与踌躇。在文化经济资源共同建构的现代文明城市中，他们身处知识文明圈之中，却外在于社会利益圈。在1926年《弘毅月刊》上的一首五言诗恰好能够说明当年艺专学子所面临的"苦闷"：

> 落花与飞絮，飘舞满东阡。好风凭借力，飞絮上青天。风力未曾异，花自堕泥中。自当怨滞重，莫怪时运穷。嗟哉境遇苦，飘风不能举。郁郁将一世，碌碌终黄土。岂无凌云志，亦有凌霄羽。举翩风不来，短袖何以舞。同行二三子，翩翩游天宇。岂伊体独轻，一叹泪如雨。——《闻同学有入艺专肄者有感》③

该作者借助落花与飞絮的比喻，形象地表现出艺专学子在相同境遇下个人发展更加难以得到实现。此时的高校毕业生除法政、工商、铁路、采矿等各类实用性学科就业较为轻松外，文科生普遍失业率较高，而艺术在社会上尚无深

---

① 参见胡汉民《青年的烦闷与出路》，《中央半月刊》1927年第4期。
② 王汎森：《烦闷的本质是什么——近代中国的私人领域与"主义"的崛起》，载《思想是生活的一种方式——中国近代思想史再思考》，北京大学出版社2018年版，第118—119页。
③ 《闻同学有入艺专肄者有感》，《弘毅月刊》1926年第2卷第3期。

刻的认识，更难说就业的保障了。因此，扩大艺术与艺专的社会影响力，不仅可以为国内的道德困境带来调适，在某种程度上亦可缓解学生的个人困境。

三、调适与引导——北京艺术大会的诞生

因此便产生了一个问题，艺术大会除了在宗旨上所表现出的学生群体的激情与呼求之外，学生群体在运动中究竟扮演了何种角色？是什么直接促使了这次艺术大会的产生？

许多时候，历史的失语者并非毫无话语留下，而是由于一种主流叙事为我们设置了知识的边界，使得我们视而不见。在北京艺术大会的开幕式上，林风眠、王代之等人的演讲与致辞无疑凝定了我们对艺术大会的所有英雄主义的想象，如同后世所论述的一般，这次大会"是以林风眠为首的革新派向封建传统势力发动的一次重大的战役"[1]。造成这种想象的原因来自话语间的政治运作所导致的叙事结构的重新编排，这种编排符合我们对于"重要人物主导重要事件"的"罗曼蒂克式"想象，这种叙事符合逻辑，但却偏离了现实。

1927年5月25日，在北京艺术大会正在热烈进行中时，在北京艺专大礼堂为中国画、西洋画和图案画三系的毕业学生举办了欢送会，林风眠、王代之、黄怀英三人均有致辞，而王代之的演讲无疑透露出重要的信息："此次春季艺术大会成绩，多由四年级同学之力，更望诸君抱此精神努力前进。"[2]

王代之的话语虽然无误，但又具有隐晦的误导性，可做两种解释：其一，北京艺术大会由林风眠，王代之等人发起，学生作为重要参与者贡献了力量；其二，北京艺术大会的提出与发起本身便来自学生群体，而学生群体为之做出的努力得到了良好的成效。从逻辑来看，由法国归国的林风眠借助法国经验发起艺术大会，在组织筹备的过程中带领学生群体参与其中。然而正如前文所说，这种叙事虽然符合"逻辑"，却未合于现实。

---

[1] 肖峰：《林风眠——革命美术的先行者》，载林风眠百岁诞辰纪念画册文集编辑委员会编《林风眠与二十世纪中国美术——国际学术研讨会论文集》，中国美术学院出版社1999年版，第17页。
[2] 《艺专昨日之欢送毕业同学会》，《益世报》1927年5月26日。

北京艺术大会最初理念的诞生并非仅求单纯的艺术运动以及相应的社会关怀，更多的是由于北京艺专学生所面临的各种现实"困顿"。作为同处于北京的国立九校，除艺专外其余八校都已为大学，只剩艺专仍为专门学校，这无疑会令艺专学生希望难以就业的情况由于学校声望的提高而得到改善。而这种改善不仅仅是专门改大学，更重要的是要提高社会对艺术的关注，提高艺术之于社会的地位，从根本上改善自身处境。于是艺专学生在1926年7月23日决议组织"国立艺术专门学校改大促进会"（以下简称"改大促进会"）：

我们的志愿，是不是要抱社会艺术化，是不是要改善全人类生活。在这种情形之下，怎么才可以成功呢？少不得要奋发我们的精神，把艺术地位提高，把艺术的环境改进，把大多数人们的注意集中，要实现这种目的，第一步便要实行艺专改大，理由：（一）艺术比一切社会科学都专门，非增加年限，不能研究到精深地步。（二）国立九校，都已改成大学，为提高本校地位计，又不能不改为大学。

……

来做这个堂堂正正的大规模运动，求我们的学校早日改大，以求把艺术的灵光，早日照临在一般苦同胞的头上。[①]

在"改大促进会"成立之后，该会派代表赴校长室，请求林风眠从中协助，林风眠立即应允并表示将该事务提交校务委员会以便进行。而所谓"堂堂正正的大规模运动"无疑便是"北京艺术大会"想法的雏形，来自1927年3月7日的一篇报道直接印证了此事：

艺术专门学校将开大规模之艺术会一节，已志前报。兹闻该会之发起，由于该校学生之提议，提议在学生会通过后，以兹事体大，非有全体教职员之赞助不为功，乃向该校评议会建议，请求正式通过，并要请全体教职

---

① 《艺专学生发起改大促进会》，《晨报》1926年7月24日。

员共同筹备。①

林风眠迅速应允并表示帮助,并非由于林风眠与学生群体对于改办大学或艺术运动的共识,而是由于此一时期办理教育确非易事。"五四"之后的历史已经表明,校长与学生的关系早已不是"管"与"被管","现在的教育是以学生为主体的,不是以校长为主体。从前教育的好坏,是责成教师的,现在的教育却是不然了,要责成学生了"。而对于保守的坏的校长,"推翻不好的校长及一切教育的蟊贼,非特是应当的,而且也是义不容辞的"。②

学生的不满现状是造成"革新"的动力,而在此一过程中,校长态度的合作与否直接面临着学生温和或激进的反应。而且在林风眠之前,北京地区由于国立专门学校的"改大"问题,已有三位校长被迫下台,分别为1920年11月国立北京高师的校长陈宝泉、1922年11月国立北京农专的校长吴宗栻、1922年12月国立北京法政专校的校长王家驹,都是在处理学生要求"改大"未遂后受到学生责怪,最终因此而下台。然而改办大学一事并非校长所能决定的,最终需要取决于教育部的决议,因此校长如何处理此事,便关乎自身命运。而在艺专此次"改大"事件中,学生群体的强硬态度无疑是林风眠不得不接受的:

> 昨经全体男女学生,亲行签名,发表宣言,详述改大之理由,并请学校当局,一致赞助,不达目的,誓不中止。③

此宣言发表于组织"改大促进会"并向陈林风眠请求协助的前一天。不难看出,此宣言不无威胁的意味,学生群体态度之强硬没有丝毫"请求"之意,更像是要求校长必须答应。林风眠也感到学生群体的激情热烈且易于产生破坏力,因此连同王代之、闻一多等共同应允,表示学校"改大"既为全体大多数的意思,自然应允并向教育部交涉。然而事情并非学生群体想象的如此简单,

---

① 《艺专大规模艺术会春末举行》,《晨报》1927年3月7日。
② 《皖四师学生宣布校长过恶》,《民国日报》1922年2月5日。
③ 《要求改大学之艺专学生,联名发表宣言》,《益世报》1926年7月23日。

如此大规模的学生运动本就为政府当局所警惕。与当下的经验不同,北洋时期由于长期大规模的学生运动,包括教育部在内的官员早就难以正常行使自己的职责。而林风眠不仅直接面对学生群体,同时作为由国家教育行政权力正式任命的校长,林风眠亦要为其掌校行为对教育部负责。因此在面对"改大"一事上,林风眠可谓同时承受着来自双方的压力。

1926年8月3日,北京艺专"改大促进会"正式成立,学生方面推举沈颂为临时主席,并讨论简章,选举职员。除艺专学生当选外,王代之亦当选为文书干事。面对此种学生运动组织,作为北京艺专教职员里最具权威的林风眠与王代之二人几乎不可能使自己置身于可能到来的风潮之中。因此王代之虽当场表示教职员与学生不必合二为一,应当分别组织团体,进行改大事宜。然而王代之的提议并没有得到学生群体的认可:"经众讨论结果,仍维持原案。"[1]

事实已然明朗,即使在选举校长过程中曾经得到学生群体认可的林风眠与王代之二人,在学生的群体激情面前,亦只得顺从。艺专"改大"之事,牵扯到教育行政的国家力量,是林风眠无论如何不可左右的,而学生群体所要求之"大规模艺术活动"尚可进行筹谋。因此在该年11月的艺专评议会上,即通过了筹备大规模之春季艺术大会的提议。[2]虽然一方面希望抽身于学生运动的组织,避免在万一爆发的学生激情中受到政治的牵连,但另一方面却积极配合、参与学生校内艺术社团的活动。在"艺光社"成立后,林风眠接受了来自社团的邀请担任社长。[3]随着"形艺社"在艺专的影响力逐渐扩大,吸收了近半的学生入社之后,林风眠、王代之、黄怀英等"以该社之组织及进行,于艺术具有重大意义,均极愿加入该社,为名誉会员"。[4]

今日或许很难推想林风眠、王代之等人以如此低姿态表示"极愿"入会,将会是一种什么样的心境。好在其后由这些社团分别出力所进行之"北京艺术大会"的筹备与进行还算顺利,即使面临着来自校内如杨适生以及校外朱应鹏等人批评"艺术大会"在理想与实际之间的差距。然而此二人都是由艺术大会

---

[1]《艺专改大促进会,昨已选出干事》,《晨报》1926年8月4日。
[2] 参见《艺专评议会三项决议》,《晨报》1926年11月23日。
[3] 参见《艺光社筹备展览会,昨并推定林风眠为社长》,《晨报》1926年10月26日。
[4]《形艺社后天开会》,《晨报》1927年3月1日。

的"宣言"出发，来审视艺术大会的结果，自然无法理解，身处旋涡中的林风眠所要尽力做的，正是调和群体"激情"，使此次艺术大会从一次"大规模的艺术运动"过渡为一场盛大的"展览"。此次大会除艺专外张贴的少量海报之外，几乎艺术大会所有的展览、演出、演讲均处于校园之内，也成功地将希望"走向民众"的学生群体的精力控制在艺专校园之内。这一系列的措施使得林风眠承受了来自外界对于"艺术大会"的"宣言"中未完成之义的批评，但也正是如此，林风眠才能使得此次风潮得以"软着陆"。

此外，作为艺专自身文化网络与教育部"中间人"的林风眠，如何在调和艺专学生群体的同时，又能满足国家教育行政的要求，也是其亟须解决的问题。1927年3月9日，艺专正式通过了"北京艺术大会"的组织大纲，即将进入正式的组织和筹备工作，而在此前后，艺专校内各美术团体的活动也越发活跃，形艺社、艺光社、胡涂画会等团体均在展览的形式与宣言上向艺术大会做铺垫。然而此时京内正面临紧张的政治氛围，且恰逢"三一八"前夕，便有官方通知各校：

> 现在军事吃紧之际，希望各校明日不举行会议，与外出游行及散放传单等事，尤所严禁，请通知各生查照。[①]

在学校自身文化网络与国家教育行政指导力量之间，往往需要校长去权衡利弊，选择去维护高校师生网络并满足政治力量的要求，而在这样一个过程中无疑需要校长同时满足双方的诉求才能使得这样一个"学生—校长—教育部"的三重体系不发生倾覆与重构，因此甚至有学者提出"高校"南迁的方法，来使得学术尽可能远离政治：

> 我们主张北京的学校应该搬到南方来。第一个理由是在北京和政治接触太近，政治的败坏又极易使学生受刺激，不能专心求学……二，学校既在北京，政客常要取为自己囊中物，即如蔡先生的一个位置，几年来不知起了

---

① 《雨雪霏霏之三一八》，《益世报》1927年3月19日。

几回摇动……三，北京各校若依旧开着，仿佛专替那恶政府撑持场面，苦心孤诣的挣扎，结果只做了他们的装饰品。[①]

如此昏暗的现实环境，使得学术与政治混杂其间，作为校长的林风眠要在回应教育行政权力的指导中小心翼翼地处理学生们的诉求。在艺术大会行将结束之时，艺专举办了毕业生欢送会，并将提前放假。[②]在此次欢送会上，林风眠、王代之、黄怀英等人均有演讲和致辞，并特别表示："此次春季大会成绩，多由四年级同学之力，更望诸君抱此精神努力前进。"[③]

此次欢送会无疑令林风眠、王代之等人松了一口气，此次欢送之毕业生，正是艺专"改大促进会"的主要成员，[④]可以想象林风眠等人或许确实抱着"欢送"的心情，送别这群即将离开艺专的青年。

四、个体与社会——差异背后的殊途同归

在校园权力结构紊乱之后，虽然"艺术大会"是权力调适的产物，但林风眠与学生之间的角色冲突并没有完全抹去"艺术大会"所具有的论述价值。该价值不仅在于本文着重强调的角色与历史认知模式，还隐含着双方所共同抱有的现实关怀。

北京艺术大会在林风眠自身的艺术与教育实践中，无疑存在某种断裂，这种断裂不仅来自霍普斯会和北京艺术大会在理念和宣言上的差异，更内在于林风眠关切现实政治的途径与方式。

在霍普斯会的宣言中可见，林风眠日后为人所熟知的"调和中西"理念已

---

① 王伯祥、郑振铎、叶圣陶、顾颉刚：《我们对于北京国立学校南迁的主张》，《晨报副刊》1923年第32号。
② 提前放假的原因为经费不足，各校已提前进行考试。参见《京教育界简讯：九校将提前放假》，《益世报》1927年5月25日。
③ 《艺专昨日之欢送毕业同学会》，《益世报》1927年5月26日。
④ "改大促进会"成立之时，王代之曾表示"教职员与毕业生各另组织团体，不必合而为一"，由此可知，1926年下半年改大促进会的主体，正是1927年上半年将要毕业的四年级学生。参见《艺专改大促进会，昨已选出干事》，《晨报》1926年8月4日。

然成型。在比较了中西艺术各有所长之后，林风眠得出结论："中国艺术之所长，适在抒情。"① 在民族主义的话语下，与徐悲鸿所强调的写实主义所具有强大的现实能动性相比，林风眠提倡"抒情"无疑要面对强大的道德追问。然而仔细阅读"霍普斯会"简章我们会发现，事实并不尽然。林风眠在该简章中认为，中国艺术停滞不前的原因即是缺乏历史的、进步的观念。在介绍西洋艺术时，他认为：

> 毫不根据历史的次序，毫无统系，毫无连续一贯的精神，加之介绍者对于西洋艺术，皆无历史的研究，只能凭其一知半解零星枝节的介绍；所以至今中国艺术界，犹陷于混沌之境。②

而在面对中国过去的艺术时他认为：

> 无论他现在适合时代与否，无论他将来能复萌芽或进化与否，我们总应该抱学者态度，共同切实去研究他，根据历史的次序，切实去整理他，使为有系统的历史的艺术。③

"历史的观念"的强调可谓林风眠为中国艺术开出的一剂良药，无论面对西方还是中国的艺术，所要做的都是以"历史的观念"，做切实的整理和研究。在林风眠这里，写实或写意对复兴中国艺术来无可厚非，重要的是由于缺失"历史的观念"而丧失了对自然与生命的感知能力："中国之所谓国画，在过去的若干年代中，最大的毛病，便是忘记了时间，忘记了自然。"④

由于在创作中"此也石涛、彼也八大"而忘记石涛、八大山人并不属于当下的时代，跟随千百年前的步伐，而忘记自身所处的历史，放弃自身的主体性，这才是中国绘画最大的危机。若能克服中国绘画这种"时间性"的滞碍，

---

① 林风眠：《东西艺术之前途》，《东方杂志》1926年第23卷第10号。
②《霍普斯会之组织》，《中法大学·半月刊》1925年第2期。
③《霍普斯会之组织》，《中法大学·半月刊》1925年第2期。
④ 林风眠：《我们所希望的国画前途》，《前途》1933年第1卷创刊号。

即使是写意画，也能够在面对自然时，表现其所具有的特点、质量、色彩，并根据"抒情"传统，整合到意向的整体表现中，如此便没有违背"物象的真实"：

> 不过，所为写意，所谓单纯，就是很复杂的自然现象中，寻出最足以代表它的那特点，质量，同色彩，以极有趣的手法，归纳到整体的意象中以表现之的，绝不是违背了物象的本体，而徒然以抽象的观念，适合于书法的趣味的东西！[1]

因此，无论是像徐悲鸿的写实主义道路一般，面对物象穷极其要，还是与中国"抒情"传统相结合，这两者都最终指向了同一种关怀，那就是对于主体、时间性、历史观念、知识及一切外部事物的感知能力。因此，在霍普斯会和北京艺术大会中，林风眠都表现出了对于绘画形式的极大包容。

这种黑格尔式的历史观念所关切的，正是在走向现代化的过程中，拥有自我意识的个人和民族才是拥有历史、能够实现现代性的主体，而中国尚且处于拥有自我精神的显现但并未获得自我意识的阶段。[2] 因此，在林风眠看来，只要是拥有历史观念的、具有自我意识的主体，无论面对对象的态度是现代主义还是现实主义，表现对象的方式是写实还是写意，都能够为中国创造文艺复兴的希望：

> 一面随时代之倾向，和各人的个性，积极努力创造新的进化的艺术！我们毕生唯一之目的，便是如此！[3]

在林风眠眼中，由于每个人个性的差异，可以选择个性化的方式表现自己真正的情绪，继而将这种情绪传达给社会。[4] 如此才是艺术家的职责，也是林风眠所期盼的艺术运动的工作。因此，最为根本性的是艺术家自我主体性的实

---

[1] 林风眠：《我们所希望的国画前途》，《前途》1933年第1卷创刊号。
[2] 参见[德]黑格尔《历史哲学》，王造时译，上海书店出版社2001年版。
[3] 《霍普斯会之组织》，《中法大学·半月刊》1925年第2期。
[4] 参见林风眠《艺术的艺术与社会的艺术》，《晨报·星期画报》1927年5月22日第85号。

现和表达，以及在这个过程中为社会带来的复兴希望，是林风眠所提倡的艺术运动最为根本和核心的要素，否则一切行动便失去其基础。对自然的探索和艺术家在现代中国的作用上，中国现代艺术并非西方的对立或模仿，而是具有一种基于中国现实效应的自主合成原则。在林风眠这里，无论在画面或话语上，最为重要的即是一种对主观、个人主义、无限发展的创造力的要求。

与林风眠"霍普斯会"的宣言中强调具有"历史态度"的建设行为不同，从北京艺术大会的宣言来看，其重心毫无疑问在于"打倒"，即打破具有阶级性的艺术，提倡一种全民各阶级共享的艺术。在这里，林风眠所提倡的艺术家的自我精神、历史观念都不重要，重要的仅仅是打破欣赏艺术作品的阶级限制。鲍德里亚在讨论现代性时，就曾表示现代性和新得到权力的阶层的能力息息相关，其中就包括克服"符号的专有权"[①]。而所谓"向民间去"所隐含的即是"打破权威"、"教育民众"、提高民众智识以培养"新国民"：

> 救国第一要有救国的能力，第二要有救国的方法，救国不是一个人能做的，必须全国人民都有觉悟，都有能力，但大多数平民的觉悟和能力，异常薄弱，如何养成呢？非使多数平民受教育不可。[②]

可见，北京艺术大会的三个"打破"在根本上讲仍是为了提高民众接受艺术教育的机会，提高民众受教育的程度，从根本上改善中国的国民性问题。在20世纪初期，这种话语具有广泛的外部环境。"国民性"概念最初由梁启超等晚清知识分子从日本引入，在《新民议》和《论中国国民之品格》等文中，梁启超明确地将晚清以来中国社会面对西方的压倒性劣势归结为"国民性"问题，在此之后该问题虽多有争论，但却几乎无人质疑"国民性"理论的合理性，认为正是中国"愚昧""麻木"的"国民性"应当责无旁贷地承担中国自鸦片战争以来

---

① 波德里亚通过"仿造"这一功能，来指示某阶级的专属符号向任意性符号的过渡。"这是强制符号的终结，是获得解放的符号的统治，所有阶级都可以没有区别地玩弄符号。"[法]波德里亚：《象征交换与死亡》，车槿山译，译林出版社2009年版，第62—63页。
② 《民国日报》1919年5月31日。

的历史包袱。[1]因此，学生群体在此时的运动中，往往结合自身专业对"国民性"加以阐释，以启发民众、改造社会为根本。

> 凡是愚弱的国民，即使体格如何健全，如何茁壮，也只能做毫无意义的示众的材料和看客，病死多少是不必以为不幸的。所以我们的第一要著，是在改变他们的精神，而善于改变精神的是，我那时当然以为要推文艺，于是想提倡文艺运动了。[2]

在医学课展示的幻灯片上，尚在留日学医的鲁迅为麻木不仁地观看同胞被斩首的中国人所震撼，发觉学医并不能改变中国的现状，国人真正待以解救的是那愚昧、无知的精神。

> 中国人引颈待戮之灾，何尝不肇始于他们精神上的身首异处？[3]

在反思近代以来伤痛的过程中，如鲁迅一般，许多人逐渐发觉若要寻求中国的救赎，驱散笼罩在整个社会上的阴翳，就必须改变无知的中国人。若要改变无知的国民便要接近他们、教育他们，在这样一种认知层面上，"平民教育"在学生群体的眼中就等同于"爱国教育"："我们天天鼓吹救国，可实行下手的地方在哪里？救国的先决问题，是不是要民众觉悟努力？那么我们对于平民教育又安可不加以十分的注意。"[4]

北京艺术大会在其直接起源上无疑来自学生群体对于自身未来的焦虑，希望借助一次"大规模的艺术运动"来提高艺术之于社会上的地位，并提高自身日后的发展潜力。虽然学生们的设想并未完成，艺术运动甚至都未走出校园，更遑论走向民间。即使艺术大会在其理想与实际之间存在如此断裂，但不可否认在北京艺术大会的宗旨上，在学生群体的精英主义心理上，明显带有这种以

---

[1] 参见刘禾《语际书写：现代思想史写作批判纲要》，广西师范大学出版社2017年版，第63—66页。
[2] 鲁迅：《呐喊》，文化生活出版社1922年版，第24页。
[3] 王德威：《想象中国的方法：历史·小说·叙事》，百花文艺出版社2016年版，第136页。
[4]《平民教育演讲团启事》，《北京大学日刊》1920年第566号。

打破阶级限制、提高"国民性"为目的的社会改造意图。

从这两点看,林风眠与学生群体在面对北京艺术大会时所关切的重点并不相同,对林风眠来说,重点在于具有"自我意识"的艺术家及其联合,并由此而为社会、民众带来的影响。而学生群体更为关心的则是打破艺术的阶级性和知识的专属权力,并以此启迪民众。虽然二者对艺术介入现实的具体方案的理解并不完全吻合,但在当时的年代里,二者所要解决的现实问题却是殊途同归的。

留法归国的林风眠在艺术介入现实的方案上,明显带有更强烈的精英主义色彩。在蔡元培的影响下,林风眠将艺术视为一种具有宗教性质的能够抚慰、教化国民的工具,而艺术家就如同"宗教家"一般,具有宣布此间真理、泽被民众的义务:"此后,维持人类感情的重责,便不得不由宗教的手里,接收到艺术家的肩上来了。"①

因此,在林风眠眼中,艺术家个人是影响社会的前提,是其指引者和阐释者。学生群体虽然希望直接打破其间知识、教育的阶层限制,但在这种心理背后,亦有其自视为精英、以教化民众为职责的心态。在这两种精英心态下,二者为艺术如何影响社会开出了药方,虽然具体的方式不同,但指向了同一个病根。无论是通过个人以至社会,还是直接影响社会,二者之间的最终关怀都是相同的,那便是一个新的、具有现代性的道德团体的建立。

五、结论

出于自动、自觉的"新学生"观念,"五四"以前的官僚式教育让位于"自治"式教育,由校长、教职员掌握一切变为学生的自我管理。"学生自治会""学生评议会"等在高校大量出现,涉及课程改良、经济公开、校务公开、教育普及等方面,甚至能够操持教职员、校长的去留问题。学生群体也逐渐由"自治"而变为"治校"。在校园文化网络之内,传统的权威已被废黜,校长所面对的也不再是教育的被动接受者,而是主动的参与者。校长、教职员、学生逐渐处于同一地位,在校园中竞逐教育权力的归属。

---

① 林风眠:《致全国艺术界书》,《贡献》1928年第5期。

如此看待林风眠的掌校行为及在"艺术大会"中所体现的教育理念，就很难将视线完全聚焦在林风眠个人身上，来自学生群体和国家教育行政权力同时要求着作为校长的林风眠，同时也在塑造着林风眠的角色。处在北京艺专文化网络与教育行政网络之间作为"中间人"的林风眠，不仅要回应来自学生群体日益扩大的"教育自主权"的诉求，同时也要回应来自教育部的教育指导所要求的维持校园稳定与正常运行，并时刻提防和化解学生群体激情所可能带来的冲击。在这种视角下，无论是具体的运动如"北京艺术大会"，还是作为艺术教育家的主体如林风眠，抑或者近代美术教育的展开，都具有着其他层次的讨论空间。

　　本文并非为了探寻北京艺术大会这场运动之于近代美术史的某种主题意义，也非意在发掘关于林风眠不为人知的另一种知识，而是仅仅试图回到历史产生"纠葛"的时刻，回到"意义"凝定之前，还原历史生成的语境和目的，从而张开更为丰富的意义之网。